다

독서가 무기다

초판 1쇄 2021년 01월 14일

지은이 김대유 | **펴낸이** 송영화 | **펴낸곳** 굿웰스북스 | **총괄** 임종익

등록 제 2020-000123호 | **주소** 서울시 마포구 양화로 133 서교타워 711호

전화 02) 322-7803 | **팩스** 02) 6007-1845 | **이메일** gwbooks@hanmail.net

© 김대유, 굿웰스북스 2021, *Printed in Korea*.

ISBN 979-11-972750-4-3 03190 | **값** 15,000원

가장 간단하지만 가장 강력한 힘

독서가 무기다

Reading ; Weapon of Success

김대유 지음

굿웰스북스

내 삶을 바꾸는
독서의 힘

"남의 책을 많이 읽어라. 남이 고생하여 얻은 지식을 아주 쉽게 내 것으로 만들 수 있고, 그것으로 자기 발전을 이룰 수 있다." - 소크라테스

수많은 사람들이 인생에서 무엇을 하고 싶은지 모르는 채로 살아간다. 나 또한 고등학교를 졸업하고, 대학교를 다니다가 휴학을 해서 직장을 다녀 봐도 뭘 하고 싶은지 알지 못했다. 그렇게 방황하던 스물두 살 청년의 인생이 책 한 권으로 180도 바뀔 줄 누가 알았겠는가? 인터넷 기사를 보면 책을 읽고 삶이 바뀐 사람들이 심심찮게 등장한다. 책이 많아진 지금 우량주가 저평가되어 있듯이, 책에 대한 가치도 매우 저평가되어 있다. 흔히 눈에 띄고 언제든 꺼내볼 수 있기에 책을 진지하게 읽어볼 생각도 하지 않는다. 재미가 있는 책을 읽더라도 금방 흥미가 떨어져 바로 책을 덮어버리는 행위를 반복한다. 그러고는 책에 길이 있다는 말에 코웃음을 치며 불신하는 태도를 보인다.

삶이 바뀌었다는 말의 다른 표현은 자신이 모르고 있던 자아를 발견했다고도 할 수 있다. 책을 통해 생각하고 고민하며 자아를 찾는 과정에서 우리는 무엇을 하고 싶은지 보다는, 무엇을 하기 싫은지 알 수 있다는 것이다. 결국 원하는 일을 하면서 자아실현을 이루고 원하는 배우자와 결혼하고 오순도순 행복하게 사는 것이 궁극적인 행복이라고 생각된다. 그럼 행복하려면 어떻게 해야 할까? 우선 자신의 감정을 자세히 살펴보고 이해할 줄 알아야 한다. 그리고 우리가 가진 원초적인 욕구를 받아들이고 인정하는 것이다. 인간의 원초적인 욕구란 대표적으로 건강, 인간관계, 돈을 말한다. 만약 당신이 건강에 관한 책 3권만 독파하면 당신은 운동을 하지 않고는 못 배길 것이다. 만약 당신이 인간관계에 관한 책을 5권 이상 독파하면 사랑을 포함해서 이제껏 당신이 겪었던 애로사항들과 앞으로의 인간관계를 잘 유지할 방법을 알 수 있을 것이다. 만약 당신이 돈이나 경제적 자유를 이룬 사람의 책을 읽는다면 당신이 경제적 자유를 이루기 위한 길, 즉 금융지식에 대해 제대로 된 눈을 가지게 될 것이다.

이 책은 독서를 통해 한 사람의 삶이 바뀌는 과정을 서술한 책이다. 그리고 더욱 쉽게 책을 읽을 수 있는 여러 기술이 적혀 있기도 하다. 이 책을 읽는 당신에게 미리 축하한다는 말을 하고 싶다. 당신은 남들이 안개가 낀 것처럼 확실하지도 않은 인생을 걸어가고서 후회하고 말 일을 방지할 수 있는 무기를 가지게 된 셈이다. 나이가 많거나 어리더라도 상관없다. 지금부터라도 당신을 망가뜨리는 짜여진 각본 같은 삶을 탈출할 수 있을 것이다. 우리는 책을 통해 많은 능력을 개발할 것이다. 소크라테스가 말했던 것처럼 남이 힘들게 얻은 지식을 쉽게 내 것으로 만들 수 있고 그것으로 자기 발전을 이룰 수 있다. 그렇게 되면 자신을 들여다보고 남을 들여다보며 나아가 세상을 들여다볼 수 있게 된다. 세상이 아무리 우리에게 최악의 것을 던지더라도 그것을 효과적으로 받아내고 이겨나갈 수 있는 생산적인 한 인간이 될 것이다.

2021년 1월

목차

1장   왜 성공한 사람들은 책을 읽을까?

4장   제대로 써먹을 수 있는 메모 독서법

5장   한 권의 책을 읽을 때마다 새로운 세상이 열린다

1장

왜 성공한 사람들은 책을 읽을까?

01

왜 성공한 사람들은
책을 읽을까?

책은 인생을 변화시킨다

나는 솔직히 왜 책을 읽어야 하는지 몰랐다. 책은 단지 공부하기 좋아하며 조용한 사람들의 취미 생활 중 한 가지 정도로만 생각했다. 그런 내게 좋은 책이라며 꼭 읽어보라고 추천해주는 사람들 또한 이해하지 못했다. 오히려 책을 읽을 바에야 학교 공부가 더 중요하다고 생각했고 인생에서 일어나는 경험이 훨씬 중요하다고 생각했다. 클릭 한 번에 온갖 정보가 넘쳐나는 인터넷이 있는데 굳이 책을 읽어야 하는지 의문이 들었기 때문이다. 그렇지만 인터넷에 떠오르는 성공한 사람들, 젊은 사업가들, 백만장자들의 공통점이 독서를 하는 것이라는 기사를 본 적이 있었다. 조금이나마 궁금증이 생겼지만 그런데도 책은 보지 않았다. 책에다 쏟는 신경이 아까웠기 때문이다. 독서를 한다고 바로 인생이 바뀌는 것도 아니고 주위 사람들이 독서는 단지 취미의 일종이라고 말하는 것도 한몫했다. 인터넷 기사들의 '왜 성공한 사람들은 책을 읽을까?'라는 질문은 '책을 읽었기 때문에 성공한 사람들'이라고 이제는 바꾸어 해석해볼 수 있다. 처음 독서가 중요하지 않다고 생각한 이유는 독서를 잘 몰랐기 때문이라고밖에 설명할 길이 없다. 독서를 왜 해야 하는지도 모르고 중요한지도 모르는데 누군가가 그냥 독서를 하라고 한다면 좋아할 사람은 아무도 없을 것이다. 그래서 이제부터 독서를 왜 해야 하는지 말해보려고 한다. 우리의 삶에 있어서 독서는 너무나 중요하다. 독서가 중요한 이유는 책을 통해 저자의 인생을 간접적으로 들여다볼 수 있으며, 그것을 내 인생과 접목하여 노력한다면 분명히 더 좋은 방향으로 나아갈 수 있기 때문이다. 그러면 분명 아무것도 모르고 살아가던 이전과는 다르게 한 단계 더 높은 세상을 들여다봄으로써 가치 있는 의미를 더해줄 것이다. 독서는 한마디로 말한다면 그 책을 쓴 저자와 소통하는 것이다. 이 책을 읽으며 내가 어떻게 변했고 또 누구나 변할 수 있다는 것을 이야기하려 한다. 또한, 책을 다 읽을 때쯤에는 당신도 독서광이 되어 있을 것으로 생각한다.

책을 읽기 시작한 초반에 시간의 소중함을 알려준 책이 한 권 있다. 스미노 요루의 『너의 췌장을 먹고 싶어』이다. 이 책의 핵심은 '모든 인간은 자신에게 주어진 시간을 알고 있는 사람은 아무도 없다'는 것이다. 그것이 설령 시한부 선고를 받은 사람일지라도 내일을 알 수는 없다는 이야기이다. 이 책의 여주인공은 시한부 선고를 받지만, 그녀는 주어진 시간이 끝나기도 전에 '묻지 마 살인'을 당한다. 책을 읽을 당시에 이런 결말은 나에게 엄청난 충격으로 다가왔다. 내가 평소에 멍 때리며 지내왔던 시간들, 안일하게 여겼던 시간들이 새롭고 소중하게 보였기 때문이다. 나는 스미노 요루의 『너의 췌장을 먹고 싶어』를 읽고 시간을 함부로 다루지 않는 습관이 생겼다. 뭔가를 할 때도 집중해서 하게 되고 쉴 때도 확실하게 쉬려는 마음가짐이 생긴 것이다. 이렇듯 책은 장르를 가리지 않고 독자들에게 다가와 충격을 주어 인생을 조금이나마 변화시킬 수 있다는 것을 깨달았다.

이렇듯 독서를 하면 우리가 어쩔 수 없이 맞닥뜨릴 수밖에 없는 시간, 경험의 한계를 보완함과 동시에 내면에 숨겨져 있던 어떠한 가능성을 실현할 수 있도록 도와줄 수도 있다. 나는 이렇게 생각한다. 자기의 진정한 자아를 찾고 싶으면 여행을 가라고. 여행을 가서 다른 문화를 직접 온몸으로 경험하면 그동안 당연하게만 받아들여 왔던 내 삶이 낯설게 보이면서, 미처 자신도 몰랐던 어떤 퍼즐들이 맞춰지는 듯한 느낌을 받을 수 있을 것이다. 이제껏 전혀 다른 낯선 것과 부딪히는 과정을 통해서 자신을 새롭게 볼 수도 있게 된다. 가장 쉬우면서 안전한 방법은 독서를 여행에 적용해보는 것이다. 책 한 권은 마치 낯선 환경으로 우리를 데려가 낯선 사람을 만나게 하며 그 사람의 인생을 볼 수 있게 해주는 장치 같다. 내 인생도 돌아보게 되고 그렇게 자신도 잘 몰랐던 자아를 찾을 수 있게 되는 방법의 하나가 된다. 책에서 내가 생각했던 것과 비슷한 것이 있든, 전혀 다른 것이 있든 그런 것을 떠나서 여러 종류의 책을 읽어냄으로써 흐릿했던 내 모습이 점점 뚜렷하게 느껴지지 않을까 싶다. 설령 저자의 사상을 이해하기 힘든 책을 만난다 하더라도 나와는 다른 삶이 있다는 것도 깨달을 수 있다. 어떤 것도 확실한 것은 없다는 것을 이해하고 어떤 것이 진리에 가까운지 고민하는 동안 우리의 사고관은 점점 더 넓어진다. 결국, 성공한 사람들이 책을 많이 읽은 것은 어찌 보면 당연한 것 같다. 누구나 성공하고 싶은 마음이 있다. 사람마다 다르지만 평범하게 사는 것이 제일 힘들며 그런 인생이 성공한 것이라고 말하는 사람, 돈 많은 부자가 된다면 성공했다고 말하는 사람, 아이들이 잘 커서 효도하면 그것이 제일 성공했다고 말하는 사람 등 다양하게 생각하는 사람들이 많다. 인생을 사는 것도 사람에 따라 천차만별이기 때문에 누가 성공한 사람이라고 콕 집어서 확정 짓기가 쉽지 않다. 나는 나에게 맞는 성공이 무엇인지 궁금했다.

나를 성장시키는 최고의 무기, 독서

그래서 나는 책을 펼쳤다. 어떤 것이 성공인지를 몰랐기에 성공했다는 사람들의 책을 무작정 읽기 시작했다. 그리고 세상엔 너무나 많은 것들이 있다는 걸 독서를 통해서 깨달았다. 내가 독서를 하지 못했다면 절대 들어 보지도 못했을 말과 이야기가 책에는 넘쳐났다. 그리고 성공한 사람들이 세상에 너무 많다는 것도 깨달았다. 그들의 공통점은 전부 다 자기 자신을 이겼다는 데 핵심이 있다. 자신을 이겼다는 말에는 자신을 바꾸었다는 말이 내포되어 있기도 하다. 매일 아침, 저녁마다 독서로 자신을 바꾸는 사람들, 글을 쓰는 사람들, 운동하는 사람들, 주어진 것에 충실하게 임하는 사람들, 무엇을 하든 노력하는 사람들은 분명히 현재보다는 나아질 것이다. 하지만 진정으로 빠르고 안전하게 성공을 원하는 사람들에게는 책만큼 중요한 게 없다. 왜냐하면, 책이란 것은 남을 바꾸는 과정이 아닌 나를 바꾸는 과정이기에 안전하기 때문이다.

무엇이 되었든 나는 노력하고 앞으로 나아가는 사람들을 진심으로 응원하고 존경한다. 독서를 하기 시작하면서부터 거짓말처럼 삶이 바뀌어 나갔다. 자신을 바꾸고 자아를 찾는 과정이 쉽지는 않다는 것 또한 나도 동의한다. 하지만 독서를 통해 나 자신을 바꿀 수 있었고 평생 좋은 습관이란 것이 없었던 나에게 독서 습관이라는 최고의 무기가 생겼다. 나에게 이제 독서는 마냥 반복되는 습관이 아니라 나를 성장시키는, 그리고 나를 더 나일 수 있게 하는 하나의 방법이 되었다.

독서광으로 유명한 빌 게이츠와 워런 버핏의 재미있는 이야기가 있다.

강연장에서 한 학생이 이들에게 "만약 초능력을 가진다면 어떤 능력을 갖추고 싶으신가요?"라는 질문을 한다. 독자들이라면 어떻게 대답할 것인가? 영원히 사는 능력? 힘이 세지는 능력? 돈을 만들어 내는 능력? 탐나는 능력들이 너무 많지만 빌 게이츠는 여기서 '책을 빨리 읽는 능력'이라는 의외의 대답을 한다. 그리고 그 말에 워런 버핏 또한 동의한다. 이처럼 그들은 독서가 중요하다는 것을 간접적이지만 또 매우 적극적으로 표현하고 있다. 그는 항상 자신의 성공비결은 독서에 있다고 하고 '나를 키운 건 동네 도서관이었다.'라고 얘기한다. 독서는 오늘날의 빌 게이츠를 있게 해준 최고의 원동력이라고 한다.

나는 그 말에 전적으로 동의한다. 20년을 넘게 살아오면서 많은 것을 배웠지만, 책과 만난 삼 년이라는 시간 동안 나는 변했다는 단어보다는 탈피했다는 단어가 어울릴 정도로 넓어졌다. 그리고 그 생각들이 머릿속에만 머무는 것이 아니라 밖에 나가서 나를 행동하도록 만들었다. 독서는 나를 더 배우고 성장하게 하며 겸손하게 하고, 끝없이 나를 좋은 사람들에게로 이끌어준다. 나는 결코 멈출 수 없는 자동차에 탑승한 기분이다. 흥분되고 매일이 즐겁다.

그렇다면 이제 당신도 '책'이라는 매력적인 성공의 열쇠를 쥐어보는 것이 어떤가? 책은 멀리 있지 않다. 손을 뻗으면 얼마든지 닿을 수 있는 거리에서 우리를 바라보고 있다. 뭘 하든 간에 처음이라는 건 누구에게나 쉽지 않고 어려움과 부담을 안겨주지만, 책만큼은 예외다. 지금 새로운 자신을 찾아가는 과정을 함께할 준비가 되었는가? 그리고 책을 읽은 후에 더 나아진 자신을 마주할 준비가 되었는가?

02

우리는 정해진 운명을
바꿀 수 있다

운명을 바꿀 수 없는 두 가지 이유

"당신은 타고난 운명을 바꾸기 위해 목숨을 걸어본 적이 있는가?" 이 말은 내 핸드폰 배경화면임과 동시에 내가 가장 좋아하는 말이다. 놀랍게도 많은 사람이 타고난 운명을 바꾸기 위해 애를 쓰지 않는다. 그저 열심히 공부하고 좋은 회사에 취직해서 흘러가는 대로 사는 것, 평범하게 사는 것이 꿈이라고 얘기한다. 적어도 내 주위 사람들은 대다수가 그렇다. 그들은 정해진 운명을 바꿀 수 없다고 믿는다. 나는 사람들이 운명을 바꿀 수 없다고 믿는 것에는 두 가지 이유가 있기 때문이라고 생각한다.

첫 번째로는 '주위 사람들'이다. 인간은 사회적 동물이기 때문에 주위에는 항상 사람이 존재한다. 주위 사람들의 삶을 보고 그들이 하는 말에 길들어 우리는 점차 변화와 도전을 꺼리게 된다. 마치 운명이 정해진 것처럼 우리의 한계를 정해놓는다. 만약 지금 자신이 처한 현실이 불만족스럽고 더 나아지기를 바란다면 나 자신과 주위 사람들의 말들을 의심해볼 필요가 있다. 한 번쯤은 진지하게 의문을 가져보는 걸 조심스럽게 권한다.

두 번째로는 '노력의 부족'이다. 누구나 성공하기 위해 노력한다. 그렇지만 그 노력은 결실을 보기 전에 망가진다. 왜 그럴까? 성공으로 향하는 위대함은 크고 작은 것들을 매일 실천하는 데 있다. 아이들이 게임을 좋아하는 이유로 예시를 들자면, 게임에는 조금의 노력을 가하면 바로 보상이 따라온다. 하지만 우리가 바라는 성공은 노력을 가하면 보상이 바로 따라오지 않는다. 그래서 성공이 명확하게 보이지 않는 것이고 결국 인내라는 감정이 고갈되어 포기하고 마는 것이다. 내가 책을 쓰는 이 순간에도 매일 크고 작은 노력과 인내가 반복된다. 다시 한 번 말하지만 위대함은 크고 작은 노력을 매일 실천하는 데 있다.

내가 인내라는 감정이 부족할 때 내 안일한 마음에 돌을 던져준 책이 있다. 바로 저자 헤르만 헤세의 『데미안』이라는 책이다. 누구나 한 번쯤은 들어봤을 만한 이 문장은 당시 나에게 엄청난 영향을 끼쳤다. "새는 알에서 나오려고 싸운다. 알은 새의 세계다. 태어나려고 하는 자는 하나의 세계를 깨트리지 않으면 안 된다" 나는 이 문장을 쓴 저자 헤르만 헤세가 독자들에게 이렇게 전달하려는 느낌이 들었다. 새가 알을 깨는 것은 한순간에 이뤄지는 것이 아니다. 새 또한 세상에 나오기 위해 투쟁한다. 우리도 지금 각자의 세상에서 나오려면 기꺼이 투쟁해야 한다는 것이다. 그것이 자아를 찾는 과정이든 내 삶의 질을 높이는 과정이든 상관없다. 나는 더는 내 삶을 외면하지 않기로 다짐했다. 그래서 매일 1시간씩은 어떤 일이 일어나도 무조건 책을 읽기로 했다. 잠깐 확 달아올랐다가 꺼지는 불씨가 아닌 오래도록 유지되는 촛불처럼 말이다.

사실 나는 20살 때까지 책을 거의 읽어보지 않았다. 책을 접하게 된 시기는 21살 군대에 있었을 때였다. 당시 나는 도피처로 온 군대 안에서 인생에 대해 많은 고민을 했었다. 제대 후 사회로 나가면 또다시 왜 하는지도 모르는 엄청난 양의 공부를 해야 한다. 그러고 나면 내가 좋아하는지도 모르는 직업을 얻는다. 하기 싫은 일을 억지로 하고 피곤한 몸을 이끌고 집에 돌아온다. 그런 악순환 구조의 인생이 펼쳐질 것을 뻔히 알고 있었다. 그리고 나는 깨달았다. 내 인생에 불만이 있다는 것을. 그래서 나는 근무가 끝나면 항상 인터넷에 접속했다. 인터넷에서 여러 가지 진로를 찾아보고 내가 마음에 드는 직업을 선택해 인생을 다시 설계하고 싶었기 때문이다. 이런 마음이 너무나 간절했지만, 일주일 내내 인터넷을 찾아봐도 마음에 드는 것이라고는 하나도 없었다. 간혹 눈이 반짝거리는 직업이 있어도 이것저것 한두 가지씩은 마음에 들지 않았다. 우울한 날들이 연속되었다. 결국, 낙담하고 방으로 들어가는 순간 내 눈에는 책장에 꽂혀 있던 책들이 보였다. 나는 지푸라기라도 잡는 심정으로 책을 집어 들었다. 그리고 천천히 한 글자씩 읽기 시작했다.

우리는 정해진 운명을 바꿀 수 있을까?

책은 내가 생각하던 것보다 더 많은 이야기를 들려주었다. 책에 나오는 여러 가지 조언들은 한껏 좁아진 내 생각을 열어주었고 현실에 치여 나를 잃어갈 때 책은 나 자신을 돌아볼 수 있게 해주었다. 내 마음이 말하는 소리에 귀 기울일 수 있게 해주었다. 저자들은 자신들이 살아온 삶을 이야기해줌으로써 나에게 희망을 주었다. 책에서는 경제적 자유라는 것이 세상에 존재하고 평범한 사람도 이룰 수 있다는 것을 알려주었고, 꼭 주5일을 일하지 않아도 된다는 것, 대한민국에 '경매투자'라는 게 있다는 것, 내 마음의 감정들을 다스리는 것, 학교 공부가 결코 정답이 아니고 대학교를 나오지 않아도 된다는 것, 성공해서 책을 쓰는 것이 아니라 책을 써서 성공하는 것 등, 아주 많은 것들을 내게 이야기해주었다. 이런 이야기들을 읽어

나갔고 하루하루 조금씩 바뀌는 나 자신을 보게 되었다. 항상 힘없고 우울했던 나에게 책은 희망이라는 기적을 선물해주었다. 나는 가슴을 펴고 당당해졌고 세상을 살아가고 있는 나와 내 주위 사람들에게 감사하다는 생각이 들었다. 사고관이 긍정적으로 변하게 된 것이다.

우울한 사람들이 우울한 이유는 생각과 감정을 잘 통제하지 못하기 때문이다. 자신에게 있는 생각과 감정을 잘 통제하지 못하면 스트레스는 점점 쌓이게 된다. 살아 있는 한 우리는 스트레스를 피할 수 없고, 우리가 죽을 때까지 주위에 따라다닐 것이다. 스트레스는 만병의 근원이다. 여기서 중요한 것은 우리가 스트레스를 관리하는 능력이다. 스트레스를 관리하는 방법에는 운동, 독서, 음악 감상, 게임, 명상, 차 마시기 등 여러 가지 방법들이 존재한다.

영국 서섹스대학교 인지 신경심리학과 데이비드 루이스 박사팀의 연구 결과를 보면 스트레스 해소법으로 독서가 가장 효과가 좋은 것으로 나타났다. 책을 읽으면 스트레스가 68%가 감소됐고, 심박수가 낮아지며 긴장이 풀리는 것으로 나타났다. 이처럼 스트레스 관리에 가장 효과가 좋은 것은 독서라고 한다. 독서는 현실의 많은 문제를 잊고 잠시나마 쉴 수 있는 시간을 가지게 하기 때문이다. 쉬는 시간을 가짐과 동시에 책을 읽고 나서 자신만의 생각과 감정을 공책에 써보는 시간을 가지는 것은 어떨까? 나만의 스트레스 관리법이지만 분명 다른 사람에게도 효과가 있다고 생각한다. 우울한 감정이 쉽게 사라지지 않는다면 책을 한 번 읽어보자. 자존감이 낮으면 자존감에 관해 이야기하는 책을 읽어보고, 운명을 바꾸고 싶고 성공하고 싶으면 성공한 사람들의 책을 읽으면 될 것이다. 책을 마냥 종잇장 위에 가지런히 나열된 글자로만 보지 말고 우리의 인생에서 써먹을 수 있는 유용한 무기로 활용해보자. 생각보다 책을 읽는 사람을 보기 드문 게 현실이다. 그러므로 이 책을 읽고 있는 독자들 또한 남들보다 뛰어난 무기와 가능성, 자신이 아직 깨닫지 못한 능력이 있다는 것을 감히 확신해본다.

만약에 당신이 지금까지 살아왔던 대로 사는 것에 만족한다면 책을 읽지 않아도 괜찮을 것이다. 하지만 어제보다 나아지고 싶은 마음이 있고 삶을 개척하고 싶은 마음이 조금이라도 있다면 그 첫 단추로 독서를 강력하게 추천한다. 책을 읽으면서 여러 스승이 하는 말들을 잘 들어보고 그것을 자신의 인생에 조금씩 반영해본다면 확실히 전보다는 인생이 나아지는 경험을 하게 될 것이다. 어떤 위기나 고난이 찾아와도 쉽게 무너지지 않을 것이고 오히려 위기를 기회로 승화시키는 등 자신이 원하는 방향대로 인생을 꾸려나갈 수 있을 것이다. 꾸준하게 책을 읽는 것이 중요하다. 책을 읽기 시작했으면 잘 느껴지지 않을 뿐이지 변화는 시작되고 있기 때문이다. 그리고 그런 아주 작은 사소한 변화들이 우리의 정해진 운명을 바꿀 수 있을 것이다.

궁극적으로 나는 인생을 살아가는 목적은 행복하기 위함이라 생각하고 있다. 희망도, 성공도, 갈증도, 불안도 전부 행복에 직결되어 있다. 그렇기에 나는 지금을 만족하며 살아가는 사람에게는 굳이 책을 권하지 않는다. 책은 나처럼 인생에 불만이 있거나 인생을 조금 더 나은 방향으로 개척해 나가려고 하는 사람들 또는 인생의 크고 작은 위기에 대비하려는 사람들에게 쓸모가 있기 때문이다. 많이 배우게 되니 행동할 것이 많아지게 되고 더 많이 행동하니 더 많은 것을 얻게 되는 것이다. 독서는 우리가 목적지까지 가는데 좋은 나침반이 될 것이다. 남들은 알지도 못하는 길을 향해 걸어가고 있지만 우리에겐 나침반이 있다. 그리고 인생을 바꿀 수 있는 무기가 있다. 이제 인생을 자기 뜻대로 개척해 나가고 있는, 독서라는 비장의 무기를 가진 독자들과 나 자신에게 다시 한 번 묻는다. 우리는 정해진 운명을 바꿀 수 있을까?

독서는
다른 사람의 인생을
배우게 한다

독서가 우리에게 제공하는 것

독서는 우리에게 다른 사람의 인생을 배울 기회를 제공한다. 누구에게 나 힘들고 외로운 시간이 존재한다. 물론 나에게도 무척이나 힘들고 앞으로의 인생을 어떻게 살아가야 하는지 참 막막했던 적이 한두 번이 아니었다. 하지만 그런데도 내 인생이 점차 개선되고, 힘들던 인간관계가 나아지며 마음이 여유로워질 수 있었던 요인에는 책이 가장 큰 부분을 차지한다. 이제부터라도 자신이 바뀌고 싶고 성공하고 싶은 열망이 있다면 우리는 바뀌어야 한다. 열 받고 화를 낼 줄 알아야 한다. 이제까지의 나를 방치했던 나 자신에게 화를 내고 실행이라는 명령을 내릴 줄 알아야 한다. 책을 읽고 글을 써서 자신을 바꾸어야 한다.

　나는 시중에 있는 독서법에 관련된 책들을 많이 읽어보았다. 그런 책들의 저자들은 '책을 읽으면 나아진다, 좋아진다, 책을 읽어야 한다'는 등 추상적으로 마냥 책의 장점들을 설명하는 것들이 너무나 많았다. 물론 전부다 그런 것은 아니지만 애매하게 표현한 게 많았다. 나는 여기서 뭔가 잘못되었다는 걸 느꼈다. 시중에 나온 책들이 전부 그렇지는 않지만, 독자들에게 도움이 되는 책이라면 무작정 읽으면 좋다고 하기보다는 자신부터 독서를 통해 어디가 어떻게 바뀌었는지 삶의 방향성을 제시하는 게 더 효력이 있다고 생각했다. 그런 책이 있었으면 좋겠다는 생각이 들었다. 이번 장의 제목은 '독서는 다른 사람의 인생을 배우게 한다.'이다. 내가 독서를 통해 어떻게 삶이 변화되었는지 구체적으로 설명해보겠다.

　인생을 살면서 우리가 중요하게 여기는 것이 있다. 바로 인간관계이다. 우리는 태어날 때부터 엄마의 보살핌이 있었고 학교에 다닐 때는 친구가 있으며 사회로 나가면 동료가 있을 것이다. 하지만 그들 중 누구는 인간관계가 좋고 누구는 좋지 않다. 나 또한 학창시절부터 인간관계가 나쁘지도 않았고 그렇다고 좋지도 않은 평범한 관계를 유지했었다. 물론 학창시절이야 모두가 동등해서 큰 노력이 필요가 없을지도 모르지만 결국 우리는 모두 학교를 졸업하고 사회로 나가야 한다. 사회는 학교처럼 호락호락한 곳이 아니다. 더 냉정한 상하관계가 존재한다. 나는 처음에 인간관계를 잘한다는 것은 타고난 사람들의 전유물이라고만 생각했다. 그들은 원래 성격이 좋고 어울리는 것을 좋아하는 줄로만 알았다. 그래서 소심한 나는 그렇게 될 수 없을 거로 생각했다. 누구나 살아가면서 이 사람, 저 사람, 여러 사람을 만나다 보면 분명 인간관계에 지치고 힘들어할 때가 올 것이다. 나 또한 한 사람과의 관계가 그날의 기분을 온종일 좌지우지할 때가 있었기 때문이다. 군대와 사회생활을 시작한 이후로 인간관계가 얼마나 중요한지 깨달았다. 인간관계가 원활하지 않으면 행복하지 않았고 인간관계를 잘하기 위해서는 공부를 해야 했다. 그리고 지금의 좋은 인간관계를 만들도록 도움을 준 책 한 권을 소개하려고 한다. 바로 저자 데일 카네기의 『인간관계론』이다. 이 책의 좋은 점은 지식을 주는 것도 있지만 '행동하는 것'을 중요하게 여기고 있다. 실제로 적용할 수 있는 중요한 원칙들이 잘 설명되어 있어 나에게 적용하기가 쉬웠다.

책에서 배웠던 첫 번째 원칙은 '절대로 비난과 비판을 하지 말라'는 것이다. 첫 문장을 보자마자 많은 생각이 들었다. 우리는 살면서 한 번이라도 남을 비판하지 않은 적이 있을까? 아니다. 나는 많은 비판을 하며 살아왔고 이제야 그게 얼마나 안 좋은 행동이었는지 깨달았다. 나 역시 누군가의 비판으로부터 생긴 분노는 몇 년이 지나도 지워지지 않았다. 낯선 사람에게만 신경 쓰는 것이 아니라 가족과 친구들, 주위의 가까운 사람들을 대할 때 오히려 더 신경 써야 한다는 것을 알았다. 책에서 사람들은 모두가 논리적이고 이성적인 동물이 아니라 감정의 지배를 받는 동물이라고 얘기한다. 그들에게 미소 짓고, 정직하게 칭찬하는 것, 명령하지 않고 격려하는 것이 아주 기본적인 인간관계의 개념들이라는 것을 왜 몰랐을까? 이 책의 핵심은 언제나 내가 아닌 상대방의 관점에서 세상을 볼 줄 안다면 그것이 우리의 인생에서 훌륭한 디딤돌이 될 것이라 이야기한다. 책을 읽은 뒤에 내가 얼마나 이기적으로 살았는지 알게 되었다. 항상 상대의 말을 듣기보다는 내 이야기만을 우선으로 하는 것, 비판하는 것, 내 생각부터 하는 것, 잘못된 인간관계의 사람들을 탓하기보다 그렇게 만든 나 자신을 탓하는 것이 맞았다. 누구도 나에게 이런 이야기를 해주지 않았다. 데일 카네기의 『인간관계론』을 읽은 이 시점부터 나의 인간관계는 모든 것이 변했다. 당장 달려가 친구에게 진심으로 칭찬하기, 남이 말하는 것을 잘 들어주기, 마음에 안 드는 일이 있더라도 '내가 그 사람이었다면 나도 그렇게 했을 거야'라고 상대방의 입장에서 생각하게 되었다. 쉽진 않았지만 이런 생각의 변화가 쌓여서 지금의 나는 매우 만족스러운 인간관계가 형성되어 있다. 내가 처음으로 『인간관계론』에 나오는 법칙들을 시도한 군대 후임들하고는 아직도 꾸준히 연락하고 있다. 책을 읽고 행동하면서 무엇보다도 나 자신이 많이 바뀌었다. 책의 머리말에는 이런 내용이 있다. 하버드대의 유명한 윌리엄 제임스 교수가 한 말이다.

"우리가 마땅히 되어 있어야 할 수준과 비교하면 우리는 단지 반만 깨어 있을 뿐이다. 우리는 우리의 육체적, 정신적 자원의 아주 작은 부분만 사용하고 있다. 따라서 대체로 개개인의 인간은 자기 한계에 훨씬 못 미치는 삶을 살고 있다. 인간은 다양한 종류의 능력들을 갖추고 있는데, 평소에 그것들을 사용하지 못하고 있다."

나는 『인간관계론』을 읽고 데일 카네기에게서 인간관계의 방법을 배웠다.

인생의 해답을 찾는 독서

나는 항상 인생을 살면서 답을 찾으려고 애썼다. 무엇이 진리인가에 대해 많이 생각하며 고민했다. 하지만 결국엔 답을 찾을 수 없었다. 그렇지만 오답이 무엇인지는 알게 되었다. 인생에 답을 찾으려고 애쓰는 사람들, 중요한 게 무엇인지 궁금해하는 사람들에게 추천해줄 만한 책이 있다. 저자 마크 맨슨의 철학을 담은 『신경 끄기의 기술』이다.

이 책은 흔한 자기계발서와는 조금 다르다. 책에서는 '하지 마라', '틀려라', '그만둬라' 등 일반적인 긍정주의 위주의 책하고는 완전히 반대로 설명하고 있기 때문이다. '실용적 깨달음'을 얻을 수 있는 말들을 한다. '실용적 깨달음'이란 인생이 늘 어느 정도는 고통스럽다는 것을 순순히 인정하는 것을 얘기한다. 그리고 인생에서 실패, 상실, 후회가 분명히 찾아오고 결국에는 죽음이 찾아오는 것을 받아들이는 것이다. 삶이 우리에게 던지는 수많은 고통을 순탄하게 받아들인다면 우리는 비로소 천하무적이 될 수 있다고 얘기한다. 고통을 피하지 않고 추구하는 것이 무슨 뜻인지 독자들은 이해했는가?

이해하기 쉽도록 예를 들어보자. 우리가 조각 같은 몸매를 만들려면 그에 맞는 강도 센 운동이라는 고통이 따라온다. 거절에 대한 괴로움, 울리지 않는 전화에 대한 인내의 과정이 없다면 우리는 진정 멋진 누군가와 함께 사랑하고 싶다는 꿈을 이룰 수 없을 것이다. 그렇게 부정추구는 긍정을 낳는다는 생각지도 못한 말을 한다. 인생에 대해서 정확한 답은 모르겠지만 오답이 있다면 우리가 현재 직면하고 있는 문제를 마주하지 않고 피하는 일일 것이다. 행복은 문제를 먹고 자란다. 그래서 행복하려면 주어진 문제들을 정면으로 마주할 줄 알아야 한다. 아직도 실패가 무서운가? 우리가 성공한 사람이라고 불리는 사람들은 사실 엄청난 실패를 거듭한 사람들이다. 실패라는 건 성공에 있어서 반드시 겪어야 하는 과정 중 하나이며 이 과정을 피해버린다면 성공 또한 없을 것이다. 우리가 견딜 수 있는 고통을 선택해 견디면 된다. 그러면 그 고통은 우리에게 우리가 상상했던 그 이상의 것들을 보상해줄 것이다. 이제는 고통을 나쁜 것으로 생각하지 말

자. 이 책을 읽고 있는 독자들도 이 책을 쓰고 있는 나도 고통을 즐기고, 고통이라는 친구랑 친해진다면 우리는 정말 『신경 끄기의 기술』에서 말했듯 천하무적이 될 것이다.

　마지막으로 이 책에서는 '죽음'에 관한 이야기를 한다. 한 번이라도 죽음에 대해서 깊이 생각해본 적이 있는가? 나도 이 책을 읽기 전까지는 한 번도 죽음이란 것에 그리 신경 쓴 적이 없다. 오히려 현재를 사는 것에 신경을 썼으면 썼지 죽음을 신경 쓰진 않았다. 정말로 죽음에 대해 깊게 생각해봤다면 그것에 대한 답이 어떻든 삶을 깊게 생각한 것으로 믿는다. 나는 죽음을 마주하기에는 아직 어리다고 생각했기 때문에 죽음이 추상적으로 보였다. 나는 아주 어렸을 때 할머니 댁에서 자랐다. 그래서 사실 어머니, 아버지보다도 할머니, 할아버지께 더 애착이 간다. 할머니, 할아버지께서 다행히도 아직 돌아가시지 않았지만, 지금은 연세도 많고 무엇보다 이젠 몸이 편찮으시다. 지금 할머니 할아버지께서 신경 쓰고 있는 최고의 가치는 사실 나이다. 항상 내가 잘 되었으면 죽어도 여한이 없다는 말을 자주 하신다. 나 또한 할머니, 할아버지가 돌아가시기 전에 책을 내서 기쁘게 해주고 싶은 마음이 생겼다. 이런 것들이 나에게 있어서 중요하게 신경 써야 할 가치들이다. TV 속 세상에 연연하고 SNS에 빠져 있을 시간에 주위의 나를 사랑해주는 사람들에게 신경 쓰는 것 말이다. 우리가 죽음을 정면으로 마주하고 언젠가 죽는다는 사실을 깊이 숙고한다면 비로소 우리에게 있는 가치들을 올바르게 바라볼 수 있을 것이다. '죽음이 두려운 이유는 삶이 두렵기 때문'이라는 말이 있다.

책 『신경 끄기의 기술』을 통해 마크 맨슨은 자기의 삶에 대한 가치관, 깨달음, 통찰력을 우리에게 말해주고 있다. 이 책을 끝까지 읽었더라도 책에서 나오는 모든 것들을 다 받아들이지 못할 수도 있을 것이다. 하지만 우리는 방금 간접적으로나마 그의 인생에 대해 배운 것이다. 이렇듯 책을 읽는 것만으로도 다른 사람이 시행착오를 겪고 난 후에야 얻은 인생의 깨달음을 쉽게 배울 수 있다. 그러나 책이라는 가치는 너무나 상대적이기에 시중에 만 오천 원 정도 하는 책을 누구는 몇 억의 가치로 가져가고 누구는 천원의 가치도 가져가지 못한다. 독서를 시작하는 순간부터 우리는 그 책이 주는 것들을 얼마나 가져갈 수 있는지가 중요하다. 배움은 배움을 낳는다는 말이 있다. 그렇게 배워나가며 결국은 우리의 가치는 상승하고 언젠가 타인에게 그 배움을 돌려줄 수도 있다. 그런 삶을 살 수가 있다. 얼마나 의미 있는 삶인가? 이제 우리의 삶은 우리가 주체로서 우리가 이끌어 나가는 것이다. 남에게 기대는 성격이 있었다면 이제부터는 그런 습관들을 버려야 할 것이다. 우리는 조금 단단해져야 할 필요가 있다. 우리에게 주어진 것들을 온전히 받아들일 수 있어야 한다. 그것이 주위 사람들과 나 자신을 위해서 갖춰야 할 자세이다. 이런 자세를 '책임'이라고 한다. 책임감을 가지기는 쉽지 않은 일이겠지만 조금만 용기를 가진다면 분명 가치 있는 보상이 따라올 것이다. 책임을 외면한답시고 눈을 감아봐야 더 짙은 어둠만 기다릴 것이다. 언제든 우리의 삶에 불안하고 막막한 느낌이 든다면 책을 읽어보자. 불안이라는 감정은 우리 삶 속에서 아주 작은 일부분에 불과하다는 것을 깨달을 것이다. 오늘부터는 다른 사람의 인생을 배워보자.

독서로 성공한
사람들

독서로 성공한 사람들

한 우물만 파면 강이 된다는 말이 있다. 그런데 그 우물의 이름이 독서라면 강은 한계를 넘어 바다가 될 것이다. 독서뿐만 아니라 자신의 한계를 뛰어넘으려면 반드시 자신의 안에서 무언가가 넘쳐야 한다. 넘쳐흐른다는 것은 무언가를 하며 그 속에서 절망, 좌절, 열정, 끈기 같은 과정을 넘기 위해 사력을 다하는 것을 말한다. 그런 과정을 통해 우리의 생각과 의지가 이전보다 한 단계 더 도약한다. 벽을 피해서만 갈 줄 알았던 사람이 벽에 막힌 뒤 그제야 벽을 허물고 넘을 생각을 한다. 벽을 허물기 가장 좋은 방법은 무엇일까? 바로 독서다. 독서는 첫 번째로 우리가 인지하지 못했던 벽들을 보게 해준다. 두 번째로는 벽을 인지하면 어떻게 그 벽을 허물 수 있는지 각자의 방식대로 책을 통해 이야기해준다. 그런 방식을 우리가 잘 실천한다면 우리의 삶은 바뀔 수밖에 없다. 우리가 직장생활을 하거나 사업을 하든, 롱런을 하려면 밑바탕이 되는 실력을 갖추고 있어야 하는 건 이제는 당연한 얘기다. 주식이나 사업을 하더라도 성공하려면 전문적인 실력과 지식은 필수다. 실력은 실행을 통해 나온다. 하지만 그렇다고 해서 무작정 실행만 하라는 건 아니다. 우리에게는 독서가 있지 않은가. 물론 무작정 독서를 하라는 말은 아니다. 무언가를 도전하거나 사업, 연애, 결혼 등 독서가 굳이 필요하지 않을 것 같은 일에도 의외로 독서는 필요하다. 세상에는 독서로 성공한 사람들이 무척이나 많으며 그들이 성공한 원인에는 독서와 실행을 같이 했기 때문이라는 건 부정할 수 없는 사실이다. 그리고 사회적으로 성공한 사람들의 공통점 또한 평생 책을 읽는 습관이라고 한다. 그래서 내가 책을 통해 좋아하게 된 사람들 즉, 독서로 성공한 사람들을 소개하고자 한다.

독서로 성공한 사람 중 첫 번째는 영국의 유명한 총리였던 윈스턴 처칠이다. 처칠은 영국의 대표적인 정치가로 영국을 제2차 세계대전의 위기로부터 구해낸 인물이다. 그는 탁월한 리더십으로 영국인들이 가장 존경하는 정치가로 손꼽힌다. 처칠의 아버지 또한 정치가였다. 하지만 그는 정적들과의 권력투쟁에서 밀려나 허송세월하다가 결국 사망하게 된다. 이 과정을 지켜봤던 처칠은 아버지의 정치적 실패를 교훈으로 삼게 된다. 그는 정적들에게 타협적으로 행동하고 유머, 기지를 발휘해서 정치가의 길을 걸어갔다. 처칠에게는 믿는 구석이 있었다. 그것은 바로 그의 독서 습관이다. 그는 언제 어디서나 독서를 하는 습관이 있었다. 그의 아버지가 준 책한 권이 그의 독서 습관이 생긴 계기가 되었는데, 루이스 스티븐슨의 『보물섬』이다. 그 책을 엄청 열심히 읽은 처칠은 비록 학교에서 늘 꼴찌를 면하지 못했지만 결국 그는 독서 습관이라는 어마어마한 무기가 생겼다. 이렇듯 독서는 언제 어떻게 우리에게 다가와 우리의 인생을 바꿀 수 있을지 아무도 모른다. 독서를 하기 전에는 책을 선물로 주는 친구를 이상하게 생각했지만, 지금은 그런 친구가 나에게 있어서 가장 좋은 친구라는 것을 안다. 처칠은 책에서 나온 내용을 자기의 정치에서 잘 적용하였고 그것은 항상 그의 리더십을 더욱 빛나게 해주었다. 그는 특히 마키아벨리의 『군주론』을 그의 정치에 많이 적용했다고 한다. 그는 늙어서도 항상 침대 위에 책들이 놓여있었고, 매일 200페이지 이상을 읽었다고 한다. 이런 독서 습관들이 지금의 처칠을 만들었고, 영국의 으뜸가는 정치가로 만들어준 원동력이었다.

독서로 성공한 사람 중 두 번째는 세계 최고의 부자 워런 버핏이다. 버핏 또한 어린 시절 별명이 책벌레였다. 그는 15살이 되기도 전에 오마하 공공 도서관을 찾아가 투자 관련 책을 전부 다 읽었으며, 어떤 책은 세 번 이상

씩도 읽었다고 한다. 너무나 많은 독서를 하다 보니 시험공부에 대한 걱정은 따로 하지 않았다고 한다. 버핏의 아버지는 다른 아버지들과 조금 달랐다. 다른 아버지들이 청소년기의 학생이 돈을 벌려고 하면 질책하고 만류하기 마련이다. 하지만 그의 아버지는 버핏의 돈벌이를 말리지 않았다. 생각의 전환이 이렇게 중요하다. 버핏의 아버지가 버핏이 어렸을 때부터 돈에 관심이 있는 걸 싫어하여 말렸거나 그의 돈벌이를 질책했다면 지금의 버핏이 되기에는 시간이 걸렸을 수도 있을 것이다. 버핏의 독서에 대한 열정은 그야말로 게걸스러웠다고 한다. 하루에 다섯 권씩 읽기도 했으며, 책이나 신문, 자료에서 얻은 것들을 자료실에 파일로 세세하게 분류하였다. 이제는 그가 세계 최고의 부자가 그냥 된 게 아니라는 것이 온몸으로 느껴진다. 그런 버핏의 투자 인생에 가장 크게 영향을 준 인물이 있다. 바로 벤저민 그레이엄이다. 그의 책인『현명한 투자자』는 버핏이 아직도 강력하게 추천하는 책이기도 하다. 버핏은 책으로만 끝나지 않고 실제로 그를 만나기 위해 그가 있는 대학교에 진학하기도 했다. 버핏은 좋은 스승과 올바른 가치관, 원칙을 따른다면 누구나 성공할 수 있다고 이야기한다. 친구를 사귈 때도 잘생기거나 성격이 좋은 것보다는 좋은 습관을 지닌 친구를 만나라고 이야기한다. 버핏의 독서 습관은 어언 70년 이상 지속하고 있다. 내가 봤을 때 그는 자기의 인생에도 독서라는 장기투자를 해 결국 성공한 것이 아닌가 싶다. 나 또한 워런 버핏의 이야기를 들을 때면 지금이라도 당장 나에게 독서를 투자하려는 마음이 든다. 그만큼 독서가 주는 것은 평범한 사람을 엄청난 사람으로 탈바꿈할 수 있게 하는 위력을 가지고 있다.

　독서로 성공한 사람 중 세 번째는 내가 가장 좋아하는 문체를 가진 작가 헤르만 헤세이다. 그를 좋아하는 사람들이라면 그가 얼마나 삶에 대해 방황을 하고 자신의 자아를 찾는 과정이 힘들었는지를 알고 있을 것이다. 그가 쓴 글들은 그가 고인이 되고 한참이 지난 오늘날에도 많은 사람의 가슴을 울리고 있다. 그러나 그 또한 노벨문학상 작가가 그냥 된 것이 아니다. 그의 작품들을 보면 세계 문학적 경향이 강하며 여러 국경을 넘나든다. 그는 학교에 잘 적응하지 못했을 시절에 집에 있는 할아버지의 서재에 파묻혀 지냈다. 그때 서재에 있는 세계 문학 작품들의 절반 정도를 읽었다고 한다. 이런 책들 사이에서 그는 이미 책벌레가 되어 있었고 자신의 서재 또한 몇천 권의 책들로 가득 차 있었다. 그는 세계문학상을 타기 이전에 책벌레였으며, 뛰어난 서평가라고 알려져 있다. 그뿐만이 아니다. 그는 서점 점원으로 일했을 때도 지독하게 책을 읽었다. 그가 읽은 책 중에서 그에게 가장 도움을 준 사람은 바로 괴테이다. 괴테의 작품을 읽음으로써 헤세는 문장의 힘을 빠르게 늘려갔다. 그는 독서의 질이 매우 중요하다고 이야기한다. 아무리 많은 책을 읽어내더라도 그 책 안에서 위로나 힘을 얻지 못한다면 그것은 눈을 감은 채로 좋은 풍경을 걷는 것과 다름없다고 이야기한다. 그는 독서에 대한 비법은 없지만 한 가지 주의해야 하는 것으로는 편견이나 선입견에 얽매여 책을 읽으면 안 된다고 말한다. 그에게는 최우수 작가가 쓴 책들이 의미가 없다고 한다. 독서광인 헤세는 깊이 있게 책을 읽는 동시에 다독했다.

성공에 있어서 선택과 집중은 필수다

책을 통해 나이와 성별을 떠나서 누구나 자신만의 길을 찾을 수 있다. 우리가 책을 읽으려면 올곧은 마음으로 그 어떤 편견도 버리고 읽는 자세가 중요하다. 그래야 온전히 그 책에 빠져들어 책이 주는 무언가를 받아들일 수가 있다. 나는 책을 하나의 인격체로 생각한다. 그런다고 책을 너무 아끼거나 그러지 않는다. 오히려 책에 더 빠져들기 위해 책의 중간마다 여백에 메모하거나 손닿는 거리에 가까이 두는 등 책을 최대한 더럽게 쓰려고 노력 중이다. 그것이 그 책과 나를 더 친근하게 만들고 발전하게 만든다. 누구나 처음부터 확실한 미래를 알고 하는 사람은 없다고 한다. 하다 보니 흐렸던 미래가 점점 선명해지는 것이다. 그런데도 어떤 것을 하느냐에 따라 미래로 향하는 길이 달라지는 것은 사실이다. 나는 그 어떤 것 중에 가장 안전한 게 독서라 생각한다. 그러나 책을 구매하는 게 경제적으로 부담이 된다면 공공도서관을 이용해보는 것도 좋은 방법이다.

정치가인 처칠, 세계 최고의 부자인 워런 버핏, 위대한 작가인 헤르만 헤세. 이들은 각자 자신들을 위해 선택과 집중을 했다. 즉 아무 책이나 마구

잡이로 읽지 않았다는 이야기이다. 각자의 목표와 꿈이 있었고 그것을 이루기 위해 각 분야의 관련된 책들에 집중했다. 그것이 역사에 남을 위대한 인물들을 만드는데 큰 기여를 했다. 윈스턴 처칠은 마키아벨리, 워런 버핏은 벤저민 그레이엄, 헤르만 헤세는 괴테를, 그들은 각자 책에서 나오는 인물을 자신들 만의 뛰어난 스승으로 삼았다. 그리고 그들에게서 배운 것을 모방하고 창조하면서 자신들만의 새로운 역사를 만들어 갔다. 그들이 처음부터 위대한 것은 분명 아니었다. 단지 책을 읽는 작은 습관을 지님으로써 그토록 위대해진 것이다. 우리 모두에게는 위대해질 수 있고 성공할 수 있는 능력이 있다. 단지 잘 몰라서 도전하지 못했거나, 책을 접하지 못했거나, 그도 아니면 어렵게 대하고 부담을 가지는 등 책을 멀리하면서 이런 능력들을 끌어올리지 못하고 있다. 독서로 성공한 사람 중 3명만 이야기했지만, 이들을 제외하더라도 성공한 사람 중에서 독서의 도움을 받은 사람들은 무척이나 많다. 그리고 지금도 독서의 도움을 받아 성공하는 사람들이 계속 늘어나고 있다. 사실상 책을 읽는다는 것은 그렇게 어렵지 않다. 나 또한 그런 것을 알면서도 여러 가지 핑계를 대며 책을 읽지 않았다. 매일 책 한 권을 다 읽는다는 압박감을 가지지 않아도 된다. 가장 중요한 것은 우리를 성공으로 이끌어줄 만한 책을 찾고 그것을 깊게 읽으며 우리의 삶에 적용하면 될 것이다. 각자 성공의 기준이 다를 것이다. 그리고 성공이 무엇인지도 아직 모르는 사람이 있을 것이다. 이제부터라도 책을 통해 자신만의 성공을 찾고 그것을 향해 한걸음, 한걸음 실행하다 보면 분명 우리가 파고 있는 우물은 강이 될 것이다. 그리고 그 강은 넘쳐 바다가 될 것이다. 우리의 마음을 바다로 만드는 것은 사소한 말 한마디, 한 글귀가 될 수도 있다. 그렇게 우리는 우리가 원하는 성공을 할 수 있으리라 본다.

05

우리가 고전을
읽어야 하는 이유

고전에서 얻을 수 있는 것

우리가 고전을 읽어야 하는 이유는 무엇일까? 그리고 수백 년간 살아온 고전은 어떤 것들이 있을까? 좋은 질문들에 답하기 전에 우선 고전이 무엇인지부터 살펴보자. 고전에는 여러 가지의 뜻이 담겨 있다. 오래전부터 소중히 여겨온 서적이라는 뜻도 있고, 언제, 누가 읽어도 의미가 있는 인류의 '보편적 정신'을 담고 있는 책이라고도 한다. 사전에는 오랫동안 많은 사람에게 널리 읽히고 모범이 될 만한 문학이나 예술 작품이라고 이야기한다. 어쨌든 고전이라고 불리는 책들은 고유한 가치가 있는 것이 확실하다. 수많은 세월을 견뎌내고 그 유효성을 인정받았기 때문이다.

고전은 시간이 지남에 따라 그 글들이 무뎌지기보다는 시대마다 그것을 새롭게 해석한다. 그래서 고전이라고 하면 마냥 어렵게 보는 시선이 많은 것도 사실이다. 어쩌다가 한두 권을 읽어도 어렵기만 하고 별로 얻는 게 없어 보여서 내가 제대로 읽었나 의심할 수도 있다. 그래서 오히려 고전을 멀리하게 된다. 그럼 어떻게 해야 할까? 우리가 고전을 꼭 읽어야 하는 걸까? 꼭 그럴 필요는 없다고 본다. 무작정 고전을 읽으려고 하는 것보다는 자신이 처한 상황과 미래를 예측해보며 거기에 관련된 책을 읽는 것이 훨씬 도움이 된다고 생각한다. 예를 들어 정치인이나 사업가와 같은 리더가 꿈이거나 조직을 잘 이끌고 싶은 사람들은 사람의 본성을 파헤치는 마키아벨리의 『군주론』이 많은 도움이 될 것이다. 그리고 사람의 행복, 어떻게 행복한 인생을 살 것인가에 대해 관심이 많다면 고가 후미타케와 기시미 이치로의 『미움받을 용기』도 좋을 것이다. 그 외에도 연애 관련해서 사랑의 본질이 궁금하다면 에리히 프롬의 『사랑의 기술』이 도움이 될 것이다. 이런 식으로 자신의 상황에 맞게 고전을 읽는다면 좀 더 그 상황을 근본적으로 바라볼 수 있고 나아갈 방향이 어느 정도 정해질 것이다. 문제에 대해서 가볍게 다루기보다는 그 속의 본질을 다루기 때문에 책을 읽는 사람들에게 분명 도움이 될 것이다. 고전의 시대적 상황을 해석하는 것은 독자들의 몫일 것이다. 시대적 상황을 고려하며 역사를 공부하는 동시에 우리가 궁금해하는 고전을 읽으면 일거양득이 될 것이다. 그러나 예외로 책에서 원하는 것이 나오지 않는다고 불평하는 사람들이 있다. 나는 여기서 하나 강조하고 싶다. 책은 모든 문제를 해결해주지 않는다. 책의 저자 또한 사람이며 우리는 적절히 비판하며 읽는 것도 중요하다. 책에서 읽은 것들을 무조건 맹신하기보다는 자신의 방식대로 승화시킬 줄 아는 것이 현명한 판단일 것이다.

　내가 처음 접한 고전은 프란츠 카프카의 『변신』이다. 이 책은 중학교 때 교과서에서 본 기억이 난다. 주인공인 그레고르가 어느 날 갑자기 벌레로 변해버린 이야기라는 것만 얼핏 알고 있었다. 몇 년 뒤 다시 읽은 『변신』은 나에게 완전히 색다르게 다가왔다. 그레고르와 같이 돈을 벌어다 주는 가장이 그 능력을 상실했을 때 그에게 의지하는 가족들에게는 오히려 그가 짐이 되는 아이러니한 상황이 된 것이었다. 그는 정말로 벌레와도 같은 존재가 되었다. 돈을 벌어다 주는 능력을 상실하면 한없이 비참해지는 가장이라는 존재가 안쓰러웠다. 마지막에는 주인공인 그레고르가 죽고 난 후 남은 가족들은 새 출발을 하며 이야기는 끝이 난다. 그의 가족들의 입장에서는 해피엔딩까지는 아니더라도 안심하듯 밝은 결말을 맺는다. 그레고르가 갑자기 벌레가 된 것은 모든 독자들에게 충격을 주었다. 그레고르를 갑자기 벌레로 만든 저자의 의도는 무엇일까? 그것은 현대인이 느끼는 불안감과 우리는 완전하지 않다는 것을 강력하게 의미한다고 생각한다. 벌레로 변한 그레고르는 그 누구와도 소통할 수 없게 된다. 그는 상황을 살피다가 조용히 숨을 거둔다.

이 책을 보는 나에게는 한없이 안타까운 결말이다. 『변신』은 자본주의 사회를 비판하는 내용이다. 자본주의 사회에서는 생산이 계속 이어져야 한다. 매일 쳇바퀴를 돌듯이 끊임없는 생산을 함으로써 인간은 자본주의 세상에서 그 가치를 인정받게 된다. 생산하지 못하는 인간은 자본주의 사회에서 밀려난 벌레로 표현하고 있다. 가족들은 처음에는 그를 도와주려고 하겠지만 점차 그가 돌아올 거라는 희망보다는 이대로 계속될 것 같다는 절망이 커지고 존재 자체가 짐이 되는 상황에서 결국 그는 모두에게 외면을 받게 된다. 생산하지 못한다는 이유만으로 그는 집에서 죄인이 되는 상황이 펼쳐진다. 그가 죽음을 맞이하는 것에는 어떤 의미가 담겨 있을까? 기계의 부속품처럼 살아가는 이런 인생에서 그는 누구의 관심도 받지 못한 채 홀로 조용히 사라져간다. 나는 그레고르가 죽음을 맞이하면서 이 질리고도 무서운 자본주의 사회를 떠나는 의미로 해석했다.

고전을 통해 삶을 새로운 시각으로 바라보기

프란츠 카프카의 『변신』이라는 고전을 읽고 현재 우리 삶이랑 연관이 없다고 생각하는 사람은 없을 것이다. 이렇듯 이 책 또한 자본주의 사회를 근본적으로 비판한다. 현대에도 가정을 이끌어 나가기 위해 억지로 일을 하는 사람들이 대다수라고 생각한다. 사실 책을 읽으면서 그레고르가 다시 인간으로 바뀌어 행복해지는 결말을 상상했다. 하지만 지금 생각해보면 그런 결말이 오히려 그레고르에게 더 큰 고통과 불행을 가져다줄 것이라 본다. 그레고르 또한 의무적으로 일을 해야 하는 일상이 사실은 너무도 싫었다는 것이 느껴졌기 때문이다. 이 책을 읽고 어쩔 수 없이 일해야 하는 상황과 미래가 암울할 수도 있다. 그런 세상이 싫을 수도 있다. 하지만 내 생각은 조금 다르다. 우리는 지금 자본주의 사회를 살아가고 있다. 일하는 것은 어찌 보면 당연하다. 생각을 조금 달리하자면 좋아하는 일을 하면서 살 가능성도 충분히 있다. 절망이 희망보다 더 잘 보이는 경우는 긍정적인 것보다 부정적인 것이 전염성이 강하고 사람들이 자신들이 보고 싶은 것만 보기 때문이라고 생각한다. 나 또한 책을 읽기 전에는 절망이 더 크게 보였었다. 어떤 일이든 넓은 마음으로 의심과 수용을 하려는 자세가 필요하다. 독서를 하면서 비판하고 수용하라는 이야기이다. 일과 떨어질 수 없는 자본주의 사회를 살아간다지만 그중에서도 젊은 나이에 노력하여 자수성가를 이룬 사람도 존재한다. 우리라고 그렇게 되지 말란 법이 없다. 그렇기에 항상 깨어 있는 것과 열린 사고가 무엇보다도 중요하다.

내가 두 번째로 접한 고전은 마키아벨리의 『군주론』이다. 나는 군대에서 처음 『군주론』을 읽었다. 모두 알다시피 군대 안에는 계급이 존재한다. 군대에 들어간 순간부터 계급은 계속 올라가게 되며 의지와 상관없이 제대하기 전엔 거기에 속한 병사 중에서 가장 높은 계급이 된다. 그런 계급을 받으면 나이와 상관없이 언제든 후임들을 이끌고 리더십을 보여줘야 하는 상황이 생기기 마련이다. 책의 머리말에는 『군주론』이 정치 지도자가 아니더라도 야망이 있는 젊은 청년들의 처세서로 읽어도 충분하다고 이야기한다. 세상 어디를 가도 권력은 꼭 존재한다. 그것은 직장과 학교, 집도 마찬가지지만 심지어 연인 관계에서도 존재한다. 마키아벨리가 『군주론』을 집필한 데에는 특별한 이유가 있다. 그의 조국이 약소국으로 외부의 다른 강대국의 먹잇감이 되는 것을 보고 안타까운 마음에 『군주론』을 쓰게 됐다고 한다. 나 또한 우리나라의 역사를 생각하며 읽다 보니 책의 내용에 더 몰입하게 되었다.

책에서는 현명한 사람은 위대한 인물들의 방법을 따르거나 모방하며 자기계발을 한다고 이야기한다. 자신의 능력이 부족하더라도 일단 그들의 행동을 따라 하는 것만으로도 그들의 영향을 받을 수 있기 때문이다. 이런 이야기는 군주에게만 해당하는 것이 아니다. 야망 있는 청년들이 성공하기 위해서 해야 하는 것들을 근본적으로 이야기하고 있다. 우리는 이런 고전을 읽고 책의 어떤 점을 취해야 자신에게 좋은 작용을 하는지 한 번 고심해봐야 할 것이다. 그런 의미에서 『군주론』의 결말이 나에게는 새롭게 다가왔다. 마지막 장에서는 불가피하게 치르는 전쟁은 정의롭다고 이야기한다. 무력 이외에 방법이 없다면 무력은 신성한 것이라 한다. 나는 이말을 이렇게 흡수했다. 세상을 살아가는 사람 대부분에게는 어느 정도의 야망이 내재되어 있다고 생각한다. 우리가 성공하기 위해서는 도전과 경쟁은 불가피하다. 나는 『군주론』에서 나오는 무력이 현대의 우리에게는 경쟁이라고 생각한다. 그리고 경쟁 말고는 답이 없을 때 그 경쟁은 신성하다고 생각한다. 우리의 명성을 드높이려면 도전을 해서 무언가를 일으켜 자신의 위력을 보여 주는 것이 효과적이다. 나는 『군주론』에서의 전쟁을 우리의 삶에 빗대어 생각했다. 알고 보면 우리는 끊임없이 전쟁하면서 살아간다. 그것이 사업이든 취직이든 어느 정도의 경쟁을 하며 살아가고 있고 우리는 그 경쟁에서 이겨야 할 것이다. 그러려면 우리에게는 뒷받침할 만한 실력이 있어야 한다. 그 실력 중 하나로 사람들의 본성에 대해 알고 있는 것이 유리할 것이다. 『군주론』에서는 어떻게 해야 강력한 군주국을 만들 수 있는지 잘 설명되어 있다. 마키아벨리를 모방하여 그것을 우리의 인생에서 어떻게 써먹을지는 이제 각자의 손에 달려 있다.

이제 고전이 살아남은 이유는 충분히 느꼈다. 우리에게 고전은 매우 유용한 책이다. 하지만 이렇게 중요한 책인 것을 알고 읽으려 하면 오히려 부담될 수도 있다. 첫 시작은 가볍게 다가가는 것을 추천한다. 그래야 고전을 읽든 책을 읽든, 공부하든, 도전하든, 가볍게 시작해야 처음부터 힘이 빠지지 않을 것이다. 일단 시작하고 나면 그다음부터는 어떻게든 진행이 된다. 우리에게 도전이 어렵다는 심리적 오류를 버릴 수 있어야 인생이 좀 더 쉬워질 것이다. 오래 전에 쓰진 책이 사장되지 않고 그대로 내려와 고전이 될 수 있었던 이유에는 그만큼 꾸준히 수많은 사람에게 도움이 되었다는 것이다. 하지만 모든 고전이 다 그렇지 않고 각자 맞는 것이 따로 있을 것이다. 고전도 우리에게 도움이 되어야 그 고전만의 가치가 살아나는 것이지 도움이 안 된다면 단지 읽기가 어려울 뿐인 책에 불과하다. 고전을 읽을 때는 남들의 평을 생각하지 말고 우리가 읽으려던 작품에 진지하게 임하는 자세가 더 중요하다. 그리고 고전뿐만 아니라 어떤 책이든 도움이 되지 않을 것 같다는 생각이 문득 들더라도 차분하게 읽어보려는 자세를 가져야 한다. 그런 행동들이 우리의 인생을 한층 더 지혜롭게 만들 것이다.

06

나의 가치는
내가 정한다

내 인생은 내가 정한다

'나의 가치는 내가 정한다.'라는 말이 불과 1년 전까지의 나에게는 너무 어려운 말이었다. 당연히 맞는 말이라고 대답해야 하는데 너무도 아니라는 것을 알고 있었기 때문이다. 이 말은 마치 나에게 있어서 편식하는 반찬을 매일 먹어야 하는 기분이었다. 하루하루가 도전과 용기가 필요했다. 인생에 있어서 내가 주체로 산다고 다짐한 순간부터 오롯이 홀로 감당해야 할 것들이 많이 생겼다. 빨리 취직해야 한다는 생각과 대학교는 꼭 졸업해야 한다고 생각하는 주변 사람들을 이해시키기가 어려웠고 마침내 그들에게 대학교를 졸업하지 않고는 결코 성공을 할 수 없다는 생각이 굳게 자리

잡고 있다는 것을 알게 됐다. 그들에게서 연금이 나오는 공무원이 최고 좋은 직업이라는 가난한 생각에서 벗어나지 못하고 있었다. 내가 책을 처음 읽었을 때는 다들 칭찬하고 우러러 보았었다. 하지만 그 시기가 1년이 넘어가는 시점부터는 그들은 독서를 쓸모 없는 취미 생활에 불과하다고 여겼다. 그리고 나서야 마침내 내 머릿속에서 뚜렷한 결론이 내려졌다. 그들은 변할 수 없는 가난한 사람이라는 것을. 그들은 책에서 나오는 추상적인 것들을 불신했음은 물론이고, 실행도 하지 못할뿐더러 이해는 더더욱 못했다. 아니, 심지어 읽지도 못했다는 것이 맞는 말일 것이다. 고향에 있는 한 어딜 가도 그들의 가난한 생각들이 들렸다. 이제는 내가 움직여야 한다는 생각이 들었다. 대학교에 다니다가 미쳐버리거나 내가 하고 싶은 글을 쓰면서 굶어 죽는 것 두 가지 중에 선택하기로 했다. 결론은 역시나, 하고 싶은 일을 하다가 굶어 죽는 것이 훨씬 현명하다는 판단이 내려졌다.

나는 고등학교에 다닐 때 공부가 인생의 전부인 줄 알았다. 공업고등학교에 다녔기에 공기업이나 공무원을 하지 않거나 바로 취직을 하지 않으면 대학교에 가서 다시 4년간 공부를 해야 했다. 애매하게 공부해서 중소기업을 가는 것도 싫었다. 그래서 학교에서 성적이 떨어질 때마다 심하게 스트레스를 받았다. 내 인생에서는 공부가 전부였지만 오히려 전부라는 사실을 받아들이기 싫었다. 하기 싫은 공부를 하다 보니 열심히 했더라도 성적이 잘 안 나왔다. 그러다가 고등학교 3학년이 되어서는 학교에서 실습 차

보내주는 공장에 가게 되었다. 우선 일이라는 것을 해보고 싶었다. 그러나 막상 공장에 가보니 8시간씩 서서 큰 소리로 울리는 프레스를 온종일 조작하는 단순한 일뿐이었다. 너무 지루하고 덥고 힘들었지만 그래도 열심히 했다. 친구들이 대충하는 일도 정말 열심히 했다. 내가 여기서 두 달도 채 버티지 못하고 뛰쳐나오면 집에서도 창피했고 보내준 학교에도 미안한 마음에 꾹 참고했다. 한 달이 지나갈 즈음에 갑자기 머리가 너무 뜨거워지는 느낌이 들었지만 대수롭지 않게 여기며 계속 일을 했다. 그러다가 머리가 뜨거워지는 느낌이 들고서 2주 정도 지나자 머리가 점점 빠지기 시작했다. 스트레스성 탈모가 온 것이다. 물론 내가 스트레스에 취약한 몸을 가지고 있기에 탈모가 온 거로 생각한다. 지금은 스트레스를 잘 관리하여 머리가 빠지진 않지만, 고등학교 3학년 때 공장에서 두 달 반 정도 일을 한 기억은 나에게 엄청난 절망감을 주었다. 공장이 분명 나쁜 데는 아니지만 앞으로 남은 인생을 이렇게 살기에는 너무 싫었다. 그런 결심을 안고 회사를 나가기로 마음을 먹었을 때 회사 사람들이 많이 아쉬워했다. 그분들은 나에게 '너는 어딜 가서도 귀여움 받고 사회생활을 잘할 것'이라고 말해주었지만 나에게 그런 말들은 제대로 와닿지 않았다. 당시 나에게는 미래가 없어 보였고 하기 싫은 공부를 해야 할 뿐이었다. 그리고 무엇보다도 다시는 공장에 가기 싫었다. 그 후 인생 첫 번째 도피처로 대학교를 선택했다. 공장에서 일하느니 차라리 하기 싫은 공부를 열심히 하는 게 좋을 것으로 생각했기 때문이다.

이렇듯 학교에 다녔을 때 내 인생에는 공부가 전부였다. 공부가 전부였기에 불행했다. 시험을 망친 날에는 집에 가기가 너무나도 싫었다. 부모님께 혼나고 눈치 보는 것도 싫었다. 나는 나를 위해 공부를 한 적이 거의 없었다. 부모님의 성화에 못 이겨 억지로 했다는 말이 맞을 것이다. 그래서 부자가 되고 싶었지만, 말도 안 되는 이야기였고 말도 안 되는 환경이었다. 나는 나를 위해서 인생을 산 적이 없었다. 내 가치는 내가 정해야 하지만 당시의 내 가치는 대학교와 학교성적이 정해주었고 나는 바보같이 그걸 믿었다. 외부에 의해 가치가 정해졌기에 행복하지 못했다. 그리고 무지했기에 내가 불행한 줄도 모르고 항상 어딘가가 꽉 막힌 듯 살아왔다. 그리고 그렇게 꽉 막힌 듯 살아오다가 어느 순간 그것이 확 터져버렸다. 이대로 계속 인생을 살아간다면 후회하는 것은 물론이고 무엇보다도 내가 미쳐버릴 것 같았다. 그래서 나는 나를 위해서 행동하기로 결심했다. 가장 먼저 책을 읽는 것이었다. 책은 나에게 복리식으로 지식을 늘려가는 것으로 생각했고 책을 읽으며 정확히 내가 무엇을 원하고, 원하지 않는지 알게 되었다. 그 어떤 것보다도 나는 자유를 원했다. 자유에 목이 말라 있던 것이다.

길들여지지 않을 사람들

내게 자유가 중요하다고 생각하게 된 계기에는 물론 책의 영향도 있지만, 〈쇼생크 탈출〉이라는 영화를 보고 나서 결심한 것도 한몫했다. 영화 속

주인공인 듀프레인은 억울한 누명을 쓰고 교도소에 들어가게 된다. 교도소 안에서 그는 재능을 이용해 교도관들과 죄수들하고도 잘 지낸다. 그리고 그의 조력자인 레드 또한 그에게 많은 힘이 되었다. 그러던 어느 날 그의 무죄를 입증할만한 죄수가 들어온다. 하지만 교도관은 듀프레인을 계속 이용하기 위해서 새로 들어온 죄수에게 누명을 씌워 죽이고 만다. 결국, 이 일을 계기로 듀프레인은 탈옥을 결심하고 몇 년 동안 벽을 파서 생긴 구멍을 이용해 탈옥에 성공한다. 내가 이 영화를 보고 크게 와닿았던 것은 듀프레인이 탈옥에 성공했다는 부분이 아니다. 사람은 환경에 적응하게 되어 있다. 듀프레인의 조력자인 레드 또한 교도소란 환경에 잘 적응한 사람이다. 하지만 영화에서 레드는 자신이 교도소에 잘 적응한 것이 아니라 교도소라는 울타리 안에서 길들여진 것이라고 말한다. 나에게는 이 울타리가 마치 내가 사는 세상 같았다. 레드가 몇십 년이고 교도소에 길들어서 밖에 나가기가 무서운 느낌이 나에게는 마치 계속해오던 원하지 않는 공부를 포기하고 자유를 얻기 위해서 남들이 걷지 않는 길을 걷는 것에 두려움을 느끼는 것과 같았다. 그렇지만 나는 듀프레인이 되기로 결심했다. 영화를 본 뒤로 자유를 향한 갈망으로 열정이 끓어올랐고 더욱 악착같이 책을 읽었다. 나는 나를 길들이려는 것들에게 길들여지기를 거부하기로 결심했다. 이것이 내가 책을 읽는 이유이다. 남들이 말하는 현실이라는 것에 길들지 않기 위해서, 그리고 남들에 의해 판단되지 않기 위해서이다. 그러려면 끊임없이 배워야 했고 배움을 멈추는 순간 길든다고 느꼈다. 자유를 얻기 위해서는 남들이 엄두도 내지 못하는 것들에 끊임없이 도전해야 한다. 기존에 있던 친구들과 가족들의 달갑지 않은 시선들을 견뎌야만 했다. 그들하고 같이 있다가는 자유는커녕 있던 자존감도 빼앗길 게 뻔히 보였다. 그렇게 되면 죽기 전에 내가 살아왔던 삶들을 후회할 것 같았다. 그렇기에 나는 도전을 하고, 이 외에도 하고 싶은 일을 해야만 숨통이 트일 것이다.

나의 가치는 내가 정한다는 말은 후회 없는 인생을 살 것이라는 말과 같다. 새로운 도전 앞에서 리스크를 감수하며 살았는지, 부모님이나 친구들의 바람대로 사는 것이 아닌 내가 '나의 인생을 살았는가?'라는 질문에 '그렇다'가 나와야 한다. 나와 같이 도전을 하는 사람들과 시작하려는 사람들에게 할 말이 있다. 마치 자신만의 생각이 정답인 것처럼 떠들어대며 우리를 막는 사람들을 미워하지 않았으면 좋겠다는 것이다. 나는 그들을 용서하기로 했다. 처음에는 이런 세상도 있고 우리도 할 수 있다는 것을 아무리 말한다 해도 그들은 알아듣지 못한다. 그 사람들은 이미 그들의 울타리에 길들어 있는 사람들이다. 미워하는 대신 안타깝게 생각하자. 그리고 그들에게서 신경을 쓰지 않는 게 훨씬 이로울 것이다. 우리가 걷고 있는 길과 앞으로 걸으려는 길은 이미 누군가가 걸었던 길일 것이다. 보편적인 남들과 다른 길이라 하더라도 분명히 이 길 또한 걸었던 사람이 있다. 그런 사람들의 말을 신용하고 우리 것으로 만들어 걸으면 된다. 그러나 에베레스트산을 오르듯 절대 쉽지는 않을 것이다. 분명 엄청난 고난이 예상된다. 그래도 이 길을 걷다가 굶어 죽을 수도 있다는 생각이 든다 해도 그래도 된다는 결심이 있다면 언젠가 우리가 원하는 정착지에 도달할 수 있을 것이다. 우리를 길들였던 것들에게 벗어나려면 이 정도 각오는 있어야 하지 않을까? 조금 지치고 힘들더라도 끝은 우리가 원하는 곳으로 갈 수 있다는 결단과 그 길을 이 책의 저자인 나와 같이 가고 있다고 생각하면 마음이 한결 든든할 것이다. 나는 언제나 도전하고 성공하려는 독자들을 응원한다. 우리의 인생을 남이 살아주는 것도 아닐뿐더러 기회는 단 한 번밖에 없다. 나는 아무리 글을 쓰기 싫어도 책상에 앉아 노트북에 손을 갖다 대면 어느 순간 글을 쓰고 있다. 자신의 가치를 높이려면 자신부터 이겨야 한다. 그리고 이기는 가장 쉬운 방법은 생각이 난 즉시 바로 실행하는 것이다. 그렇게 우리의 가치는 우리가 정해야 한다.

알리바바의 창업자이자 회장 마윈의 명언이다. 실행하기를 두려워하는 사람에게 주옥같은 말이다. 나 또한 항상 무엇인가를 실행하기 전에는 마윈의 명언을 읽는다. 이 글을 읽고 나서 책의 여백에 답을 적어보자.

"세상에서 가장 같이 일하기 힘든 사람들은 가난한 사람들이다. 그들은 자유를 주면 함정이라 얘기하고, 작은 사업을 얘기하면 돈을 별로 못 번다고 얘기하고, 큰 사업을 얘기하면 돈이 없다고 불평하고, 새로운 것을 시도

하자고 제안하면 경험이 없다고 변명하며, 전통적인 사업에 대해 제안하면 경쟁이 치열하다며 두려워하고, 새로운 사업모델을 말하면 다단계라고 몰아가며, 상점을 같이 운영하자고 하면 자유가 없다고 말하며, 새로운 사업을 시작하자 말하면 전문가가 없다고 한다. 그들에게는 공통점이 있다. 희망이 없는 친구들에게 의견 듣기를 좋아하고, 구글이나 다른 포털 사이트에 물어보는 것을 즐기며, 대학교 교수보다 많은 생각을 하지만 장님보다더 적은 일을 한다. 그들에게 물어보라. 무엇을 할 수 있는지. 그들은 대답할 수 없을 것이다. 가난한 사람들은 공통적인 한 가지 행동 때문에 실패한다. 그들의 인생은 기다리다가 끝이 난다. 그렇다면 현재 자신에게 물어봐라. 당신은 가난한 사람인가?"

07

독서로 성공한 사람의
인생을 해킹하라

부자 아빠, 로버트 기요사키

　우리가 독서로 성공한 사람의 인생을 배울 수 있다는 걸 이제는 잘 알고 있다. 다음은 독서로 성공한 사람들의 인생을 해킹할 차례이다. 그 전에 인류의 역사를 통틀어 지금까지 출간된 책들은 총 몇 권일까? 몇천만 권? 1억 권? 정답은 총 3억 권 정도다. 문제는 이 책들의 숫자가 지금도 엄청 빠른 속도로 커지고 있다. 책을 많이 읽는 것도 좋겠지만, 이제는 선택과 집중을 통해 어떤 책을 읽어야 하는지가 더 중요하다. 즉, 우리가 원하는 목표에 초점을 맞춰야 한다는 것이다. 대부분 사람이 원하는 목표는 무엇일까? 많은 사람이 원하는 것 중 하나가 경제적 자유일 것이다. 경제적 자유를 이룬 사람들 또한 많은 책을 출간했다. 그리고 그 책들은 세상에 좋은 영향력을 끼쳐 지금까지 사업가들, 야망 있는 청년들에게 좋은 지침서로 통하고 있다. 내가 이 장에서 해킹할 사람들의 공통점은 경제적 자유를 이룬 사람들이다. 경제적 자유를 이룬 사람들은 매우 많다. 아직 많은 사람을 바꿔주고 있는 두 권의 책을 소개하겠다.

지금껏 가지고 있던 돈의 편견과 좁디좁은 생각의 울타리를 벗어날 수 있게 해준 첫 번째 책을 소개하겠다. 바로 로버트 기요사키의 『부자 아빠 가난한 아빠』이다. 이 책의 부자 아빠가 말하는 첫 번째 교훈부터 큰 충격으로 다가온다. '부자들은 돈을 위해 일하지 않는다.'는 것이다. 오늘날의 가장 큰 패배자는 돈을 위해 일하고 저축하는 사람들이다. 그렇게 저축하는 사람들이 바로 우리의 부모님과 같은 중산층의 사람들과 가난한 사람들이다. 그들과 대부분 사람이 가난한 이유는 돈 문제와 관련해서는 절대적인 안전을 추구하기 때문이다. 그들은 투자보다는 저축을 생각하고, 사업은 꿈도 못 꾼다. 그래서 그들은 열정이 아닌 두려움을 따르게 되는 것이다. 그들은 회사에서 해고될지도 모른다는 두려움, 도전을 꺼리는 두려움, 제때 청구서를 내지 못할 것이라는 두려움을 가지고 있다. 그런 두려움 때문에 직장에 남아 있고 돈의 노예가 되며 잘 알지도 못하는 사장과 선임을 탓한다. 그렇게 돈에 휘둘리게 된다. 그들은 다음날도 그리고 그다음 날도 새 당근을 받으면 현재의 문제가 말끔히 해결되기 때문이다. 여기서 당근이란 돈을 뜻한다. 그래서 로버트 기요사키는 우리에게 돈에 대해 배워야 한다고 말한다. 돈을 제대로 알지 못하면 결국 돈에 휘둘리게 되기 때문이다. 『부자 아빠 가난한 아빠』의 핵심 내용은 '자산'과 '부채'의 존재를 인식하는 것이다. 자산이란 대표적으로 부동산이나 주식, 채권 등 돈이 돈을 벌어다 주는 시스템을 말한다. 그중에서도 제일 좋은 것은 내가 책임자이지만 내가 없어도 되는 사업이다. 그런 자산들은 우리의 자산을 더욱더 빨리 증가시켜줄 것이다. 그렇다면 부채는 무엇일까? 우리가 매일 요금제로 내는 휴대폰 비용도 부채이고 매달 기름값과 할부금을 갚아 나가는 자동차와 우리가 사는 집 또한 부채에 포함된다. 돈을 빠르게 모으려면 자산의 수익구조가 부채로 나가는 비용보다 월등히 많아야 한다. 하지만 내 친구 중에는 이런 지식을 모르고 돈을 벌기 시작하자마자 대출을 받아 자동차를 구매했다. 이 친구는 앞으로도 꾸준히 발생하는 자동차라는 부채로 인해 일을 더 열심히 해야 할 것이며 자산은 생각도 못 하고 있다. 내 생각으로는 이 친구가 어린 나이에 산 자동차 때문에 회사에서 돈을 모으고 자산을 만들려면 적어도 몇 년은 더 늦춰지리라 본다. 이제 우리는 자산과 부채에 대한 지식을 얻었다. 제대로 깨달음을 얻었다면 최소한 부채를 만들 생각은 하지 말아야 할 것이다. 그리고 우리가 부자로 가는 길에 있는 최고의 장애물은 무엇일까? 다른 무엇보다도 '두려움'이라는 감정일 것이다. 대부분 사람이 금전적으로 이기지 못하는 이유는 부자가 되는 기쁨보다 돈을 잃어서 얻는 두려움을 훨씬 크게 느끼기 때문이다. 그렇기에 우리가 견딜 수 있는 리스크를 관리할 줄 알아야 한다. 돈을 잃는다는 것에 지레 겁먹고 시도조차 하지 않는 겁쟁이가 되지 말란 얘기다.

이런 말들은 내가 이제껏 살면서 아무도 말해준 적이 없다. 나의 주변 사람들은 모두가 하나같이 안정적인 직업이 최고라고 한다. 우리가 다니는 학교에서는 우리에게 부자가 되게끔 가르치지 않는다. 학교에서 가르치는 것들은 오히려 우리를 전문직이 되게끔 시스템화 되어 있다는 것을 알게 되었다. 현재 인구의 90%가 TV를 사고 10%가 책을 산다. 그래서 주변 사람들이 가난한 것이다. 당장 부동산 같은 자산을 만들 돈이 없다면 책을 읽어 자신의 지적 자산을 높여야 한다. 우리는 돈에 대해서 배워야 하고 두려움을 극복해야 한다. 돈을 벌려면 돈을 잃어봐야 한다. 그게 당연하다는 걸 받아들여야 한다. 우리가 경제적 자유를 이루기로 마음먹는 순간부터 게임은 시작되는 것이다. 이 게임에서 빠르게 승리하려면 우리에게는 금융지식이 필요하고 현금흐름관리, 시스템관리, 사람관리, 마케팅 능력 등 여러 가지의 지식을 배워야 할 것이다. 안정적인 직장을 가지려는 사람과 이를 추천해주는 사람이 오히려 겁쟁이라는 것을 이제는 안다. 우리가 믿을 사람은 이런 책을 읽는 우리 자신뿐이다. '나를 위해서' 한다는 다른 사람들의 무지한 걱정이 오히려 나를 해칠 가능성이 있다. '아는 것이 힘'이라는 말이 괜히 있는 것이 아니다. 당연한 말이다. 모르면 당할 수밖에 없다. 아니, 이미 당하고 있을 수도 있으니 빠르게 지식을 습득하여 깨우치는 것이 현명할 것이다.

가치 제공, 엠제이 드마코

두 번째로 내 머리를 세게 쳐준 책이 있다. 바로 엠제이 드마코의 『부의 추월차선』 완결판인 『언스크립티드』이다. '언스크립티드'라는 뜻은 '각본화되지 않은'이라는 뜻이다. 책에서는 우리가 사는 세상은 각본화되어 있다고 이야기한다. 그리고 '조작된 각본이 당신을 노예화 시키고 있다'라는 말을 한다. 그런 각본들을 깨닫고 열 받아야 한다고 얘기한다. 여기서는 보통 수준으로 열 받는 것을 원치 않는다. '대오각성'이라는 오래도록 유지되는 열을 받으라고 한다. '대오각성'을 하게 되면 우선 평범함이 주는 안락함을 떨쳐내버려야 하고, 돌아갈 곳이 없다는 마음가짐으로 변화를 추구하며 자존심에 금이 가는 것을 떠나서 그 무엇도 두려워하지 않게 된다. 우리가 공부를 열심히 해 좋은 대학을 가고, 취직하여, 일을 열심히 하고, 돈을 아끼며, 연금에 가입하고 늙어서 은퇴할 나이가 되면 그제야 즐기지도 못하는 부를 얻게 된다는 각본을 깨라고 한다. 그런 각본을 깨기 위해서는 우리가 더는 소비자가 아닌 생산자가 되어야 한다. 누군가가 정해놓은 답처럼 원하지 않는 노동을 하기보다는 각본을 깨어 자신만의 삶을 살라는 이야기이다. 남들에게 도움 될 만한 가치를 제공한다면 돈은 따라온다고 이야기한다. 이런 가치 전달이 반복되면 결과는 따라온다. 인생의 황

혼에서 은퇴 생활을 더 빨리 즐기기 위해 일주일에 닷새를 일하는 각본화된 삶을 완전히 탈피해야 한다고 말한다. 그리고 책에서는 우리 주위에는 우리를 유혹하는 '나팔수'들이 있다고 한다. 여기서 말하는 '나팔수'란 가족과 친구들, 교육, 기업, 금융, 정부, 언론이 있다. 이런 것들을 효과적으로 차단하여 우리의 인생을 만들어 나가야 한다. 『언스크립티드』에서는 '부의 추월차선'을 타려면 사업을 하라고 하면서 기업가적 마인드에 대해서 설명하고 있다. 그 사업은 사기가 아닌 롱런할 수 있는 가치 있는 사업을 하라고 이야기한다.

  확실히 읽기 쉬운 책은 아니었다. 책에서 회사생활로는 경제적 자유는 커녕 절대 부자가 되지 못한다고 이야기한다. 우리가 『언스크립티드』를 읽고 무엇을 얻을 수 있을까? 나는 첫 번째로 우리가 사는 세상에서 부의 추월차선이 실제로 존재한다는 사실이었다. 돈을 기하급수적으로 벌 수 있다는 것을 알았고 우리가 그것을 이룰 수 있다는 것을 알았다. 내가 당연하다고 느끼며 지내왔던 것들이 모두 각본이었다는 것을 알았고 나의 남은 인생을 지키고 영위하기 위해서는 그 각본을 갈기갈기 찢어버려야 한다는 것도 알았다. 다시금 대오각성이 풀릴 즈음에는 『언스크립티드』를 읽어야겠다는 생각이 든다. 이런 생각을 할 수 있게 해준 로버트 기요사키와 엠제이 드마코에게 진심으로 감사하다는 마음이 든다.

이 두 책을 추상적이라고 비판하는 사람들이 있다. 하지만 내가 보기에는 두 책에서는 경제적 자유를 이루기 위한 모든 것을 말해주고 있다. 어떤 것이든 실행을 하기 이전의 모든 것들은 추상적으로 다가올 수밖에 없다. 애초에 '마인드'라는 단어 자체도 추상적이다. 우리가 원하는 것들은 추상적이고 그것은 실행을 통해 명확해진다. 마인드 또한 마음먹기에 따라 달려 있다. 지금 우리의 상황이 아무리 힘들고 괴롭더라도 변하고자 하는 강력한 마음, 정신이 있다면 충분히 이겨낼 수 있다고 믿는다. '이 또한 지나가리라.'라는 말이 있듯이 분명 지금 이 순간도 언젠가는 지나간다. 나는 이런 책들을 읽어도 절대로 쉽게 성공할 것으로 생각하지 않는다. 책은 단지 우리의 실패 확률을 줄여주고 성공 확률을 높이는 데 도움을 줄 뿐이다. 책을 읽음으로써 동기부여가 될 수도 있고 지식확장이 될 수도 있다. 성공하려고 마음먹은 순간부터는 책을 읽지 않을 이유가 없다. 다만, 남들보다 많이 읽었다고 자만해서도 안 된다. 그렇게 오만한 생각이 든다면 다시금 책을 들면 될 것이다. 책은 항상 뛰어난 사람들이 넘쳐나고 그들의 글들을 볼 때면 나 자신이 얼마나 무지했는지를 깨달음과 동시에 겸손해질 수밖에 없다. 사실 엠제이 드마코의 첫 번째 책인 『부의 추월차선』은 머리말에 로버트 기요사키를 비판하는 내용이 있다. 로버트 기요사키가 투자와 사업으로 지금의 람보르기니를 산 게 아니라 책과 강연으로 엄청나게 많은 돈을 번 것이라 이야기한다. 그들의 독자인 내가 생각하기에는 엠제이 드마코의 말이 틀린 것은 아니다. 하지만 로버트 기요사키의 책의 내용 또한 틀린 말은 없고 그가 만든 책 또한 하나의 사업이라고 생각한다. 그는 책이라는 사업에 성공하여 투자를 하고 강연을 하며 빠르게 자산을 증식했다. 여기서 우리가 유념해야 하는 것은 그들의 책도 심도 있게 보되 그들이 하는 행동도 배워야 한다는 것이다. 그런 식으로 이제는 독서로 성공한 사람의 인생을 해킹하라.

2장

독서가
취미인 시대는
지났다

독서가 취미인
시대는 지났다

취미가 독서인 사람들

아직도 독서를 취미로 하는 사람이 있는가? 독서가 취미인 것도 나쁘지는 않다. 취미라 하더라도 금 같은 시간을 독서에 투자하는 것은 좋은 생각이다. 하지만 우리가 성공하고 싶은 마음이 있고 나 자신을 향상하고 싶은 마음이 있다면 이제 독서를 가벼운 취미가 아닌 일 정도로 생각해야 할 것이다. 우리의 인생은 생각보다 빠르게 흘러갈 것이기 때문이다. 한 달에 한 번씩 마음의 양식을 챙긴다는 생각으로 독서를 한다면 어느 정도 마음은 충족되겠지만 책을 통해 무언가를 얻기에는 너무 오래 걸릴뿐더러 책의 내용을 거의 다 잊어버릴 것이다. 만약, 성공이 간절한 사람이 독서를 단지 취미로만 읽는다는 것은 독서를 제대로 할 생각이 없다는 말로 들린다. 물론 내 개인적인 생각이지만 나도 책을 취미로 읽었던 시기가 있었기에 조금은 알고 있다. 취미는 간절하지 않으며 그저 아무 생각 없이 즐기는 것을 말한다. 그러다 보면 책에 대한 몰입도가 낮아지고 이리저리 바쁘다는 핑계가 생기면서 쉽게 손에서 책을 놓아버린다. 그러면 사놓기라도 한 책은 고작 몇 페이지 읽히다가 나중에는 애물단지가 되고 만다. 독서를 하루에 5시간 이상씩 하라는 것이 아니다. 그렇게 무리하게 독서를 한다면 오히려 더 빨리 지치고 아예 포기할 수도 있다. 내 생각에 가장 부담이 덜되면서 효율이 좋은 것은 최소 30분 정도로만 매일 책을 읽는 것이다. 하루에 30분 이상만 독서한다면 그것이 2, 3년 뒤에는 분명히 어디서든 효력을 발휘할 것이다. 취미인 독서가 이제는 습관이 될 수도 있다. 그러려면 무엇보다 좋은 책을 잘 만나야 할 것이다.

취미로 독서를 하던 내가 진지하게 여기게 된 계기가 있다. 박수진 작가의 『나는 쇼핑보다 경매투자가 좋다』라는 책을 읽고 나서이다. 이 책은 우연히 도서관을 갔을 때 제목이 너무 신선해서 고르게 되었다. 쇼핑보다 경매투자가 좋다는 게 무슨 말이지? 하다가 끌려서 집게 되었고 그때 처음으로 부동산 경매가 존재한다는 것을 깨달았다. 그리고 그것은 나의 독서 인생은 물론 내 인생을 바꿔주는 시작이 되었다. 그 책에는 당시 힘들었던 저자의 심정들이 고스란히 담겨 있다. 얼마나 힘들었는지 읽다가 눈물이 날 정도였다. 저자는 사업을 하고 돈을 벌었지만 펀드로 다 잃은 이야기들, 경매 낙찰을 받으면서 겪었던 사례들, 생각들을 차례로 풀어나갔다. 당시 재테크에 무지했던 내가 이처럼 쉽게 쓰인 책을 읽은 것은 행운이었다. 부동산 경매의 노하우보다는 경매에 임하는 자세, 마음가짐이 오히려 나 자신을 바꿔주었다. 흙수저 출신이 경매로 부자가 되는 과정을 설명하며 많은 사람에게 위로와 희망이 되었다. 어느 정도냐면 저자가 저렇게 힘든 상황에서도 배우며 성공했는데 나 또한 성공할 수 있겠다는 생각이 들 정도였다. 이 책은 내가 경제적 자유를 꿈꿀 수 있는 발판이 되었고 『부자 아빠, 가난한 아빠』로 자연스레 넘어가면서부터 더는 독서가 취미일 수 없게 되었다. 돈에 별로 관심이 없던 줄로 알았던 내가 알고 보니 그토록 원하는 삶은 돈으로부터 위협받지 않는 삶, 돈이 많은 삶이라는 것을 깨달았다. 내가 행복해지려면 여러 선택지 중의 하나인 경제적 자유를 이루는 것도 포함하기로 했다. 아직 나는 경제적 자유를 이루지는 못했다. 하지만 이미 이룬 것 같은 마음가짐과 정신력으로 남들이 귀찮아하고 무섭다며 도전하지 않는 것들에 도전한다. 나는 위대함은 무모함으로부터 생긴다고 믿는다. 그리고 무모한 도전을 한다고 할지라도 책을 읽어 무모함을 과감이라는 단어로 바꿀 수도 있다. 만약 내가 원하는 것들을 거의 다 이룬다 하더라도 하루에 30분 정도는 꼭 책을 읽을 것이다.

책은 우리가 전혀 생각지도 못한 것들을 들려준다. 그만큼 세상에는 다양한 천재들이 많고 우리는 그들에게서 각자의 이야기를 들음으로써 천재들이 가지는 지식을 가질 수 있다. 반면 인터넷에 넘쳐나는 정보는 금방 지나가는 소모성 정보라고 생각한다. 넘쳐나는 만큼 제대로 된 정보를 식별하기가 까다롭기 때문이다. 하지만 책에 나열된 정보들은 어느 정도 전문가의 입증을 거친 것들이 대다수고 필요한 정보만 효율적으로 취합할 수 있다. 그래서 독서를 꾸준히 하는 것이 가장 중요한데 대부분은 얼마 가지 못하고 자기합리화를 하며 포기하게 된다. 그럴 때는 독서시간을 정해서 할 때는 하고 쉴 때는 쉬면 된다. 확실한 계획 없이 나중에 해야겠다고 막연히 생각하는 것은 정말 비효율적인 일이다. 우리가 뭔가를 하기 전에 정말로 원하는 것이 무엇인가에 대해 인지하는 것이 중요하다. 목표를 명확하게 선정하라는 뜻이다. 그래야만 우리가 가려는 길을 막고 방해하는 외부적인 장애물들을 효과적으로 차단할 수 있을뿐더러 내부적인 에너지를 붙잡고 끈기 있게 목표에 집중할 수 있다.

독서로 스트레스 대처하기

이렇게 확실한 목표선정과 굳은 마음이 있더라도 쉽게 상처받고 걱정해서 잠 못 이루는 사람들이 너무 많다. 그런 불안감을 참고 견디기만 한다면 결국 병이 날 것이다. 나 또한 스트레스에 취약한 체질이므로 특히나 정신적인 스트레스는 더욱 조심해야 한다. 그러나 지금은 웬만한 충격에 꿈

쩍도 하지 않는다. 스트레스에 대처하는 방법을 알려준 책을 읽었기 때문이다. 책의 이름은 저자 카루나 케이턴의 『마음은 어떻게 오작동하는가』이다. 이 책은 불교적 관점에서 설명한다. 우리가 힘들 때 듣기 좋은 말이나 위로는 잠깐은 치유가 되지만 본질적으로 큰 효과는 볼 수 없다고 한다. 저자 또한 이 같은 문제를 안고 불교서를 찾았고 훈련했다고 한다. 이 책은 우리가 스스로 우리의 심리치료사이며 영적 멘토가 되는 방법들을 말해준다. 내가 가장 효과를 본 방법은 내 마음이 흘러가는 것을 '제 삼자의 입장'에서 지켜보는 것이다. 예를 들어 내가 친구와 다툰 문제로 인해 매우 화가 나는 감정과 우울함이 든다고 하자. 외부에 의해서 이런 마음이 생겼지만 결국 이런 마음이 생기게 한 것은 내 자신이다. 나는 나 자신을 제 삼자의 관점에서 바라보면서 감정조절은 물론 나의 상태와 그 문제에 대해서 매우 이성적으로 볼 수 있다. 그런 이성적으로 바라보는 습관들을 가짐으로써 앞으로 나에게 일어나는 감정과 문제를 효과적으로 해결할 수 있다. 세상은 찬란하다는 생각을 하고 있다고 하자. 그러면 나 자신에게 일어나는 감정들만 잘 조절하고 결국 세상은 찬란하므로 가벼운 마음으로 세상에 나오면 되지 않을까? 물론 정말로 안 좋은 문제가 생기거나 큰일이 일어난다면 절망할 수도 있다. 하지만 평소에 이런 훈련을 함으로써 이미 조금은 단단한 마음이 생겼다면 우리는 절망의 구렁텅이에 쉽게 빠져들지 않을 것이다. 빠져들었다 하더라도 다시 재기할 가능성이 충분히 있다. 세상과 자신의 어지러운 마음에 휘둘리지 말아야 한다. 시중에 여러 심리학책도 분명 좋은 내용이 많다. 하지만 그중에서도 내가 『마음은 어떻게 오작동하는가』라는 책을 좋아하는 이유는 우리가 상처를 받지 않기 위한 근본적인 말들을 해주기 때문이다. 나 스스로만 통제하는 방법을 알면 인생을 살면서 받지 않아도 되는 수많은 상처를 피할 수 있다. 피할 수 있을 뿐더러 그런 감정이 든다는 것을 재미있게 바라볼 수 있다.

  독서가 취미인 시대는 지났다. 적어도 성공을 목표로 잡았다면 좀 더 게걸스럽게 책을 읽어야 할 것이다. 그렇다고 내가 독서를 강요하는 것은 절대 아니다. 어차피 강요하더라도 결국은 읽을 사람만 읽는다. 성공을 위해서는 독서가 발판이 되어야 하고 성공에 경제적 자유가 포함되어 있다고 한다면, 행복 또한 성공에 포함되어 있다는 것이 내 생각이다. 그리고 그 기저에는 독서가 있다고 생각한다. 나는 독서를 하는 사람을 좋아한다. 단지 취미라 하더라도 편협해지지 않으며 독서라는 취미는 언제 사람을 바꿀지 모르기 때문이다. 우리의 인생은 단 한 번뿐이다. 나는 한번 사는 인생은 우리가 원하는 것을 이루고 누리면서 살아야 한다고 생각한다. 우리에게 던져진 수많은 도전들이 무섭고 두려운 것은 당연하다. 하지만 그렇다 해서 도전을 하지 않고 흘러가는 대로 산다면 죽기 전에 얼마나 후회될지 상상이 가지 않는다. 모두의 목표가 경제적 자유나 시간적 자유가 아닐 수도 있다. 이것만이 정답이 아닌 것은 확실하다. 경제적 자유라는 건 내 기준에서 말한 것이다. 하지만 우리 모두 후회되지 않는 삶을 살아야 하지 않을까. 각자의 마음속에 품은 것이 하나는 있을 것이다. 늦거나 이른 시기란 없다. 우리가 지금 느끼는 순간이 가장 빠른 것이다. 우리 안에서 타오르는 열정을 소중히 대할 줄 알아야 한다. 이 책을 읽고 그런 열정이 생겼다면 책을 쓴 저자로서 더할 나위 없이 행복할 것이다. 책을 읽을 수 있다는 것 자체가 모든 조건을 떠나서 빠르게 남들을 앞서 나갈 수 있다는 가능성이라고 이야기하고 싶다. 책을 읽고 있는 이상 조급해할 필요는 없다는 뜻이다. 그러나 정 조급하다면 뭐든 실행해보는 것을 추천한다. 만약 목돈을 빠르게 만든다는 목표가 있으면 투 잡을 뛰어도 되고 쓰리 잡을 뛰어도 좋다. 탈진하지 않을 정도로만 잘 견뎌 내길 빈다. 책을 친구로 연인으로 부모님으로 그리고 스승으로 생각해라. 그들이 수많은 조언들을 해줄 것이다. 그렇게 된다면 독서는 더 이상 취미가 아닌 어떤 것도 이길 수 있는 나만의 무기가 될 것이다.

성공하려면
성공법칙을 배워라

성공 법칙이란?

우리가 성공하려면 어떻게 해야 할까? 성공의 밑바탕이 되는 열정을 얻기 위해 책도 읽고 동기부여 영상을 보는 것도 도움이 될 수는 있다. 하지만 무엇보다 매일 반복되는 수고를 버텨줄 체력이 필요할 것이다. 가볍게 조깅을 하거나, 헬스장을 가거나, 매일 팔굽혀펴기를 20번씩만 하는 것조차도 많은 도움이 된다. 체력이 없다면 아무것도 할 수 없다는 건 초등학생들도 안다. 우리의 신체를 잘 먹고 잘 운동시켜서 성공할 수 있도록 최적화되게 만들어야 하는 것이 기본이다. 이미 좋은 체력을 가지고 있다고 하자. 그렇다면 이제는 주위 환경을 바꿔야 한다. 예를 들어서 몸이 좋은 피트니스 모델이 되는 것이 목표라면 우리는 헬스장을 날마다 가야 하는 것이 가장 기초적인 시작이다. 집에서 혼자 몸을 만들 수는 있겠지만 헬스장의 좋은 기구들과 경쟁심이 있는 사람들과 운동하는 것, 운동 파트너 등이 우리의 몸을 더욱 빠르고 멋지게 만들도록 도움을 많이 주는 것은 사실이다. 집에서 공부하고 있는데 동생이 내 뒤에서 핸드폰 게임을 하는 것도 공부에 방해가 되기 쉬운 좋은 요소일 것이다. 물론 의지에 따라 환경을 능가하여 성과를 만들어 낼 수도 있겠지만 이미 환경 자체가 잘 구성되어 있으면 더 쉽게, 의지를 덜 들이고도 효율적으로 나아갈 수 있다. 핸드폰 게임을 하며 깔깔대는 동생 대신 과외 선생님이 있다면 공부를 할 수밖에 없을 것이다. 환경을 조성하는 여러 가지 방법들이 있겠지만 나같이 게으른 사람이 할 수 있는 좋은 방법이 하나 있다. 만약 내가 이 책의 원고를 다음 달까지 쓰겠다고 마음을 먹었다고 하자. 그러면 나는 친구에게 전화해서 다음 달까지 원고를 다 쓰지 못한다면 백만 원을 주겠다고 내기를 한다. 이렇게 강제성을 띤 환경이 조성된다면 아무리 게으른 사람일지라도 원고를 쓰는 것이 친구에게 백만 원을 주는 것보다 이득이라는 것을 머리로 알기 때문에 강제로라도 실행하게 된다. 만약 돈이 너무 적다고 생각된다면 금액을 올려서 천만 원을 준다고 내기해도 된다. 사실 나는 단돈 만원이라도 내기하게 되면 몸이 저절로 하게 된다. 효과가 좋다는 이야기를 들어서 시도해봤는데 정말 효과는 엄청나다. 돈이 아까워서 안 할 수가 없게 된다. 모든 핑계는 무마되고 나는 이것을 끝내기 위해서라도 몰입을 해서 처리하게 된다. 만약 내기를 걸었는데도 다 하지 못했다면 그것으로 만족해도 될 것이다. 당신은 그것을 끝내는 동안 많은 노력을 했으며 그것만으로도 엄청난 성장을 했을 것이다. 게으른 사람이라면 꾸준히 내기를 해보는 '내기 법칙'을 적용해보자.

나에게 있어서 성공법칙으로 가장 첫 번째로 해야 할 일은 책을 읽는 것이었다. 여러 종류의 책을 읽으면 읽을수록 책이 중요하고 꼭 읽어야겠다는 생각이 들 수밖에 없었다. 하지만 아무리 이런 열정이 들더라도 시간이 지나가면 처음 느꼈던 열정은 결국 식어버린다는 것을 알았다. 매일 점점 더 큰 열정을 찾아다녔지만 결국 성공을 위한 매일 책 읽기는 열정이 바탕이 아닌 습관만이 정답이라는 것을 알게 되었다. 이 습관이 자리 잡기 위해서는 매일 나랑 함께 책을 읽을 사람이 있다면 좋겠다는 생각을 했다. 운이 좋게도 주위를 살펴보니 우리 부대엔 매일 책을 반 권 내지 한 권을 읽는 책벌레 후임이 있었다. 나는 이 후임에게 이제부터 제대로 책을 읽고 싶은데 같은 공간에서 읽는 것만으로도 힘이 날 것 같다고 솔직하게 이야기했다. 후임은 흔쾌히 승낙했고, 한 달 동안 근무가 끝난 후 같은 공간에서 책을 읽는 내 인생의 첫 독서모임이 생겼다. 독서모임의 규칙은 하루에 2시간씩 독서를 하며 독서가 끝나면 30분 정도 읽은 책의 내용에 관해서 이야기하는 것이었다. 이런 과정에서 나는 후임이 메모를 하면서 독서하는 것을 알게 되었다. 그리고 그런 것들을 따라 하고 모방하면서 나나에게도 말하기와 글쓰기의 기본기가 생겼다. 나는 독서를 하기 위해서 남는 시간을 활용했을 뿐더러 후임에게 독서에 대한 여러 가지 노하우들과 기술들을 배웠다. 그리고 그것을 열정이라는 의지를 들이지 않고 자연스럽게 따라 하는 순간 그것은 내 것이 되었다. 이렇듯 내가 무엇을 하고 싶으면 나 혼자 하는 것도 도움이 많이 되지만 주위의 모든 것들을 이용하는 것도 능력이다. 성공하기 위해서는 혼자서 전부 하려고 자존심을 부리는 것은 너무 비효율적이다. 도움을 받을 수 있는 것은 전부 다 받아야 한다. 그러면 언젠가는 내가 다른 사람에게 도움을 건넬 수 있는 순간이 찾아온다. 배우기 전에는 아무것도 시도조차 하지 않은 나 같은 사람이 세상에 널렸지만 내가 배우고 싶은 것을 배웠다면 나는 더는 아무것도 모르는 왕초보가 아니다.

시행착오를 줄이려면 발로 뛰어라

우리가 무엇을 해내려면 그것에 대해서 조금 더 구체적으로 행동해야 한다. 원하는 목표가 무엇인지 확실히 정하고 그 목표를 위해 마라톤을 할 준비를 하는 것이다. 나처럼 독서를 하고 싶은데 잘 안된다면 방 안을 서재로 바꾼다거나 후임에게 음료수라도 한 캔씩 사주며 같이 독서를 해보는 게 어떻겠냐고 물어볼 용기라도 가져야 한다. 성공이라는 것은 마냥 큰 것이 아니다. 아주 작고 사소한 것도 성공이 될 수 있고 남들이 원하는 큰 것도 성공이 될 수도 있다. 남들이 원하는 것만 보고 나아가지 말자. 희미한 미래와 보상이 없는 순간 때문에 금방 지쳐서 포기하게 된다. 우리는 하나의 로봇이 된 것처럼 우리가 해야 할 작은 것들을 매일 성공시킨다는 생각으로 나아가야 한다. 그러면 결국 작은 성공은 쌓이고 쌓여서 큰 성공이 될 것이 분명하다. 세미나를 가보는 것도 생각한 것 외로 매우 좋은 경험이 된다. 왜냐하면, 그곳에는 내가 하고 싶은 것을 해보고 내가 가려는 길을 이미 간 사람이 있기 때문이다. 그들의 강연을 들으면 들을수록 정말 세상에는 배울 수 있는 것이 무궁무진하다는 것을 깨닫게 된다. 그런 사람들의 말을 듣는다면 동기부여는 물론이고 나도 그 사람처럼 될 수 있다는 생각이 든다.

만약 당신이 시행착오를 최대로 줄이고 더 빠른 성공으로 가기를 원하는가? 그러면 성공한 사람의 시간을 돈을 주고서라도 배워야 한다. 만약 독자들이 부동산 투자에 관심이 있어서 강연을 듣고 싶다면 최고로 잘 나가는 부동산 투자가에게 강연 듣는 것을 추천한다. 그렇게 미지를 향해 도전하기를 꺼려하거나 성공으로 가는 지름길을 찾는 사람에게는 세미나를 강력하게 추천한다. 돈이 없다면 돈을 벌어서라도 가기를 바란다. 정말 성공을 간절히 바란다면 그 정도의 투자는 자신에게 할 줄 알아야 한다. 실제로 사람이 돈이 없거나 궁지에 몰리면 뇌가 활성화되어 문제처리 능력이 뛰어나게 증가한다. 내가 '내기 법칙'을 사용하는 것도 그런 뇌가 활성화되는 몰입을 끌어내기 위한 것도 있다.

내가 이 책에서 왜 그렇게 책 읽는 것에 강조하는가 하면 배움은 성공이 약속된 최고의 투자이기 때문이다. 우리가 회사에 다니더라도 일을 잘하기 위해 그 자리에 안주하지 않고 매일 배워나간다면 분명히 회사 내에서의 몸값은 높아질 수밖에 없다. 영업회사에 취직했는데 영업에 관한 책을 읽고 강연을 들어 그 회사의 영업왕이 되었다고 가정하자. 그러면 당연히 회사에서는 그 사람에게 돈을 많이 주고서라도 자기네 회사에 잡아두고 싶을 것이다. 그 사람에게 함부로 대할 수도 없을 것이다. 자연스럽게 서로 윈윈하는 구조가 이루어진다. 그런 구조는 순전히 자신이 만드는 것이다.

다시, 이제 우리의 인생에 관해서 이야기해보자. 나는 처음 인생을 부모님의 품속에서 빠져나와 내 주체적으로 바꾸기로 다짐했다. 하지만 아무것도 이루어 놓은 게 없었다. 당시 내 배움의 최고 투자는 독서였다. 이렇게 독서를 강조하는 이유는 책을 통해 무언가를 계속 배우다 보면 어느 순간 자신이 뭘 하고 싶은지 깨닫기 때문이다. 구체적으로 들어가보자. 나는 성공을 하고 싶었다. 그래서 성공의 기준을 세부적으로 나누기 시작했다. 우선 내가 바라는 성공은 궁극적으로 자유였으며 자유를 위해서는 제일 먼저 경제적 자유가 필요하다는 것을 알았다. 경제적 자유를 위해서 그에 관련된 책인 저자 로버트 기요사키의 『부자 아빠, 가난한 아빠』, 저자 엠제이 드마코의 『부의 추월차선』, 책 쓰기와 경제적 자유를 잘 알려준 책인 저자 김도사의 『100억 부자의 생각의 비밀』이 내가 남들과 다른 생각을 가지게끔 제일 도움을 많이 주었다. 수많은 성공학의 책들이 있다. 각각의 책에는 그들만의 성공법칙이 담겨 있다. 선택은 우리의 몫이다. 비판적인 시각으로 여러 책을 최소한 10권 정도를 읽어보는 것을 추천한다.

　책을 읽는 사람이 정말 대단하다고 느낀 것은 책에서 배운 자산관리, 현금흐름관리, 부동산경매투자, 책 쓰기 등에 대해 내가 깨달은 것에 들떠서 친구들에게 얘기했을 때였다. 내 기대와는 다르게, 책을 읽지 않는 친구들은 예상외의 반응을 보였다. 그런 일이 정말 가능한지부터 시작해서 나이가 어린데 어떻게 책을 쓰냐며 무리라는 반응과 '우리가 무슨 부동산 투자냐'라며 콧방귀를 뀌는 등 받아들이지 않았다. 그래서 나는 이렇게 자기계발서를 읽거나 세미나를 갈 정도의 사람이라면 성공 확률이 보통사람을 훨씬 능가할 정도로 충분히 있다고 생각한다. 지금 책을 읽는 것 자체가 자신의 뇌에 씨앗을 뿌리는 과정이다. 너무 조급해할 필요는 없다. 우리는 추상적인 생각을 현실로 만들 가능성이 있는 사람이다. 성공하는 과정에서는 분명 실패가 존재하지만, 성공 확률이 있는 사람이므로 낙담은 하지 않았으면 좋겠다. 그만큼 책 읽는 행위 자체가 똑똑한 사람이라고 강조하는 나의 말을 믿어도 된다. 나도 책을 쓴 다음에는 또 다른 성공법칙을 배우려고 지금도 부지런히 책을 읽고 배움을 이어나가고 있다. 이처럼 성공은 점점 더 커질 것이며 비록 책 한 권을 읽은 작은 성공이라 해도 그 성공은 다른 성공을 불러온다. 그렇게 성공한다고 생각한다. 그리고 그런 것들이 쌓이고 쌓여 우리의 인생이 만들어진다. 우리의 하루하루는 정말로 소중하다. 책 한 장을 읽었더라도 그게 목표였다면 당신은 성공한 것이다. 이 책을 읽는 성공 가능성이 뛰어난 사람들을 나중에 봤으면 좋겠다. 인생이 달라지기를 원하고 성공하고 싶다면 지금 당장 성공법칙을 배워라!

03

오직 독서만이
살 길이다

독서를 통해 가장 바꾸기 힘든 자신을 바꿔라

우리가 살다 보면 타인이든 자의든 궁지에 내몰릴 정도로 힘든 순간이 온다. 그럴 때면 나는 가장 사랑하는 것들을 찾는다. 그 대상은 가족이 될 수도 있고 연인이 될 수도 있으며 심지어는 좋아하는 인형이 될 수도 있다. 하지만 기억해야 한다. 그런 것들은 일시적이라는 것을. 우리가 그렇게나 힘든 것들을 버티고 이겨내려면 우리 자신, 스스로가 그것들을 이길 수 있게 해야 한다. 나는 독서를 통해 자신을 바꾼 사람 중 한 명이라고 당당히 말할 수 있다. 책을 통해 지금 자신이 이겨내야 할 지식을 습득하거나 나와 같은 역경을 이겨내고 일어서는 과정을 간접적으로 체험해본다면 그것이 소설이라 하더라도 우리에게 절대적으로 도움이 된다. 세상에 혼자가 아니라는 생각이 들고, 나와 같이 시련을 이겨내려는 사람이 있다는 것에 동질감을 느끼게 된다. 무엇인가를 진정으로 이루거나 이겨내려면 삶의 전부를 걸어라. 그런 행동을 시도할 때면 그제야 비로소 작은 가능성을 얻는 것이다. 인간의 행복에 다다르려면 인간관계, 돈, 건강이 충족되어야 한다고 생각한다. 이번 장에서는 남들이 코웃음 칠만한 책으로 연애를 배운 이야기와 심리학의 중요성에 관해 이야기할 것이다.

　나는 남중, 남고를 나왔다. 중학교 고등학교에 남자들만 있으므로 여자 친구를 못 사귀었다는 것은 핑계라는 것을 안다. 과거에 나는 여자를 보면 말도 잘 하지 못했던 숙맥이었으며 형들이나 선생님들에게도 친근하게 다가가지 못할 정도로 인간관계에 매우 서툴렀다. 나름 용기를 내어 호감 가는 여자들을 만나 보았지만 서툴렀던 행동이 내 발목을 잡았다. 그녀들이 무엇을 원하는지 잘 몰랐기에 한 달을 채우지도 못하고 차이기 일쑤였다. 당시 친구들은 연애를 글로 배우는 건 말도 안 되는 일이며 그런 행동들이 창피하다는 듯 이야기를 했다. 그때는 친구들 말에 납득했었다. 주위에 책을 읽어서 연애를 잘 했다는 사람은 한 명도 없었다. 여러 사람을 만나 보는 게 경험이 된다고 생각했다. 그러던 어느날, 아르바이트를 하던 중에 정말로 좋아하는 이상형이 내 눈앞에 나타났다. 항상 차이고 거절당했던 나는 그녀를 놓치고 싶지 않은 마음에 생각해야만 했다. 이 당시 내 연애 레벨을 단숨에 상위로 올려준 행운의 책을 보게 되었다. 바로 데이비드 버스의 『욕망의 진화』이다.

『욕망의 진화』는 진화 심리학의 바이블로 남녀의 기저에 있는 본성들에 관해 이야기해준다. 우선, '진화 심리학'이란 진화의 산물인 근원적인 심리 기제를 말한다. 남성, 여성이 추구하는 짝짓기 전략뿐만 아니라 인간의 본성까지 설명할 수 있는 학문이다. 적응은 생존과 번식에 관련된 문제를 해결하기 위한 해결책이며, 수백만 년에 걸쳐서 우리의 몸에 영양 공급을 하기 위해 만들어진 배고픔, 추위를 느낄 수 있는 땀샘, 떨림 기제, 육식 동물을 피할 수 있게 해주는 두려움과 같은 감정들이 이때까지 살아남은 우리의 생존전략들인 것이다. 마찬가지로 사람이 연애하고 사랑을 하고 싶은 것 또한 생존과 번식을 생각해본다면 매우 당연한 감정들이다. 사랑하고 연애하고 싶은 감정들을 느끼지 못한 조상들은 번식에 실패했을 것이고 수백 년 동안 번식에 성공해온 조상들에게서 사랑이라는 감정은 당연한 '전략'인 것이다. 이러한 성 전략은 계획적으로 의도되지 않았다. 본성으로써 우리의 내면에 확실하게 있는 것이다. 이렇게 수백 년간 내려온 사랑이라는 '전략'을 외면했을 때 그에 따른 불행이라는 감정의 대가를 치르게 될 것이다. 본성에 따라 여자들이 몸 좋고 다정하며 돈 많은 남자를 좋아하는 것은 당연하다.

또한, 남자들이 어리고 S라인이며 순결한 여자를 좋아하는 것도 진화

론적으로 생각해본다면 매우 당연한 소리이다. 이러한 인간의 본성을 안다는 것은 앞으로 남은 인생에서 큰 힘을 가졌다는 것을 의미한다. 왜 사람들이 바람을 피우는 것에 그토록 민감하고 돈에 민감한지 등 여러 가지의 행동들을 생각해본다면 모두 생존과 번식에 관여하기 때문이다. 좋아하는 여자를 나의 여자 친구로 만들려면 최소한 그들의 생존에 필요한 것들 즉, 자원을 주는 것이 하나의 구애 방식이다. 어떤 여자가 말도 잘하지 못하고 왜소하며 돈 없는 남자를 좋아하겠는가? 좋아하는 사람에게 나를 잘 어필하는 것이 기본이라는 것이다. 자신이 가지고 있던 쓸모없는 전략들은 하루빨리 버리는 것을 추천한다. 이렇게 책 한 권만으로도 자신이 바라던 인생으로 완전히 바꿀 수 있다. 그만큼 독서가 중요하다고 수차례 강조해도 지나치지 않는다. 자신이 원하는 것을 가지려면 그 분야에서는 똑똑해져야 한다. 그렇다면 더욱 손쉽게 경쟁자들을 물리치고 이득을 취할 수 있을 것이다. 그 분야에서 똑똑해질 수 있는 가장 쉬운 방법은 독서이며 더 확실한 방법은 실행을 통한 경험이다. 내게 독서 성애자라고 해도 어쩔 수 없다. 만약 책을 읽지 않는 당신도 독서를 통해 인생이 변화된다면 독서 성애자가 될 수밖에 없을 것이다.

결국 우리 삶은 의사결정의 연속이다

독서가 중요한 이유는 또 있다. 우리는 삶을 살아가면서 수많은 의사결정을 하며 살아간다. 지금의 자신의 상태는 자신이 이제껏 내린 의사결정의 종합체라고 할 수 있다. 지금 상태가 만족스럽지 않다면 이제까지 의사결정을 잘하지 못한 채로 살아왔다는 것이다. 하지만 지금이라도 인생을 바꾸고 더 높이 더 자유롭게 원하는 것들을 누리고 살려면 앞으로의 의사 결정력을 매우 중요하게, 또는 좋게 활용해야 할 것이다. 저자 개리 마커스의 『클루지』는 우리의 의사 결정력을 잘 활용하는 데 도움을 줄 책이다. 이 책은 우리나라의 유명한 사업가인 '라이프 해커 자청'의 추천서 중 하나이기도 하며 나 또한 이 책을 읽고 나쁜 의사결정을 내리는 일이 많이 없어졌다. '클루지'란 과거 인간에게는 필수적인 심리 기제였지만, 현대에 와서는 사람들을 방해하는 불완전한 '과거의 유물'이 된 것을 일컫는다. 예를 들어 인간의 척추를 살펴보자. 만약 척추가 네 개의 기둥으로써 균등하게 몸무게를 분산해주었다면 더 좋았을 것이다. 하지만 인간의 몸은 네발 짐승의 척추에서 진화했기 때문에 직립보행을 함으로써 자유롭게 두 손을 쓸 수 있었지만 그 대가로 많은 사람이 요통에 시달린다. 이렇듯 완벽하지 않지만 그래도 과거보다 더 효율적으로 행동함으로써 어느 정도의 결함을 가지게 된 것이다. 인간의 심리 기제 또한 마찬가지이다. 과거의 조상들에게 '조심성'이란 야생 동물을 피하는 생존에 매우 필요한 중요 감정이었다. 하지만 이런 감정은 지금 현대인들에게 도전하기를 꺼리는 불필요한 감정이 된 것이다. 우리가 새로운 사업에 도전하기를 극도로 꺼리고 고백하기를 꺼리는 '클루지'라는 감정에 지배당하지 않는다면 우리는 분명히 미래가 바뀔 것이다. 『클루지』에서는 "우리가 진화해온 현재의 모습 그대로를 솔직히 들여다볼 때, 우리의 장점뿐 아니라 단점도 인정할 때, 비로소 우리는 불완전하지만 고귀한 우리의 마음을 최대한 활용할 수 있을 것이다"라 말한다.

우리 모두에게는 클루지가 있다. 하지만 이제는 클루지가 뭔지, 어떻게 의사결정을 해야 더 나은 인생을 살 수 있는지 알게 되었다. 사실 나는 이전에 책을 쓰지 못할 것이라는 클루지가 있었다. 하지만 결국 결단을 내려 클루지를 이겨버렸고 나는 좋은 의사결정을 해서 책을 쓰고 있다. 클루지에 대한 존재를 알고 난 뒤 여자 친구에게 고백해서 차일까 하는 두려운 감정보다는 그래도 내 감정을 전달해보자는 좋은 의사결정을 내려 지금의 결과를 만들어 냈다. 지금도 나는 매일 클루지를 이겨내려 하고 있다. 좋은 사람에게 먼저 다가가려는 행동들, 하기 싫은 원고를 매일 쓰는 행동, 매일 블로그를 하고 싶다는 생각만 가지지 말고 두려운 감정을 일으키는 클루지를 이겨내어 오늘 당장 블로그를 시작해보는 것. 매일매일 떠오르는 클루지를 이겨내며 내 인생은 완전히 바뀌어 나가고 있다. 이쯤이면 내가 계속 독서를 하라고 하는 이유도 충분히 이해되었을 것이다. 이 책을 읽고 있는 독자인 당신도 오늘 무슨 클루지가 들었는지 생각해보자. 그런 생각의 오류들을 이겨내어 자신이 원하는 인생을 당당히 살아가자. 거절이 두려운 것은 당연하다. 거절을 당한다 할지라도 시도를 해본다면 시도조차 못 한 사람하고는 비교도 할 수 없다.

책을 읽는 동안 내가 얼마나 자신을 몰랐는지 알아야 한다. 우리가 이제 껏 믿고 있던 것이 진리가 아니라는 것을 깨닫는 순간 진화한다. 모두가 똑 같은 공기를 마시며 같은 삶을 산다. 그런데 어떤 사람은 행복하고 어떤 사 람은 불행한 것이 이제는 당연하다. 누구든 행복했으면 좋겠다. 자기 자신 을 알았으면 좋겠고 그로 인해 성장하고 원하는 삶을 누렸으면 좋겠다. 나 를 포함해서 빌 게이츠도, 워런 버핏도 지금 이 순간 앞으로 나아가고 있 다. 무지했던 나를 깨닫게 하고 빠르게 변화시켜준 것이 독서가 아니었다 면 이렇게 독서에 관해 설명하지 않았을 것이다. 하지만 나는 독서로 인생 을 변화시켰다. 그렇기에 인생에 변화를 주고 싶은 사람에게는 독서를 추 천한다. 투자대비 효율이 가장 뛰어난 것으로 아직 독서만 한 것을 보지 못했다. 나의 부족한 점에 대해 인정하게 되었고 지금의 나를 이뤄준 것에 감사함을 느낀다. 이제 내 인생에서 독서에 대한 비중이 전체 중 절반이 나 차지한다. 책을 읽는다면 인생을 잘살 수 있냐고 묻는 친구가 있다. 나 는 조금 더 나은 삶을 살 수 있다고 대답했다. 정말 자신에게 맞는 책을 찾 아 진심으로 읽는다면 분명 나아질 것이다. 이 책을 쓰고 있는 나 자신도 너무 부족하다는 겸손도 알게 되고 적은 책을 읽었더라도 자신을 돌아보 게 되면서 강인함이라는 감정도 키우게 되었다. 사실 군대 안에서 책을 읽 지 않았더라면 어땠을지 생각해본 적도 있다. 그렇게 물 흐르듯이 살아갔다면 원하지 않는 공부를 해서 원하지 않는 일을 하며 원하지 않는 인생을 살아갔을 것이다. 그리고 그것이 내가 원하지 않는 것이라는 것도 모를 수도 있을 것이다. 생각만 해도 너무 끔찍하다. 다시 그때로 돌아간다면 그 시기의 세 배 정도는 독서를 했을 것이다. 그때 나 자신을 살린 것은 분명 독서였다.

전문가가 되기 위한 가장 빠른 방법은 독서이다

독서로 원하는 분야의 빠르게 전문가 되기

우리가 안정적으로 삶을 영위하려면 어느 분야에서 전문가가 되는 것이 현명할 것이다. 전문가의 좋은 장점은 남들의 신뢰를 얻을 수 있다는 것에 있다. 여기서 말하는 신뢰는 인생에서 매우 유용하게 써먹을 수 있다. 사업을 하더라도 신뢰가 있어야 하며, 연애를 하거나, 자신이 이미 일하고 있는 분야에서도 인정받으려면 신뢰가 있어야 할 것이다. 빠르게 전문가가 되기 위한 여러 가지 방법이 있다. 해당 분야의 웹 사이트나, 블로그, 칼럼 읽기, 해당 분야의 업무 중 피드백 받기 등이 있지만 무엇보다도 독서가 최고라고 말하고 싶다. 일단 독서는 그 분야의 지식을 모아서 융합시켜놓은 결정체이다. 말콤 글래드웰의 저서인 『아웃라이어』에서는 그 분야의 전문가가 되려면 1만 시간을 투자해야 한다고 이야기한다. 그럼 우리가 1만 시간을 그 분야에 투자해야만 전문가가 될 수 있을까? 나는 아니라고 본다. 기계적인 노력이 아닌 정말 의식적으로 1만 시간을 전문가가 되기 위해 투자한다면 전문가가 되는 것은 확실하다. 하지만 정말 전문가라는 목표 하나만으로 매일 3시간씩 10년 정도가 걸리는 일을 할 사람이 많지는 않을 것이다. 나 같으면 소중한 인생을 그렇게 쏟아부어 굳이 최고 전문가가 되는 것은 아니더라도 남들에게 도움을 줄 수 있는 실력을 갖추는 것이 성공의 지름길이라고 생각한다. 중요한 것은 뼈대를 만드는 것이다. 내가 잘 하지도 못하는 연애를 잘 할 수 있었던 이유에도 연애와 사람의 본성에 관한 책을 읽어 뼈대를 만들었기 때문이다. 그 뼈대를 만들기 위해 진화 심리학을 읽어보았고 아무것도 몰랐던 나는 나만의 안경을 끼고 세상을 바라볼 수 있게 된 것이다. 연애에 대한, 인간의 본성에 대한 뼈대가 생겼기에 남들보다 더 똑똑하게 연애할 수 있게 되었다. 예를 들어 주식에 관한 공부를 한다고 가정하자. 그렇다면 최소한 10권의 책을 읽고 투자를 하게 된다면 아무것도 읽지 않는 사람에 비해 뼈대가 생겼을 것이다. 최소한 도박같은 짓은 하지 않도록 말이다. 내가 생각하기에 전문가 소리를 들을 정도가 되려면 독서를 하여 뼈대가 생기게 하는 것은 물론, 실행을 통해 시행착오를 겪다 보면 점차 전문가가 된다고 생각한다. 전문가라는 건 그리 거창하지 않다. 자신이 좋아하고 의미가 있는 분야에 집중하면 몇 년 혹은 몇 달 안에 전문가가 될 수 있다.

우선 내가 나름 전문가라고 생각하는 분야가 있다. 바로 책 읽기이다. 내가 책을 읽은 시간을 합쳐보면 삼천 시간 정도다. 책이야 그냥 읽어도 된다는 사람이 있을지도 모르지만, 나에게는 책을 어느 정도 읽었을 무렵에 욕심이 생겨 책을 더 빠르고 많이, 오래 기억하며 읽고 싶은 마음이 생겼다. 이러한 문제를 해결하기 위해 남들이 설명하는 다양한 독서법에 관한 책을 찾아 읽어보았다. 이런 독서법의 책을 읽는다면 자신만의 뼈대가 생기게 된다. 이 방법을 통해 자신만의 새로운 방법을 찾을 수도 있고 여러 가지 방법을 그대로 따라 하며 적용할 수도 있을 것이다. 나 또한 독서법에 관한 책을 읽어 책 읽기의 뼈대를 가졌고, 그것을 토대로 책 읽기에 적용하면서 효율적인 책 읽기 습관이 생겼다. 고전문학처럼 생각을 많이 하는 책은 느리게 읽는 습관이 생겼고, 실용서처럼 나의 문제를 해결해줄 책은 빠르게 읽어서 하루에 두 권도 독파할 수 있게 되었다. 지금 나의 독서 실력은 3천 시간을 다 채우고 생긴 것이 아니다. 책을 읽기 시작하고 독서법 책을 읽은 후 적용하는 기간까지 합쳐보면 대략 1년 정도 걸린 것 같다. 누구라도 올바른 방법으로 노력한다면 1년 안에 남들이 하지도 못하는 전문가 정도의 실력을 갖출 수 있다.

두 번째로 자신이 있는 종목은 인간관계이다. 부끄럽지만 사실 과거에 나는 인간관계가 그리 좋지 못했다. 질 나쁜 사람하고도 사귀어보고 나태하고 게으른 사람들하고도 어울려 다니면서 인생을 허비했다. 혹은 그 이전에 부끄럽고 수줍은 마음 때문에 제대로 된 인간관계를 많이 접해보지 못했다. 군대에 가서부터는 인간관계가 삶을 살아가는데 중요한 요소가될 거라는 것을 알게 되었다. 이 문제 역시 내가 할 수 있는 빠른 방법을 적용했다. 우선 나 자신부터 고치기로 했다. 소극적이고 나태한 나였지만 단하나, 성공하려는 마음가짐을 가지고 책을 읽었다. 나는 처음부터 다시 인생을 살아 보자는 마음이 있었다. 첫 번째로는 데일 카네기의 『인간관계론』을 읽고 나 자신이 타인을 대할 때 드러나는 나쁜 습관을 고치는 데 매우 유용하게 작용했다. 이 책을 읽고 내가 가지고 있던 비판하는 버릇이나, 무표정 등이 얼마나 안 좋은 건지를 깨닫게 되고 그것을 고치게 되었다. 어느 정도 인간의 본성에 대한 뼈대와 타인을 대하는 자세에 대한 기본 뼈대를 가지게 되었다.

두 번째로 어떤 친구, 인맥을 사귀어야 하는지에 관한 책을 담은 저자 코니의 『하버드 인맥 수업』이 앞으로 인간관계의 방향을 만들어주는 데 뼈대가 되었다. 여기에서 진정한 인맥은 아는 사람에게서만 그치는 것이 아니라 적극적인 내 사람으로 만들어 나와 그의 지식을 기꺼이 공유하는 것이라고 이야기한다. 서로의 성공을 돕는 것이 진정한 인맥이라는 것이다. 나는 이제껏 서로의 성공을 돕는 인맥은커녕 오히려 그들과 경쟁하거나 시기하고 질투하며 은근 깎아내리는 인맥만이 있었다는 걸 깨달았다. 사실 그런 인맥이나 주위 사람들은 모두 자기 자신의 선택이라는 것을 안다. 독서로 그것을 알게 되었고 올바른 인간관계를 맺고 나아감으로써 지금도 매우 건강한 인간관계를 형성하고 있다. 그들은 지금도 나의 미래를 도와주고 응원해주는 정말 참된 사람들이다. 그런 인간관계를 만들려면 우선 자신부터 바뀌어야 한다.

올바른 의사결정을 하려면
올바른 배움이 선행되어야 한다

모든 것에는 배움이 필요하다는 것을 책을 통해 알게 되었다. 내가 다니던 학교의 전공 분야보다 우리가 살아가면서 너무나 당연한 것들을 공부하고 독서를 하다 보면 인생이 행복해지게 되는 것이다. 나는 인간관계와 연애를 공부하고 난 뒤 인생이 매우 재밌어졌다. 아직 배워야 할 분야들이 많지만 우선 자기가 제일 관심이 가는 분야부터 해결하고 나면 점차 다른 분야로 넘어갈 수 있게 된다. 그것이 인간관계든, 돈이든, 사랑이든 뭐든 상관없다. 인간관계 같은 종목을 아무것도 모르는 상태에서 하려고 하면 너무도 쉬울 것 같다는 막연한 생각이 들 수도 있다. 그리고 실제로 이런 당연한 것들을 나름대로 잘 해결해 나가는 사람 또한 있다. 나는 그런 사람을 타고난 사람이라고 표현한다. 물론 그런 타고난 사람은 매우 극소

수이며 자기가 타고난 사람이라고 오해하지 않았으면 좋겠다. 우리가 일상에서 겪고 있는 여러 가지 일들이 쉽다고 생각하는가? 하지만 대다수는 그런 문제로 불행해지기도 한다. 우리는 각자 전문가 수준의 무기를 만들어야 할 것이다. 살다 보면 문제가 생기게 되고 그것들을 처리하고 배워가는 과정에서 나름 실력이 많이 오를 것이다. 괴테의 '인생은 속도가 아니라 방향이다'라는 유명한 말이 있다. 이 문장에서 말했듯이 사람 대부분은 제대로 된 문제의 방향을 심도 있게 생각하지도 않으면서 무작정 속도만 높이려는 경향이 있다. 아무리 속도가 빠르다 한들 방향이 잘못되었다면 아무 소용없는 것이다. 아무리 돈을 잘 벌어도 배우자와 이혼하고 자식들에게 무시당한다면 과연 행복할까? 우리는 너무 눈앞에 보이는 것들에만 신경 쓰는 것 같다. 나는 돈을 적게 벌더라도 행복하면 정말 성공한 인생이라고 생각한다. 무엇이 더 중요한지를 항상 생각하는 자세야말로 앞으로 삶에 있어서 이로울 것이다.

예전에는 대학교를 나와 대학원을 다니면서 일을 하고 실무경험이 풍부해야 전문가 소리를 들었었다. 이렇게 고리타분한 전문가 소리를 듣기 위해서는 최소 10년이 걸린다. 우리에게는 10년 정도가 걸려 전문가가 되기보다는 독서라는 무기를 이용해 빠르게 전문가가 되는 것이 시간상 훨씬 효율적이다. 최고 전문가까지는 아니더라도 남들에게 도움을 줄 수 있는 그리고 무엇보다 자신의 인생을 좋은 방향으로 변화시킬 수 있는 무기를 가지라는 것이다. 그러기 위해서는 첫 번째로 독서가 반드시 선행되어야 한다. 책이 전문가가 되기 위해 가장 빠른 방법이라고 말한 이유에는 그 무엇보다 방향성이 좋기 때문이다. 한 사람의 지식에 치우쳐져 있지도 않고 여러 가지의 책이 있을뿐더러 그 분야의 지식을 함축시켜 놓았기 때문이다. 그렇게 여러 권의 책을 객관적인 시각에서 읽다 보면 자신만의 주관적인 시각으로 전환되는 시기가 있다. 나는 이 시기를 거치고 나면 전문가라는 소리를 들을 정도의 실력이 쌓아졌다고 생각한다.

또 이것을 실행으로 옮겨 시행착오를 겪다 보면 나름 전문가가 된다고 생각한다. 오늘 이 장에서 얻어갈 수 있는 것은 첫 번째로 독서를 통해 자신만의 뼈대를 만들라는 것이다. 그리고 두 번째로 그 뼈대를 실행함으로써 완전히 자신만의 탄탄한 뼈대로 늘려나가는 것이다. 어떤 분야의 지식을 획득하고 그것을 바탕으로 실행함으로써 경험까지 내 것으로 확실히 만들어 놓는다면 전문가가 되기 가장 빠른 방법이 독서인 것은 부정할 수 없는 사실일 것이다.

자수성가한 사람들에게는
남다른 '실행 근육'이 있다

해야 하는 것보다
하지 말아야 할 것이 더 중요하다

우리가 인생을 원하는 대로 잘 살기 위해서는 무엇이 중요하다고 생각하는가? 나는 간단하게 두 가지로 나눌 수 있다. 바로 잘 생각하고 잘 실행하는 것이다. 세상에는 생각만 하는 사람들이 너무나 많다. 불과 4년 전의 나도 생각만 하지 실행은 잘 하지 않았다. 애초에 인간은 과거와는 다르게 삼시 세끼 다 챙겨 먹을 수 있는 인생을 살고 있다. 우리의 조상들이 그랬듯 매일매일 힘들게 사냥하러 나갈 필요가 없고 그렇기에 더는 생존에 문제가 되는 조급함은 찾기가 어렵다. 인간에게는 게으르고 실행을 싫어하는 본성이 있다. 그렇기에 그만큼 과감하게 실행할 수 있는 능력을 갖춘 사람은 대부분을 앞서나갈 수 있으며 원하는 것을 더 빠르게 쟁취할 가능성이 있다. 우리는 부자가 되고 싶고, 연애하고 싶은 생각이 마음속 깊은 기저에 있다. 하지만 그런 생각만 가지고 있다고 해서 돈이 굴러 들어오는 것도 아니고 좋은 애인이 생기는 것도 아니다. 우선은 무엇이라도 실행하는 것이 중요하다는 것이다. 돈을 원한다면 돈에 관한 공부를 해서 생각을 키우고 내가 해야 할 것들을 세부적으로 쪼개서 실행하면 아무것도 안 하고 생각만 하는 것보다 성공 확률이 몇 배나 높아진다. 연애 또한 마찬가지이다. SNS로 멋지고 예쁜 사람들만 보면서 마냥 연애하고 싶다는 막연한 생각보다는 실제로 자기의 단점을 보완하고 장점을 살려서 외모를 꾸미고 난 뒤 좋아하는 사람에게 구애를 해보는 것이 몇 배는 성공 확률이 올라갈 것이다. 깊게 들어가서 그 사람의 심리나 원하는 것을 파악하고 그것을 보여주는 등 여러 가지의 기술이 있으면 좋을 것이다. 아무것도 안 하면 아무것도 얻을 수 없는 것이 현실이다.

나는 솔직히 말해서 책을 읽고 난 뒤로 집이 싫어졌다. 더는 부모님 의견과 내 의견이 맞지 않아서이다. 나는 인생을 더욱 행복하고 길게 보려는 생각을 하고 있고 오히려 후회하지 않기 위해 사업을 하고 싶었으며 영업을 하더라도 경험을 쌓고 싶었다. 하지만 부모님으로서는 어린 아들이 하는 그런 행동들이 너무나 걱정스럽게 보이셨을 것이다. 부모님이 살아온 인생에서는 주위에 나 같은 사람이 없었을 것이고 있더라도 전부 다 실패해 변변치 않게 살아가고 있기 때문이다. 책을 읽은 뒤 낙관주의가 된 나는 더는 완강한 부모님을 설득할 수 없다는 것을 알았다. 부모님을 나쁘게 보는 것이 아니라 부모님이 보기에는 멀쩡히 학교를 잘 다니고 사고만 안 치고 졸업해서 취직한다면 내 미래는 보장되어 있다고 생각하기 때문이다. 부모님은 그런 안전한 삶을 살기를 바라시는 것이다. 나도 이해를 못 하는 것은 아니지만 저런 뻔하고 보장된 삶이라는 거짓말 섞인 미래로 향할 수는 없었다. 그런 미래를 향해 살아가는 일분일초가 너무나도 아까웠고 심적으로 괴로웠다. 이런 견해차는 확실한 갈등이 조성된다는 것을 알기에 내가 할 수 있는 최고의 선택은 '책 쓰기'였다. 나는 몇 년 전부터 책을 읽기 시작해 꾸준히 독후감을 써왔고 남들이 대단하다고 할 만큼 책을 읽었기에 글쓰기에는 나름대로 자신감이 있었다. 책 쓰기에 대한 책을 읽고 나서 책을 쓰기로 마음먹었다. 더 망설이면 안 된다는 것을 알았다. 그 후로 책 쓰기에 대한 여러 책을 찾아보았고 가장 유명한 세미나를 참석하는 등 게걸스러울 정도로 나를 위한 투자를 진행했다. '타고난 운명을 바꾸기 위해 목숨을 걸어본 적이 있는가?'의 문장을 그대로 실천했다. 나는 책을 쓰기 위해 목숨을 걸었다. 가끔 만나서 술을 마시는 고등학교 친구들을 아예 만나지 않았고 평소 생각을 오로지 책 쓰기에만 몰두했다. 내가 쓰는 이 책이 결코 대단하다고 생각하지 않는다. 나는 단지 나처럼 어디로 갈지 모르고 헤매는 사람들에게 도움을 주고자 책을 쓰는 것이다. 뭔가 이루려면 어느 정도 무모함이 있어야 한다.

　이솝우화 중 하나인 「여우와 신포도」 이야기는 모두가 한 번쯤은 들어봤을 것이다. 여우는 높은 나무에 달린 포도를 따 먹기 위해서 몇 번이나 시도한다. 하지만 결국 닿지 않아서 포기하게 된다. 이때 여우는 돌아서며 '내가 포도를 따지 못하는 것이 아니라 포도가 실 것'이라는 자기합리화를 하게 된다. 나는 여기서 이런 생각을 했다. 여우가 막대기를 가지고 와서 포도를 따거나, 돌을 던져서 포도를 떨어뜨리는 것도 하나의 방법일 것이다. 합리화나 만족하기 같은 심리들이 어느 정도는 존재해야 한다. 아무리 해도 안 되는 것에는 어느 정도의 합리화나 만족하기가 있어야지 무너지거나 비난하지 않을 것이다. 문제는 여우의 자기합리화는 우리가 사는 일상생활 가운데 매우 많이 존재한다는 것이다. 우리가 실행하지 못하는 것도 어느 정도 자기합리화가 들어가 있을 가능성도 매우 크다. 자신이 무엇을 하기로 마음먹었다면 어떤 방법을 쓰더라도 이룰 수 있어야 한다. 이루는 과정에서 우리가 처한 문제를 올바르게 바라볼 줄 알아야 하며 모든 것을 했음에도 안 된다고 판단했을 때 자기합리화를 하는 것도 늦지 않다. 일단 시작해보는 것도 좋다. 아침에 일어나서 "나는 오늘 내가 하려는 것을 해냈어."라고 자기암시를 하는 것도 괜찮은 방법이다. 성공하거나 자수성가한 사람들은 매일 이러한 것들을 해내는 사람들이다. 그들은 웬만하면 자기합리화를 하지 않으며 힘든 상황이 오더라도 결국 이겨내는 의지가 있다. 웃긴 것은 그들이 어느 정도 이뤄놓은 것들을 보면 어리석은 사람들은 이렇게 말한다. "그 정도는 나도 하겠다."라고 말이다. 성공이란 아는 것의 문제가 아니다. 성공은 실행의 문제이다. "나도 이정도 책은 쓸 수 있겠다."라고 더는 자신을 위로하지 말고 정말 실행하는 사람이 되었으면 좋겠다. 어느 정도 성공한 사람이 하는 말에는 자신감과 신뢰감이 느껴지지만, 아무것도 이뤄놓은 것이 없는 사람이 하는 말에는 힘이 없을뿐더러 너무나도 비참해 보인다.

뛰어난 실행력이 뛰어난 자신을 만든다

자수성가의 최고봉인 빌 게이츠에게는 분명 남다른 실행력이 있다. 그는 컴퓨터 기업을 창업하겠다는 생각을 한 뒤로 즉시 실행에 옮겼다. 그리고 성공의 상징인 하버드라는 타이틀을 버리는, 쉽지 않은 행동을 과감하게 실행했다. 그 당시 남들이 빌 게이츠에게 어떤 말을 했을지는 상상이 간다. 세상에는 정답이 없다. 학교에서 왜소하고 약해 보이던 아이가 보디빌더가 될 수도 있고 공부를 하지 않던 아이가 어느 날 스타트업 기업을 차려 억만장자가 될 수도 있다. 세상에 존재하는 그 무엇도 배울 수 있고 감명받을 수 있으며 그것이 유명해질 수도 있다. 페이스북의 창시자인 마크 저커버그의 매우 인상적인 이야기가 있다. "처음부터 다 아는 사람은 없다. 아이디어는 처음부터 완벽하게 나오는 것이 아니라 그것을 시작해가면서부터 명확해지는 것이다."라는 것이다. 말 그대로 처음부터 완벽한 것은 없다. 그런 것이 있다면 우리 엄마가 먼저 했을 것이다. 마크 저커버그 또한 그저 사람들을 모으고 소통하고 싶다는 단순한 생각에 페이스북을 만들었다. 그런 실행들이 지금의 자수성가한 사람들의 공통점이다. 인터넷에는 빌 게이츠나 워런 버핏, 마크 저커버그 등 유명한 사람들이 성공한 것으로 도 배되어 있지만 지금 이 순간도 성공한 사람들은 계속 늘어나고 있다. 내가 다니는 창업 스터디에도 나보다 어린 친구가 벌써 뛰어난 실행력과 지식으 로 성공을 했고 지금도 더욱 성장 중이다. 이정도면 성공은 실행이라는 생 각까지 든다. 우리는 미지의 것을 실행할 줄 아는 용기가 있어야 한다.

아무리 재테크 공부를 하는 사람이 많더라도 부자가 되지 못하는 사람 은 너무나 많다. 그들은 공부는 하지만 정작 마지막에 이리저리 핑계를 대 며 실행을 뒤로 미루기 때문이다. 그래놓고 실행해서 성공한 사람들을 운 이 좋은 사람 또는 사기꾼이라고 치부해버린다. 일종의 자기합리화를 하 는 셈이다. 실행에 대해서 아직도 감이 잡히지 않았다면 아프리카 초원에 있는 치타를 생각해보자. 치타 같은 육식 동물은 성인이 된 순간부터 사 냥이라는 실행을 통해 생계를 유지한다. 그들에게 있어서 사냥은 삶 그 자 체이다. 우리가 실행을 잘 하지 못하는 이유 중 하나는 이미 생존에 충족 한다는 것이다. 마음에 들지 않는 회사를 들어가더라도 매일 삼시 세끼가 나오는 것에 길들어 있고 월급을 탕진하는 것에 길들어 있으므로 그 생활을 벗어나지 못한다. 그런 삶에 길들어 있는 것이다. 당장 코앞의 생존을 위해 초원에서 사냥하는 치타들과는 다르게 현실의 급한 문제를 해결해주니까 더 큰 인생의 목적을 깨닫지 못하는 것이다. 우리는 우리의 삶을 정확하게 바라보고 절박한 이유를 찾아내야 할 것이다. 자신의 본성을 찾아내어 건드릴 줄 알아야지 실행하는 데 힘이 덜 든다. 만약 아직 자신이 실행하기가 적합하지 않다고 가정하자. 원하는 것이 무엇인지도 모르겠고 준비도 덜 돼 있는 것 같은 생각이 들어 책부터 읽어야겠다면 나는 말리지 않는다. 오히려 추천하는 편이기도 하다. 대신 실행을 하려는 준비 기간으로써 확실하게 언제까지 책을 읽을지를 정해놓고 하라는 말을 하고 싶다. 실패 또한 중요하지만, 굳이 하지도 않아도 되는 실패를 할 필요는 없기 때문이다. 독서를 하는 것도 매우 중요하지만 아무리 좋은 아이디어가 있더라도 밖으로 내놓지 않으면 쓰레기가 된다는 사실을 유념했으면 좋겠다.

간다 마사노리의 유명한 말이다. "99%의 사람들은 현재를 보면서 미래가 어떻게 될지를 예측하고, 1%의 사람만이 미래를 내다보며 지금 어떻게 행동해야 할지 생각한다. 당연히 후자에 속하는 1%의 사람만이 성공한다." 자수성가한 사람들에게는 공통으로 남들보다 높은 실행력이 있다. 간다 마사노리가 말한 1%는 누구나 될 수 있고 우리도 당연히 그렇게 될 수 있다!

성공할 수밖에 없는
환경을 만들어라

우리를 둘러싼 환경의 중요성

우리 생활에서 성공할 수밖에 없는 환경을 만든다면 그 확률이 올라가는 것은 어찌 보면 당연하다. 예를 들자면 어렸을 때 공부를 못했던 나는 강제로라도 공부를 하기 위해 어머니께서 학원을 보냈다. 내 삶에 어쩔 수 없이 학원이라는 카테고리가 추가되어 버린 것이다. 부모님께서는 아무리 하기 싫어도 공부를 할 수밖에 없는 환경을 만들어주셨다. 물론 그런 환경이 구성되었다고 해서 전부 다 공부를 잘 하는 것은 아니다. 공부를 할 수 있는 환경이 조성된 것만으로도 본인이 원한다면 더 빠르고 쉽게 할 수 있다. 하지만 공부를 해야만 한다는 동기가 생기지 않으면 아무리 좋은 환경이 주어지더라도 변할 수 없을 것이다. 내가 말하고자 하는 것은 뭔가를 하려는 의지가 있지만, 어떤 것부터 시작해야 하는지 모르는 사람들을 위한 지름길을 제공하려는 것이다. 물론 환경이 구성되어야 한다는 사실은 대부분 알고 있겠지만, 여기서 좀 더 구체적으로 들어간다면 뭘 해야 할지 몰라서 헤매기 십상이다. 만약 우리의 환경이 제대로 갖춰지지 않는다면 무엇을 하더라도 그 환경이 나에게 영향을 끼쳐 신경을 갉아 먹을 것이다. 정리되지 않은 주변 환경은 처음 뭔가를 하고자 했던 의지를 조금씩 고갈시킨다. 우리가 환경을 조성한다는 것은 매우 기본적인 행동이다. 깔끔하게 정리된 주변은 우리가 한눈팔 기회를 만들어주지 않을뿐더러, 좀 더 집중력을 높여주기도 한다. 지금 자신의 방이 어지럽혀져 있다면 그건 현재 우리의 뇌 상태와 비슷하다고 볼 수 있다. 쓸데없는 잡생각을 줄이고자 한다면, 먼저 주변 정리부터 시작하라. 가장 첫 번째로 우리에게 가장 친숙하고 개인적인 공간인 자신의 방부터 시작해보자.

  내가 환경을 바꾼 첫 번째 경험을 말하겠다. 내 방을 치우고 남는 벽장을 서재로 꾸민 일이다. 솔직히 말하면 나는 그다지 깔끔한 사람이 아니다. 내 방은 항상 어지럽혀져 있어서 엄마가 들어오면 등짝을 맞을 만큼 청소를 잘하지 않는 편이었다. 성격도 게을러서 아침에 일어나면 이불도 잘 개지 않는 편이다. 그래서 내가 성공하기 위해 책을 읽고 노력을 하더라도 내 방에서 하기에는 뭔가가 불편하고 집중도 잘되지 않았다. 그때의 나는 내

방이 어지럽혀져 있다는 것에 크게 의문을 가지지 않았다. 대신 나는 주위를 둘러보았다. 군대 안에서도 자신의 미래를 위해 성실히 나아가고 있는 친구들의 서랍이나 관물함을 보면 항상 정리가 잘 되어 있었다. 나는 순전히 그들이 깔끔한 성격을 지닌 줄로만 알았는데 지금 생각해보면 그들이 자신의 일에 집중할 수 있었던 이유에는 그들의 깔끔한 성격은 물론 잘 정돈된 환경이 도움을 주었다고 생각한다. 깨달음을 얻은 나는 곧바로 주변 환경 바꾸기에 들어갔다. 벌레라도 나올 것 같은 서랍과 관물함을 깨끗하게 비웠고, 눈에 잘 띄는 공간을 책으로 채우기 시작했다. 나는 이렇게 작은 행동이 큰 결과를 나타나게 할 줄은 생각도 못 했다. 내 방에서는 잘되지 않던 독서가 어느 순간 잘 되었다. 독서에 재미를 붙이기 시작하면서 가방에는 늘 책을 넣고 다녔고, 틈날 때마다 독서하는 버릇도 생겼다. 이렇게 마음먹고 한번 환경을 바꾸니까 이제는 환경이 나를 바꾸기 시작한 것이다.

위에서도 말했듯이 환경이란 매우 중요한 것이다. 그것이 어떤 환경이든 말이다. 성인이 되기 전 어떠한 가정환경에서 자랐는지 현재 자기 방의 환경이 어떠한지 등 환경은 모두 우리의 삶에서 빠질 수 없는 일부분이기 때문이다. 나는 남들이 잘 알지 못하는 책의 중요성을 일찍 깨달은 것이 가장 행운이라고 생각한다. 하지만 독서에 대한 열정은 항상 뜨겁지만은 않다. 고작 방을 청소하고 눈에 보이는 곳에 서재를 둔 것만으로도 별생각

없이 책을 보게 되고 고르게 된다. 한마디로 많은 의지를 들이지 않고도 나 자신을 독서를 할 수 있게 끌어들이는 것이다. 정말 가성비가 좋은 하나의 방법이다. 사실 독서뿐만 아니라 운동을 하더라도 좋아하는 롤모델의 사진을 벽에 걸어두는 것도 좋은 동기부여가 되는 방법의 하나일 것이다.

　내가 환경을 바꾼 두 번째 경험은 바로 인맥이다. 내 주위 친구들은 평범하다. 내가 가진 목표와 꿈은 내 친구들이 꿈꾸는 평범함과는 한참 거리가 멀다. 그렇기에 내 주위에는 내가 가는 길을 먼저 걸어간 사람 또는 걸어갈 사람이 필요하다는 것은 일찌감치 알고 있었다. 예를 들어 마이클 조던이 집에서 혼자 농구를 했다고 가정해보자. 그가 아무리 노력을 해도 좋은 코치나 공동체에 속해 있는 사람들에게는 상대가 되지 않았을 것이다. 저자 앨런 가넷의 『생각이 돈이 되는 순간』에서는 창의성을 요구하는 분야에서 세계적인 성공을 거두기 위해서는 주변 사람들과 공동체를 조성하는 것이 무엇보다도 중요하다고 이야기한다. 예술가부터 운동선수에 이르기까지 세계적으로 대단한 업적을 남긴 사람들은 모두 한때 가혹한 스승 밑에서 공부했다는 사실을 밝힌 연구도 있다. 내가 나흘 밤을 끙끙 앓고 지냈던 문제들이 어쩌면 먼저 그 길을 간 사람에게는 아무것도 아닌 조언이 될 수도 있다. 혼자 밑바닥부터 시작하는 것도 나쁘지 않겠지만 더 빠른 성공을 원한다면 우리만의 공동체를 형성하는 것도 매우 좋은 지름

길일 것이다.

내가 작가가 되기 위해 여러 책을 읽고 참고하는 것도 매우 중요한 과정 중 하나이다. 그렇지만 책을 조금 더 빠르고 쉽게 쓰기 위해서는 책을 많이 쓴 유명한 저자를 찾아가서 조언을 듣는 것도 하나의 방법이다. 책을 읽기 위해 독서모임을 하는 것도 책을 읽기 위한 좋은 환경을 만드는 것이고, 책을 쓰기 위해 멘토를 찾아가 조언을 듣는 것도 좋은 방법이다. 그러한 과정에서 그들의 경험과 조언에 직, 간접적으로 영향을 받게 된다. 혼자 하면 시들해질 열정을 주기적으로 그들과 모임을 가져 만난다면 새로운 정보는 물론, 그들이 제 삼자로서 객관적으로 조언해줄 수 있으며 시들했던 열정 또한 다시 새롭게 불타오를 것이다. 이런 주기적인 모임은 나에게 동기부여도 되지만, 무엇보다 이들과 경쟁을 함으로써 내가 원하는 목표에 더 빠르게 다다르게 해준다는 것이 중요하다. 자신이 아무것도 가진 게 없다면 한 번 이런 모임에 참석하여 자신보다 더 나은 사람들을 보고 열등감을 가지는 것도 좋을 것이다. 이런 열등감을 노력으로 승화시킴으로써 자기 발전에 도움이 되도록 해야 한다. 독서를 하고 싶은 사람은 독서모임을, 부동산 투자를 하고 싶은 사람은 부동산 투자모임을, 창업하고 싶은 사람은 창업모임에 들어가면 된다. 혼자 노력하며 애쓰지 말고 나와 함께하는 사람을 만들어라. 부가적으로 얘기하자면 교회나 절이 괜히 있는 것이 아니다.

성공할 수밖에 없는 시스템을 만들어라

마지막으로 외부적인 환경을 조성하는 것도 중요하지만 더 중요한 내부적인 환경 조성에 대해 말하려고 한다. '성공할 수 있는 환경을 만든다.'라는 것과는 조금은 다른, 우리가 매일 반복하는 '시스템'에 대한 이야기다. "성공하는 기업의 일하는 방식은 일할 때 아주 단순하고 규칙적으로 잊지 않고 한다는 것이다."라는 윌리엄 헤스케스 레버의 말이 있다. 이 문장에서는 성공하는 기업이라고 이야기를 했지만 우리는 우리 자신을 하나의 기업이라고 빗대어 생각하는 것이 좋다. 나 또한 나 자신을 1인 기업이라고 생각하며 매일 비슷하게 반복되는 일을 한다. 반복되는 일을 하면서 한 가지 느낀 것은 결국 그것을 통해 조금씩 성장한다는 것이다. 우리가 원하는 방향을 목적지로 삼고 매일 반복되는 적당한 노력을 한다면 우리 자신은 결국 목적지에 다다를 수 있다. 자, 그러면 우리가 성공하기 위해서는 '단순하고 규칙적으로 반복해야 한다.'는 것을 안다. 그렇게 매일 반복하는 시스템을 만들려면 우리는 어떻게 해야 할까?

스콧 애덤스의 『더 시스템』이라는 책이 있다. 저자 스콧 애덤스는 실패를 밥 먹듯 하면서도 결국에는 성공을 거둔 사람이다. 이 사람의 성공은 재능이나 행운, 끈질긴 노력을 떠나서 확실하게 전략을 세우고 준비했다는 것에 초점을 둬야 한다. 아이러니하게도 이 책에서는 열정을 부정적으로 이야기한다. 열정적인 사람은 이상적인 목표를 추구하는 과정에서 큰 위험을 감수할 가능성이 크고, 그 와중에 실패를 맛보는 사람들이 많다고 이야기한다. 흔한 자기계발서에는 열정이 성공의 열쇠라고 하면서 조건만 된다면 나도 할 수 있을 거라는 생각이 들게끔 한다. 우리가 뭔가에 열정적이기는 쉽다. 하지만 그런 열정이 성공의 중요성에 관한 우리의 생각을 왜곡시킨다. 내가 이 책을 읽으면서 깨달은 것은 처음에는 열정을 갖고 책을 읽었지만, 이제는 독서를 하는 것이 습관이 되어 큰 열정보다는 오히려 올바른 마음가짐이 더 나은 독서를 하게 만든다는 것이다. 또, 우리가 하는 모든 일에는 에너지가 정상일 때 수행능력도 나아진다는 사실을 알려준다. 우리는 인생을 장기적인 관점에서 바라보아야 한다. 장기적으로 생각해본다면 목표보다는 매일 할 수 있는 시스템을 구축하는 것이 더 이롭다. 애초에 목표라는 것은 달성하면 없어질뿐더러, 다음 목표를 찾아야만 한다. 이런 목표는 공허함과 허무함을 느끼게 하고 성공하기 전에 실패한 상태로 되돌아가게 만든다. 목표를 시도할 때마다 좌절감과 싸우기보다는 꾸준히 매일 할 수 있는 이로운 습관들을 만들어야 한다.

우리가 매일 인스턴트 음식이 아닌 균형 잡힌 음식을 골고루 섭취하는 것도 장기적으로 보자면 우리의 몸에 선순환을 만드는 시스템이다. 많은 의지를 들이지 않고 단지 인스턴트를 섭취하지 않겠다는 시스템만 생각하면 된다. 장기전에 성공할 방법은 의지력을 사용하지 않아도 되는 시스템을 만드는 것이기 때문이다. 운동 또한 마찬가지이다. 30kg 감량보다는, 매일 활동적으로 생활하는 것이 더 좋은 시스템일 것이다. 마지막으로 성공하려면 매일 책을 읽는 것이 좋은 시스템일 것이다. 성공하기 위해 10억 벌기라는 '목표'를 세우기보다, 매일 더 나은 사람이 되는 것이라는 '시스템'을 만든다면 어느새 목표를 뛰어넘는 자신을 발견하게 될 것이다.

07

비판적 독서를
해야 하는 이유

독서 레벨 높이기

비판적인 독서가 왜 필요할까? 비판적 독서란 주관적인 관점에서 글을 읽는 것이다. 우리만의 관점에서 책을 이해하고 자기 생각이나 가치관을 이해하는 과정이다. 자신을 한층 더 명료하게 만들려면 비판적 독서는 선행되어야 한다. 비판적 독서를 시작하려면 우선 책이 말하는 것에 왜? 라는 질문을 할 줄 알아야 한다. 왜 여기서 저자는 이렇게 말할까? 저자가 말하고자 하는 의도는 무엇일까? 등 질문이 있어야 책의 내용을 확실하게 내 것으로 가지고 올 수 있다. 질문을 통해 창의성이 늘어나고 지식의 폭이 넓어진다. 내가 독서를 비판적으로 해야 한다는 생각이 들었던 것은 군대에서 독서를 본격적으로 시작하고 얼마 지나지 않았을 때였다. 당시 나는 시간이 매우 소중하다는 것을 크게 느끼고 이전보다 효율적인 시간 관리법과 수면법에 관한 책을 찾고 있었다. 그리고 어떤 책을 읽더라도 나에게 적용하려고 노력하였다. 그 당시에는 어떤 책이 좋은 책이고 나쁜 책인지 분간이 가지 않았다. 정확히 말하자면 어떤 책이 나에게 좋은 영향을 주고 나쁜 영향을 끼치는지를 몰랐다. 단순히 책을 집필한 사람이라면 보통 사람과는 뭔가 다르고, 전문지식이 있는 사람이라는 생각이 지배적이었고 일단 책이라면 막연하게 신뢰감부터 들어서 그랬다. 그 당시 내 생각으로는 올바른 수면과 시간 관리만 잘 할 줄 안다면 남들보다 몇 배의 효율로 끌어낼 수 있다고 생각했다. 그렇게만 한다면 무적이 될 것만 같았다. 인생이 쉬워질 것 같았다. 시간이 많다면 뭐든 할 수 있다고 생각했기 때문이다. 책을 고르는 것 또한 친구나 스승을 고르듯 신중히 골라야 한다. 마냥 책이라는 이유만으로 무작정 신뢰하여 선택했다가는 낭패를 보기 십상이다. 하지만 낭패를 보더라도 얻는 것이 있는 게 책이다. 낭패를 봤기 때문에 다음부터는 책을 신중히 비판적으로 고를 수 있을뿐더러 다시 일어서는 과정에서 그 주제에 대한 지식이 급격하게 늘어나게 된다.

책은 매우 상대적이다. 지금부터 개인적으로 나에게 맞지 않았고 비판적으로 책을 읽게 된 이야기를 할 것이다. 저자 후지모도 겐고의 『3시간 수면법』이라는 책이다. 이 책을 쓴 저자도 3시간 수면을 실천한다고 한다.

처음에 나는 수면을 지배할 수 있다는 생각에 흥분이 된 상태로 빠르게 책을 읽어 나갔다. 저자가 말하는 3시간 수면법의 핵심은 간단했다. 잠은 양이 아닌 깊이의 문제로 짧게 잠을 자더라도 깊게만 잔다면 문제가 되지 않는다는 것이다. 또 책에는 낮잠의 효능 등 수면을 부수적으로 활용할 수 있는 여러 가지 설명이 들어 있었다. 3시간 수면법에 성공한 사람들이 있다는 것을 보여주었고 3시간 수면이 몸에 정착하기까지의 프로그램 또한 잘 설명되어 있어 나도 해봐야겠다는 생각이 들었다. 그래서 그 날 저녁부터 3시간 수면법을 시작했다. 처음 며칠은 순조로웠지만, 9일째가 되는 날 문제가 생겼다. 갑자기 온몸이 뜨거워졌고 구토를 했으며 코피도 흘러내렸다. 말도 제대로 안 나올 지경이었다. 책에서 말하는 체질개선이 안 되어서 그렇다기보다는 그냥 죽을 것만 같은 기분이 들었다. 이대로 계속 3시간 수면법을 진행한다면 남은 인생을 잘 살기는커녕 오래 살지 못할 것 같았다. 이건 내 개인적인 경험담이다. 직접 확인할 길은 없지만 '3시간 수면법'에 성공했다는 사람들도 더러 있다. 그 이후로 다시 전에 했던 수면으로 돌아와 7시간 이상은 잤다. 그리고 이틀 정도가 지나자 몸이 회복되는 것을 느꼈다. 책을 읽고 직접 실행해본 결과 나하고 3시간 수면법은 확실히 맞지 않는다는 걸 깨달았다. 원래대로 7시간 이상을 자니까 몸에 활력도 넘칠뿐더러 두뇌 회전도 잘되는 것이 확연하게 다가왔다. 그 후 수면에 대한 다른 뇌 과학책을 읽다가 수면시간은 개개인의 사람마다 다르다는 것을 알게 되었다. 3시간을 자도 끄떡없는 사람이 있지만, 나처럼 6시간 이상은 자야 일상생활에 지장이 없는 사람도 있는 것이다.

비판적 독서의 효과

『3시간 수면법』과 비교해 나에게 가장 도움이 되었던 책이 한 권 있다. 저자 대니얼 J. 레비틴의 『정리하는 뇌』이다. 이 책에서는 수면에 대해 이렇게 이야기한다.

"우리가 자는 동안에도 막대한 양의 인지 처리 과정이 일어난다는 것을 이해하기 시작한 건 최근의 일이다. 이제 우리는 잠이 며칠 동안 있었던 사건을 응고시키며, 따라서 기억을 형성하고 보호하는 데 결정적인 역할을 하고 있음을 알고 있다"

그리고 "어떤 경험을 한 이후 2~3일 정도 잠을 설치면, 몇 달이나 몇 년 후에 그에 대한 기억을 떠올리는 데 지장이 있을 수 있다"라는 말도 인상적이다. 이 말은 그만큼 잠이라는 것이 인간의 삶에 있어 상당히 중요한 부분을 차지한다는 것을 알 수 있다. 그러므로 함부로 수면시간을 조정하는 건 위험하고 건강에 안 좋다는 것도 알게 되었다. 이 책을 읽고 내가 내린 결론은 사람마다 수면 주기와 수면시간은 각각 다르다는 것이고 평균 성인의 수면시간으로 6~10시간 정도는 충분히 자야 한다는 것이다. 이처럼 책이라고 무작정 신뢰하기보다는 한 번 더 살펴보고 이성적으로 생각하는 자세가 필요한 것도 이때 확실하게 깨달았다. 이런 일들이 있고 나서 또 한 가지 얻은 것이 있다면 주위 사람들이 하는 말보다는 통계를 더 신뢰하게 되었다는 사실이다. 예를 들어 주위 친구들이 눈 수술인 라섹이 안전하고 좋다는 이야기를 할 때, 그 얘기를 중심적으로 듣기보다는 라섹에 대한 사고율과 안전성 등 여러 가지 통계를 보고 결정하는 습관을 들이게 되었다는 것이다.

이전의 경험을 토대로 나는 7시간 이상은 자야 한다는 것을 깨달았다. 내가 『3시간 수면법』을 읽고 따라 해본 것에 대해서는 일말의 후회도 없다. 그 당시에는 정말 죽을 맛이었지만 장기적인 관점에서 봤을 때 3시간 수면을 한 뒤로 나에게 맞는 올바른 수면을 가질 수 있게 되었고 수면에 대한 좋은 지식도 많이 얻게 되었다. 만약 3시간 수면이 내 몸에 잘 맞아서 성공했다면 그것도 분명 좋았을 것이다. 내가 『3시간 수면법』에 대해 너무 안 좋게 말했을 수도 있다. 하지만 지극히 내 개인적인 경험을 바탕으로 얘기한 것임을 알아주길 바란다. 분명 3시간 수면을 통해 인생을 더 나은 방향으로 사는 사람 또한 있을 것이다. 정 궁금하다면 『3시간 수면법』을 읽고 한 번 시도해보는 것도 좋은 방법이다. 하지만 내 주변 사람이 하겠다고 하면 나는 뜯어말릴 것 같다. 만약 내가 『3시간 수면법』을 비판적으로 읽었다고 가정해보자. 그렇게 했다면 우선 3시간 수면이 확실하게 효과가 있을까? 정말 저자의 말이 맞는 말일까? 한 번 더 생각해보고 의문을 가진 채로 객관적인 자료를 찾았을 것이다. 그리고 3시간 수면뿐만 아니라 수면에 관한 다른 책들도 읽어보며 최대한 객관적으로 생각하려고 노력했을 것이다. 이렇듯 성장형 독서를 하려면 비판적 독서는 필수이다. 하지만 우리가 조심해야 할 것은 비판적 독서를 너무 맹신한다면 책을 온전히 받아 받아들이지 못한다는 것이다. 왜냐면 저자의 의견에 비해 우리의 의견이 너무 중시되기 때문이다. 그렇게 되면 책을 읽는 것이 더는 의미가 없게 된다. 순전히 책을 읽는 것이 아니라 그 저자를 판단하려고 읽게 된다. 나름 책 좀 읽는다는 사람 중에서 책에 점수를 매기듯 평가하는 사람도 많다. 확실한 것은 책은 언제나 상대적이라는 것이다. 내가 프란츠 카프카의 『변신』을 학생 때 읽었던 것과 성인이 되고 나서 읽었을 때 각각 다르게 다가온 것도 그 나이에 『변신』이 상대적이었기 때문이다. 마냥 "이 책은 재미없어. 너무 당연한 소리만 하는 것 같고 이걸 읽을 시간에 차라리 노는 게 났겠다."라는 식으로 이야기하면 안 된다는 것이다. 정말 독서를 제대로 하려면 책을 완전히 해석할 수 있어야 한다. 이것이 비판적 독서를 해야 하는 이유이다. 어렵고 모순처럼 들릴 수도 있겠지만 최대한 편견과 고정관념이 없이 비판적으로 독서를 할 수 있다면 책 한 권을 읽더라도 열권을 대충 읽은 사람보다 더 많은 것을 가지고 올 수 있다. 독서를 건전하고 비판적으로 할 줄 안다면 인생에서 일어나는 어떤 선택도 신중하게 비판적으로 할 수 있는 사고가 생길 것이다. 이리저리 휘둘려 다니지 않는 것만으로도 어

느 정도 인생을 주체적으로 후회 없이 살아갈 수 있는 발판을 마련했다고
도 볼 수 있다.

　마지막으로 독자들 또한 지금 읽고 있는 이 책을 비판적으로 생각해봤
으면 좋겠다. 이 저자가 하는 말이 신빙성이 있는가? 책을 통해 독자들의
인생에서 무엇을 얻을 수 있고, 독서를 통해 어떻게 성공할 수 있는지, 글
을 쓰는 것이 왜 중요한지, 효율적으로 독서를 할 수 있는지, 독서로 인생
에 어떻게 성공해서 나아갈 수 있는지를 찾아보고 물어보는 것이다. 아니
면 다른 독서법 책을 읽어봐도 좋을 것이다. 이 책 또한 사람에 따라서 매
우 상대적일 수밖에 없기 때문이다. 이 책을 이미 천 권, 만 권을 읽고 독
서에 능통한 사람이 읽는다면 그들에게는 별다른 효능이 없을 것이다. 그
리고 이미 독서로 성공한 사람들이 봤을 때도 마찬가지라고 본다. 이 책은
독서를 한 번도 해보지 않았거나, 독서를 왜 해야 하는지 모르는 사람들,
독서로 조금이라도 도움을 받고 싶은 사람들, 독서를 통해 성공하고 싶은
사람들에게 동기부여와 같은 효과가 있을 것이다. 내 동생들처럼 아직 독
서의 가치를 모르고 독서로 언제 빠질지 모르는 사람이 읽었으면 좋겠다.
정말로 이 책을 읽고 도움을 받아 점차 인생이 개선되는 사람이 있다면
저자로서 이루 말할 수 없이 뿌듯할 것이다. 비판적인 자세는 독서와 우리
의 인생을 잘 살아가는 데 있어 선택이 아닌 필수가 되어야 한다.

08

읽었으면 써먹어야
진짜 독서다

결국 실행이 답이다

사람들이 독서에 대한 중요성을 알지 못하거나 독서를 하더라도 금방 포기해버리는 이유는 독서를 제대로 활용하지 못하기 때문이라고 생각한다. 독서를 통해 지식을 얻고 그렇게 얻은 지식을 활용해 우리의 삶을 윤택하고 현명하게 살아가는 데 확실한 도움이 되어야 한다. 배우는 이유는 궁극적으로 배운 것들을 써먹는 데 의미가 있다. 하지만 대부분은 독서를 유용하게 써먹기는커녕 제대로 된 독서를 하지도 못한다. 도중에 읽다가 포기하고 결국 시간 날 때 간간이 취미로 소설을 읽는 수준에 그치게 된다. "책은 현실과 다르다. 책을 읽어도 남는 게 없다."라고 말하는 사람들이 의

외로 많다. 차라리 책을 읽을 시간에 공부나 하라고 하든지, 책을 좋지 않게 여기는 이야기를 들은 독자들에게 한마디만 해주고 싶다. 그런 사람들은 책에 대해 제대로 알지도 못하는 사람들일뿐더러 한마디로 독서에 실패한 사람들이다. 아무리 과거로부터 독서가 중요하다고 강조를 해도 보통사람들은 귀담아듣지 않는다. 마찬가지로 아이들에게 무턱대고 공부가 아무리 중요하다고 이야기한들, 아이들 당사자에게는 와닿지 않을 것이다. 그들에게 독서가 아무리 중요하다고 이야기를 해도 제대로 깊게 파고들어 본 적이 없기에 부정적으로 대하는 확증편향의 오류가 발생한다. 심지어 그들은 종이 위에 나열된 글자들을 30분 이상 받아들일 수 있는 인내심이 없을 수도 있다. 우리는 성공한 사람에게서 배움을 찾아야지 실패한 사람에게서 좌절부터 배울 필요는 없다. 볼테르의 "아무리 유익한 책이라도 그 반은 독자가 만든다."라는 말처럼 우리가 어떻게 책을 읽고 그것을 실행하는가에 따라 책의 가치는 무궁무진하게 달라진다. 아무리 책을 빨리 읽고 비판적으로 읽고, 창조적으로 읽는다 한들 무슨 소용일까? 결국, 내용을 토대로 실천하지 않으면 아무짝에도 쓸모가 없다. 헬스를 하고 나서 손상된 근육을 위해 단백질 보충제를 먹는 것까지가 운동의 완성이듯이 책을 읽고 나서 제대로 실행하는 것까지가 독서라고 이야기하고 싶다.

그런 의미에서 사실, 실행은 매우 간단하다. 굳이 어렵게 생각하지 말고 실행하기 좋은 책들을 살펴보자. 실행하기 좋은 책들은 대표적으로 실용서이다. 사람들이 흔히 착각하는 내용 중 하나가 실용서는 내용의 깊이가 없다는 것이다. 하지만 내가 읽었던 바로는 실용서 또한 우리에게 필요한 여러 가지 방법들을 비롯해 저자의 삶이 담겨 나름의 깊이가 있는 책이다. 내용을 어떻게 받아들이고 판단하는가는 오롯이 독자의 몫이지만 실용서 또한 훌륭한 책들이 너무나 많다는 사실이다. 데일 카네기의 『인간관계론』 같은 인간관계의 처세술을 담은 책도 대표적인 실용서 중 하나이다. 인간관계를 잘 하고 싶은 니즈 때문에 『인간관계론』을 읽었다고 치자. 책에서는 우리 인간관계의 개선을 위한 방법들이 상세히 설명되어 있다. 여러 가지 방법의 하나인 '솔직하고 진지하게 칭찬하라'라는 말을 오늘부터 실행해보는 것이다. 나는 이 문장을 평소 친하지 않았던 친구에게 써먹기로 했다. 솔직하고 진지하게 칭찬하기 위해서 평소 달갑지 않던 친구의 단점보단 장점을 위주로 살펴보았다. 그렇게 곰곰이 생각해보니 그 친구는 다혈질에 성격도 급하지만, 그 덕에 일 처리가 빠른 편이었다. 그래서 같이 과제를 할 때도 주도적으로 빠르게 일을 처리해 나가는 것이 그 친구의 장점이었다. 그런 생각이 든 즉시 곧바로 그 친구에게 칭찬했다. "너는 빠르게 일을 처리하는 능력이 있어서 같이 일할 때면 안정감이 든다. 솔직히 질투 나지만 회사에서는 너 같은 인재를 선호할 것"이라고 이야기했다. 사실나는 책의 내용을 실행하려고 얘기한 것뿐이지만 친구의 반응은 예상 밖이었다. "네가 그런 말을 할 줄 몰랐다"라고 하면서 자신이 가지고 있었던 속마음을 드러내며 나중에는 편의점에서 음료수까지 사주었다. 이런 과정을 통해서 나 또한 이 친구가 진심으로 마음에 들게 되었고 우리는 지금도 우정을 잘 이어나가고 있다.

　이처럼 책에서 나온 것들을 가볍게 실행한 것이 나에게는 엄청나게 좋은 결과로 다가왔다. 물론 친구의 반응이 시큰둥했을 수도 있다. 하지만 우리는 그런 것들을 신경 쓰지 않아도 된다. 우리가 지금 해야 할 것은 일단 실행해보는 것이다. 한 번 실행해서 생각대로 되지 않으면 열 번 실행해보면 된다. 실행에도 어느 정도의 원칙이 있다는 것을 책을 통해 느꼈다. 우리는 실행을 통해 얻어지는 결과 하나에 집중하면 된다. 하나만 성공했다면 당신은 이미 독서를 성공적으로 읽을 수 있는 자격이 부여된 것이다. 친구를 진심으로 칭찬하기라는 작은 실행에 대해서 말해보았지만, 이런 사소한 실행들을 하루마다 늘려나간다고 생각해보자. 그리고 그렇게 누적된 결과물이 자신에게 조금씩 쌓이는 것이다. 그렇게 자신을 높여나가면 나중에는 남들이 감히 생각지도 못한 것들을 실행하게 되고 이룰 수 있는 발판이 될 것이다. 독서의 끝은 실행이라 해도 무방하다. 책을 통해 깨달은 지식을 자신의 상황에 맞게 승화시켜 실행해야 한다. 책이 주는 메시지를 어떻게 실행하는지는 온전히 우리들의 몫이기 때문이다.

티끌 모아 태산

내가 좋아하는 실용서인 저자 윤홍균의 『자존감 수업』을 재미있게 읽었던 기억이 난다. 처음에 나는 내가 자존감이 높은 줄로만 알았다. 하지만 책을 읽어 나갈수록 나의 자존감은 그리 높지 않다는 것을 깨닫게 되었다. 나를 좀 더 알아가는 시간이었으며 나 자신을 있는 그대로 마주할 수 있게 만들어준 책이다. 책을 읽다 보면 중간에 자신의 장단점을 적는 부분이 있다. 나는 이것을 적는데 많은 생각과 시간을 할애했을 정도로 나에 대해서 무지하다는 것을 알게 되었다. 책을 읽다 보면 "행동하지 않는 것은 주로 자존감 낮은 사람들의 전형적인 레퍼토리이다."라는 문장이 있다. 나도 한동안 집안에만 틀어박힌 채 나가지도 움직이지도 않았던 적이 있었다. 과거에 대해 자책하면서 시간을 많이 흘려보내기도 했고 줏대가 없는 편이었다. 하지만 책에서는 '결정'이 존재감을 좌우한다고 말한다. 자존감을 끌어올리려면 스스로 결정하며 그 결정을 존중하는 법을 훈련한다고 이야기한다. 나는 책을 읽고 나서 제일 먼저 내 몸을 움직이기로 했다. 하루에 최소 30분 이상은 운동하기로 다짐했고 지금도 그 다짐을 지켜나가고 있다. 한 가지 재미있는 것은 이 책을 읽고 운동을 하고 나를 사랑해주고 위로해주는 연습들을 한 지 몇 년이 지난 지금은 방에서 혼자 있는 시간이 상당히 줄어들었다는 점이다. 애초에 혼자 있겠다는 생각을 하지 않을 정도로 육체적으로나 정신적으로나 건강하다. 한마디로 활기찬 사람이 된 것이다. 자존감이란 것은 내려갔다가도 올라가는 걸 반복할 수도 있지만 매일 꾸준히 하는 운동과 나를 존중해 주는 습관들 때문에 나는 더는 무너지지 않게 되었다. 이제 나는 자존감이 높다고 당당히 말할 수 있다.

정말 궁금했다. "만약 내가 읽은 여러 가지 책들을 읽는 대신에 사람들이 말하는 자격증이나 하나 더 따라는 말을 따랐으면 어땠을까?" 하는 생각이 든다. 분명 자격증은 많을 것이고 돈을 조금 더 많이 벌 수 있을지는 몰라도 궁극적으로는 절대 행복하지 않았을 것이다. 어쩌면 잘 쌓고 있다고 믿는 성이 나중에는 모래성인 것을 확인하고는 무너져버릴 수도 있을 것이다. 나이가 어찌 되었든 지금 자신의 성이 모래성인 것을 확인했으면 주저 없이 쓰러뜨리고 튼튼한 성을 짓기 바란다. 모래성은 분명히 무너진다. 무너지는 것과 쓰러뜨리는 것은 엄연히 다르고 스스로 쓰러뜨렸다면 다시 성을 쌓기가 수월할 것이다. 책을 읽은 행위는 내가 이때까지 살면서 한 행동 중에 가장 값진 행동임이 분명하다. 내가 정말 운이 좋다고 느낀 것은 어린 나이에 꽤 많은 방황을 했다는 것이다. 나를 사랑해주는 좋은 부모님도 있고 좋은 환경이 제공된 것도 운이 좋지만 정말 운이 좋은 것은 누구에게 쉽사리 말 못 할 고민과 방황이 있었기에 지금에 이르러서야 나는 자존감이 무엇인지, 내가 누구인지, 행복이 무엇인지, 인생을 왜 사는지에 대해 깊게 생각할 수 있었다. 자신이 힘들면 홀로 해결하려 하지 말고 주위에 도움을 청하는 것이 현명하다. 책을 읽는 것도 좋은 방법이다. 책이

건네는 여러 가지의 조언들이 우리에게 위기를 기회로 만들어줄 힘이 될 것이다. 누구에게 조언을 듣고 그것에 맞게 행동하듯이 책에서도 조언을 들으면 똑같이 행동해야 한다. 세상에는 정말로 다양한 책들이 너무 많다. 당신에게 필요한 책이 지금도 도서관에 꽂힌 채로 당신을 기다리고 있을 것이다. 말 그대로 읽고, 생각하고 실행한다면 어떤 책도 유용하지 않은 것은 없다. 밥을 먹고 배변 활동을 하듯 아무리 좋은 아이디어가 있고 누군가를 좋아하는 마음이 있어도 가진 것들을 밖으로 꺼내지 못한다면 아무것도 바뀌는 건 없다. 갓난아이가 단순하게 우는 행동조차도 자신의 의사를 밖으로 표현하는 것이다. 갓난아이조차 울음으로 표현을 하는데 점점 커가면서 그 표현이 매끄럽고 성숙해져야 한다는 것이다. 내가 생각하기에 책을 백 권 읽고 실행하지 않는 사람보다 책을 한 권 읽고 실행으로 옮기는 사람이 백배는 더 낫다고 생각한다. 실행하는 것을 막연히 두려워하지 않았으면 좋겠다. 어떤 일이든 간에 처음부터 잘 하는 사람도 없을뿐더러 실패를 거듭하고 결국은 성공을 하듯이 모든 것은 실행을 통해서 완성되는 것이다. 자신의 하루를 잘 돌아보고 내일은 어떤 실행을 시도해볼지 한 가지만 정해서 생각해보자. 예를 들어 책에서 매일 30분씩 운동하는 것에 관해 이야기한다고 가정했을 때, 그런 글을 읽고 열정을 받는다면 실행하기 좋은 경우다. 책에서 나온 내용을 무작정 하는 것보다 나 자신이 동기부여가 되고 열정이 생기는 것부터 먼저 해보는 것이다. 성공이 목표라면 먼저 성장부터 해야 할 것이다. 성장은 작은 실행들의 결정체이다. 간단하게 생각해서 매일 작은 것들을 실행해서 성장하고 성공하면 된다. 이제는 책만 읽는 바보가 되어서는 안 된다. 읽었으면 제대로 써먹어야 진짜 독서가 되는 것이다.

3장

성공하는
책 읽기 습관,
작심 한 달이면
충분하다

01

무리하면
과유불급이다

자신을 극한까지 몰아붙이지 마라

세상을 살아가는 사람들은 각자 자기만의 성공을 갈망한다. 나 또한 고등학생 때는 학교의 성적이 미래의 인생을 판단한다고 생각했으며, 군대에서는 계급이, 책을 읽기 시작한 직후에는 성공이, 지금은 행복이 멋진 인생을 판가름한다고 생각한다. 물론 나의 행복을 이루려면 건강한 신체와 좋은 인간관계, 경제적인 여유, 멋있는 애인과 의미 있는 일을 하며 살아갈 수 있는 능력이 있어야 한다. 책을 읽기 시작한 초반에 나는 너무나도 빠른 성공을 갈망했다. 그때는 책이 나에게 있어 사막 속 오아시스와도 같았기 때문이다. 눈앞이 캄캄하고 암울했던 내 인생에 드디어 의미를 찾은 것만 같았다. 나는 빠른 성공을 이루기 위해서 최대한 젊은 나이에 남들이 도전하지 못하고 꺼리는 것들에 매일 도전해야만 했다. 남들이 안 된다고 무시를 하더라도 견뎌내야 하는 굳은 의지도 필요했다. 처음에는 포기하기도 수십 번이었다. 생각보다 같은 노력을 매일 반복하는 것이 어려운 일이었다. 그런데도 포기하지 않고 계속 책을 읽고 글을 쓰고 노력했던 이유는 지금 내가 가는 방향으로 꾸준히 가기만 한다면 원하는 미래가 가까워진다는 희망 덕분이었다. 또한, 이것조차도 못한다면 이대로 아무것도 없는 현실에 머무른다는 절망도 함께 느꼈다. 나는 이 두 개의 상반되는 감정을 지렛대 삼아 계속 전진했다. 그러나 한 가지 실수를 했던 것은 희망보다는 절망이 커진 것이었다. 부정적인 감정은 마음대로 다스려지지 않았다. 결국, 조급한 마음에 무리했고 내 몸에 병이 생겼다.

나는 인생을 방황하던 시기에 군대에서 책을 처음 읽게 되었다. 당시 성공하고 싶은 마음이 있었고 남들이 안정적이라고 하는 말도 안 되는 현실을 벗어나고 싶은 마음이 더 컸다. 그래서 잘 되지도 않는 속독으로 책을 읽어 나갔다. 하지만 책이 어렵고 두꺼울수록 속독은 기억에도 남지 않는 시간 낭비에 불과했고, 그것을 깨닫지 못한 나는 강박관념에 사로잡혀 아픈 날이나 피곤한 날에도 계속 책을 읽어댔다. 한 우물만 깊게 파는 것은 좋지만 나는 그 우물을 쉬지도 않고 파고 있었던 것이었다. 날이 갈수록 눈은 빨개지고 온몸은 무거워지며 피곤함에 찌들었지만, 오히려 잠은 안

오는 불면증이 생겼다. 보통은 잠이 안 오면 그냥 누워 있기라도 해야 하는데 나는 그새를 못 참고 또 독서실로 걸어가 책을 읽었다. 사실 그때 읽었던 책의 내용이 잘 기억나지 않는 요인은 제대로 잠을 자지 못했을 뿐더러 글쓰기를 아예 하지 않았기 때문이다. 읽은 책의 내용은 계속해서 내 머릿속을 맴돌기만 했다. 그런데도 책을 놓을 수는 없었다. 당시에는 정말로 책을 놓으면 조금씩 희망이 보이던 내 인생을 놓아버릴 것 같은 기분이 들었기 때문이다. 당시 내 머릿속을 둘러싼 생각의 끝은 오로지 성공이었고 성공이 아니면 사는 것엔 의미가 없다고 생각했다. 그래서 쉬지 않고 자신을 더욱 몰아치며 책을 읽었다. 그러던 어느 날 후임들과 출근을 하던 도중 오른쪽 눈이 멍이 든 것처럼 세상이 휘어져 보였다. 마치 세상이 뒤틀린 것만 같았다. 처음에는 동기들도 후임들도 나같이 건강한 사람이 아프다고 하니까 장난인 줄 알았다고 했다. 하지만 한 시간 정도가 지나자 두 눈이 너무 충혈 되어 상황이 심각해지는 것 같아 급히 병원을 가게 되었다. 병원에서 진단받은 결과 의사 선생님은 나에게 포도막염이라는 진단을 내렸다. 포도막염은 자가면역 질환으로 정신질환이나 육체적 피로, 심한 스트레스, 감기 등으로 생기는 일도 있다. 나는 내가 포도막염이 생긴 이유를 정확히 알고 있었다. 육체적 피로와 겹쳐 스트레스를 동시에 받아서였다. 그리고 포도막염이라는 병은 평생 관리해야 한다는 사실에 충격을 받았다. 진단을 받은 후 다시 생활관으로 돌아왔을 때는 일주일 동안 책을 읽지도 보지도 않았다. 그렇게 이틀 정도를 멍 때리며 몸을 회복하기 위해 노력했다. 안 그래도 머리도 빠지는데, 포도막염까지 걸리자 웃음밖에 안 나왔다. 하지만 나를 일으킨 것은 그래도 잘 살아야겠다는 욕망과 내가 꿈꾸는 미래에 대한 상상 덕분이었다.

내가 포도막염에 걸리고 나서 일주일이 지난 뒤 나의 회복에 도움을 준 책이 한 권 있다. 원래 나는 에세이는 잘 읽지 않는 편이지만, 이 책이 그때는 정말 도움이 많이 되었다. 저자 하완의 『하마터면 열심히 살 뻔했다』이다. 죽어라 열심히 사는 나랑은 전혀 맞지 않는 제목의 책이지만 나도 지칠 때면 가끔 이 책을 다시 읽어보곤 한다. 처음, 이 책의 뒤표지에 써진 문장이 내 흥미를 유발했다. "출발 신호가 울리면 난 엄청나게 느린 속도로 걸어갈 거야. 지금까지 본 적 없는 아주 느린 걸음으로. 그러니까 그런 날 편하게 봐 줬으면 좋겠어. 나도 편하게 생각할 테니까." 작가는 어느덧 나이가 들어 문득 자신이 걸어가고 있는 길에 의문을 가진 채로 책을 써 내려갔다. 성공을 원하던 내가 이 책이 마음에 든 이유는 책의 저자 또한 더 이상의 사람들과의 경쟁보다는 자신의 삶을 찾아 나서는 과정이 담겨 있는 것이 너무 좋았다. 저자 또한 퇴사를 결심하고 그림을 그리며 무작정 앞만 보고 달리던 자신의 인생을 자유롭게 놓아준다. 언제 다시 일할지 모르면서도 인생을 위해 후회하지 않은, 후회할 수도 있는 선택을 내린다. 나는 마라톤을 달려야 했지만, 눈을 가리고 100미터 달리기를 이어나갔다는 생각이 문득 들었다. 책을 읽고 난 후 깨달은 것은 나는 내 인생의 의미를, 그러니까 자유라는 의미를 찾기 위해 고군분투했지만, 오히려 그런 미래를 위해 현재를 이렇게나 혹사하고 있었다는 것이다.

휴식도 중요한 일이다

저자 하완 또한 직장을 퇴사하는 것이 인생을 건 실험이라고 이야기한다. 우리도 언젠간 하완처럼 인생을 건 실험을 해야 할 날이 올 것이다. 만약 그때가 왔는데도 실험을 할 용기가 없다면 미안하지만 그건 인생을 후회할 만한 선택이 될 것이다. 우리는 매 순간 선택을 하며 살아간다. 누구라도 그 사람의 속사정을 알기까지 완벽한 인생이란 없다. 각자 추구하는 인생이 있는 것이고 없다 할지라도 언제 올지는 아무도 모르는 것이다. 내가 『하마터면 열심히 살 뻔했다』를 보면서 느낀 점은 다른 사람들의 생각에 휩쓸리지 말라는 것이다. "왜 한국인들은 한 가지만 정답인 것처럼 우르르 몰려다닐까?"라는 저자 하완의 생각도 나와 매우 비슷해서 공감이 갔다. 그렇게 남들이 가는 길이 정답인 것처럼 따라가다간 더는 나 혼자 일어설 힘이 없어질 것이다. 저자 하완도, 나도, 그리고 이 책을 읽고 자신만의 길로 나아갈 또 다른 독자도 자신의 마음이 내키는 대로 간다면 적어도 후회는 하지 않을 것이다. SNS 또한 세상 잘 나가는 사람들의 일상을 바라보며 우리도 저렇게 되고 싶다는 마음이 생긴다. 남과 비교하는 일상이 거듭되면 어느새 우리의 자존감은 바닥을 칠 것이다. 한마디로 남과 비교하면 비교할수록 더 불행해질뿐더러 어느새 현실을 비관하며 부정적인 사람으로 늙어버릴 것이다. 내가 이 책이 좋은 이유는 마냥 인생을 쉬어도 되고 남들과 비교하지 않아도 된다는 똑같은 말 때문이 아니다. 이 책은 저자 하완만의 철학과 다니던 회사를 그만두더라도 세상과 자신은 무너지지 않았다는 것을 독자들에게 말해주고 있기 때문이다. 매일 힘들게 똑같은 일을 하며 살아가는 사람들에게는 분명히 위로와 도움이 되었을 말이다. 현명한 포기에는 그만한 용기가 필요하다는 것, 책을 읽고 무작정 퇴사하여 쉬는 것보다는 앞으로의 나아갈 미래에 대하여 재정비할 시간 가져도 된다고 말해주는 책으로 받아들였다. 우리는 자신을 자가진단할 필요가 있다. 지금 자기 자신이 얼마나 힘든지도 모른 채로 살아가는 사람들이 너무 많다. 나는 그런 사람들에게 조금은 쉬어도 된다고 말해주고 싶다. 쉬지도 않고 일하는 것은 병에 걸리기 딱 좋다. 그런 병이 계속되면 반드시 신체적 증상이 나온다. 그런 병은 주위 사람들의 만류보다는 결국 자기 자신이 말을 해줘야 비로소 깨닫는다. 정말로 자신과 주위 사람들이 소중하다면 자신을 돌아보며 가끔은 쉬어야 한다.

'무리하면 과유불급이다.' 이 문장에서 '과유불급'은 지나치면 오히려 모자람만 못 한다는 뜻이다. 뭐든 지나치면 안 된다. 만약 자신이 탈진상태가 될 것 같거나 몸이 조금이라도 이상하다 싶으면 즉시 쉬어가는 것이 현명할 것이다. 우리 인생은 짧을 수도 있지만, 생각보다 길 수도 있으므로 조금은 똑똑하게 행동할 줄 알아야 한다. 계속 밀어붙이다가는 언젠가는 몸에 탈이 난다. 자신의 상태를 잘 살피고 천천히 심호흡하며, 가끔은 한가롭게 산책도 하는 것이다. 우리 자신이 제대로 숨을 쉬고 있는지를 느껴야 한다. 우리의 몸을 잘 다루는 것도 성공의 일종이라는 것을 알아둬야 한다. 나는 이제 쉬는 것도 중요한 일과 중 하나라고 생각한다. 신기한 것은 정말 생각보다 알차게 잘 쉬고 나면 더 쉬고 싶은 생각보다는 다시 시작해도 된다는 마음가짐과 빠른 두뇌 회전으로 효율성이 좋아진다. 인생의 기정사실은 우리는 그 무엇에도 영원히 만족할 수 없다는 사실이다. 우리가 원하는 목표에 다다르면 다른 목표가 생길 것이고 그 목표를 이룰 때면 다시 또 다른 목표가 생길 것이다. 나는 아직 인생에 대해서 잘 모르지만, 인생이 장거리 마라톤이라는 것은 안다. 순간순간 빠르게 뛰어도 되지만 결국은 우리는 끊임없이 달려 나아간다. 나는 나의 사랑하는 사람들과 독자들이 너무 성공만을 갈망하여 무리하기보다는 매 순간을 즐기는 삶을 살기를 바란다. 이 책을 읽고 있는 것 자체가 충분히 잘 하고 있으니 너무 걱정하지 않았으면 좋겠다. 이제 우리의 남은 인생을 더 현명하게 행동해보자. 우리 인생은 우리 자신만 바꿀 수 있고 그것이 성공이든 나락이든 결국 자신이 인도하는 것이다. 그러니 어떤 것이든 무리하면 과유불급이다.

02

누구라도
일주일에 한 권
읽을 수 있다

관심 가는 것부터 읽어라

내가 처음 책이라는 것을 접했을 때 일주일에 한 권은 당연히 읽을 수 있다는 자신감에 차 있었다. 하지만 책을 펼치기 시작한 시점부터는 읽는 게 너무 지루했다. 차라리 방을 청소하는 것이 더 좋았고 옷가지를 정리하는 것이 더 편했다. 일주일에 한 권 읽기는 쉽다는 자신감은 삼일천하로 끝나듯 부서져버렸고 일주일에 한 권은커녕 이 주에 한 권도 간신히 읽는 수준에 그쳤다. 물론 그때는 내가 책의 중요성도 잘 알지 못했고 책 읽는 요령도 없었다고 하지만 일주일에 한 권 못 읽는 것에 자존심이 상한 것은 사실이다. 일주일에 한 권이상의 책을 읽으려면 기본에 집중해야 한다는 것을 알게 되었다. 기본 중에 무엇이 가장 중요할까? 바로 흥미다. 내가 흥미를 느껴야만 책에 더 관심을 기울이면서 읽어 나갈 수 있기 때문이다. 그래서 나는 책을 고를 때 제일 먼저 마음에 드는 제목을 고른다. 괜히 이해하기 어려운 책을 사서 냄비 받침대로 쓰는 것보다는 두께가 얇은 책이더라도 제목에 끌리면 더 쉽고 빠르게 읽을 수 있기 때문이다. 책과 연애한다고 생각하자. 누군가와 연애하고 싶다면 우선 그 사람의 외모부터 보게 된다. 성격은 그다음이다. 책을 고를 때도 마찬가지다. 제목이라는 외모에 끌려야만 그 책의 내용인 성격을 볼 생각이 커지는 것이다. 우선 "내가 지금 하는 독서가 분명 내 미래를 바꿀 거야" 정도로 독서를 대하는 마음이 있어야 한다. 당신이 독서를 하는 것이 정확히 와닿지 않거나 자기암시가 되지 않는다면 내가 말해주겠다. 지금 이 책을 읽고 있는 독자들은 매우 훌륭한 지적 활동을 하는 것이다. 꾸준히 자기계발을 이어나간다면 분명 원하는 목표는 물론 남들이 꿈꾸지 못하는 것들까지 부드럽게 이룰 수 있을 것이다. 결과에 치우치지 말고 과정에 몰두해야지 원하는 결과가 따라오는 법이다. 기본이 되어 있다면 쉽게 무너지거나 넘어질 일은 없다. 일주일에 한 권이상은 분명히 읽을 수 있으며 책을 더 빠르게 읽을 수도 있다. 운동하든, 사랑하든, 인생을 살든 간에 기본이 가장 중요한 것이다. 좋아하고 관심 있는 책을 선택한다는 기본을 잊지 말도록 하자. 그 다음으로는 책을 읽다가 쉽게 포기하고 힘들어하는 사람들을 위해 나도 처음에는 잘 몰랐던 기본에 관해 이야기하겠다.

책을 쉽게 읽는 4가지 방법

여기서 내가 말하는 기본은 자기계발서나 실용서를 읽을 때 효과가 있는 방법이다. 조금이라도 더 독자들의 시간과 에너지를 단축하는 것이 목적이다. 내가 책을 일주일에 한 권 이상 읽을 수 있게 된 행동에는 다음의 네 가지가 있다.

첫 번째로는 책을 읽기 전 그 책을 쓴 작가에 대해 알아보는 것이다. 작가에 대해 알아보면 우선 작가가 어떤 사람인지 대강 알 수 있게 된다. 그러면 그 책에 대해 좀 더 이해할 수 있게 될 뿐더러 작가의 관점에서 책을 읽을 수가 있게 된다. 인터넷에 검색하기가 귀찮다면 최소한 책의 앞쪽 표지에 있는 저자 소개글이라도 읽어야 한다. 책을 읽을 때 저자의 관점과 독자의 관점을 모두 알고 읽는 것은 차이가 클 수밖에 없다. 저자에 대해 알고 읽었더니 우선 책을 읽는다는 어려운 행위로 받아들이는 것이 아니라 단지 저자가 어떤 관점으로 나에게 자신의 이야기를 하고 있는지 공감하면서 이해력이 늘게 된다. 책이 좋아질 가능성도 더 늘어나게 되고, 이어서 그 저자의 다른 책을 읽을 확률도 커지게 된다. 나 또한 헤르만 헤세의 『데미안』을 읽고 그의 문체와 글이 아주 마음에 들어 『수레바퀴 밑에서』 등 다른 여러 책을 찾아서 읽게 되는 선순환이 일어났다. 책을 읽더라도 최소한 이 책을 쓴 저자가 어떤 사람인지 알아보고 읽는다면 좀 더 책을 쉽게 받아들일 수 있을 것이다.

　두 번째 행동은 목차를 꼼꼼히 보는 것이다. 목차를 보게 된다면 우선 책의 내용을 대강 알 수 있게 된다. 무엇보다 내가 원하는 부분이 있어서 책을 읽는다면 그 부분을 찾는 것에 도움이 된다. 한마디로 핵심을 파악할 수 있게 된다. 목차를 꼼꼼하게 읽는다면 저자가 말해줄 내용을 전체적으로 보고 읽을 수 있으며 이것은 예습의 효과를 얻을 수 있게 된다. 책의 핵심을 찾는 데 있어서 목차가 제일 중요하다고 생각한다. 예를 들어 여러 가지 투자 책을 보면 사실상 대부분의 내용 전개는 비슷하다. 투자를 하나도 모를 때는 책을 전부 다 읽어보는 것이 나은 선택이겠지만 좀 더 핵심과 시간을 아끼고 싶을 때는 목차부터 빠르게 읽어봐야 한다. 데일 카네기의 저서인 『인간관계론』의 핵심을 빠르게 알고 싶다고 하자. 『인간관계론』의 목차를 살펴보면 좋은 첫인상을 남기는 방법이나 논쟁에 관해 이야기하려는 목차들이 보인다. 내가 첫인상에 관심이 많다면 당연히 첫인상에 관해 이야기하는 것부터 읽으면 된다. 그 외에도 다른 것들이 필요하다면 그 부분을 흡수하고 읽더라도 전혀 문제가 되지 않는다. 목차를 잘 보고 필요한 핵심만 뽑아서 읽는다면 하루에 한 권은 거뜬히 읽을 수 있을 것이다.

　세 번째로는 목차에 이어 머리말을 읽는 것이다. 머리말을 읽게 되면 저자가 책으로 전달하려는 의도가 무엇인지 단번에 파악할 수 있다. 이것 또한, 예습하는 것만큼 효과가 있다. 무엇을 하든 간에 알고 하는 것과 모르고 하는 것에는 차이가 있는 것이 당연하다. 머리말은 목차를 읽기 전에 가장 먼저 읽어보자. 머리말을 읽으면 자신이 찾던 것 말고도 다른 것을 얻을 확률이 크기 때문이다. 나는 A와 관련된 목차만 찾아 읽으려고 했지만, 머리말을 읽으니 B도 같이 읽으면 도움이 되겠다는 것을 느낄 수 있다. 만약 머리말의 앞부분에서 뻔한 이야기만 하는 것 같다면 재빨리 넘겨버리고 마지막 부분을 읽어라. 대개 머리말의 끝부분에는 저자가 책에 대한 자기 생각을 정리해놓았으므로, 이런 방법 또한 시간을 절약하는 방법 중 하나다.

마지막으로는 책의 결말을 읽는 것이다. 결말을 읽어 얻는 장점은 복습의 효과를 거두게 된다는 점이다. 결말을 읽으며 책의 전체적인 주제를 요약할 수 있으며 책 한 권을 읽어냈다는 뿌듯함도 같이 느끼게 된다. 그러고 나서 자신의 머릿속에 있는 좋은 재료들을 가볍게 정리하고 다음 책으로 넘어가면 된다.

이렇게 책을 제목, 저자, 목차, 머리말, 결말을 읽는다면 굳이 책의 모든 내용을 읽지 않더라도 어느 정도 중요한 부분은 알게 된다. 오히려 내용이 머릿속에서 중구난방으로 뛰는 것이 아니라 핵심을 확실히 알기에 정리도 쉽고 더 오래 기억할 수도 있다. 책을 꽃에 비유하자면 제목은 꽃잎이고 머리말과 결말은 줄기이며 목차는 뿌리이다. 그리고 저자의 이름은 꽃의 이름이다. 책의 내용은 꽃의 세포라고 해두자. 꽃을 온전하게 자신의 집으로 가져가려면 무슨 꽃인지 확인하고 뿌리를 훼손하지 않은 상태에서 데려가야 할 것이다. 그만큼 책의 기본적인 것들을 알고 읽는다면 일주일에 여러 권을 읽는 것은 물론이고 핵심만을 오래 기억할 수 있을 것이다.

나 또한 이렇게 책을 읽기 시작하니 쉽게 책을 내려놓는 습관은 없어졌다. 무엇보다 저자에게 관심이 생기고 나니 책에 대한 흥미도가 올라갔고 오히려 밥을 먹을 때나 다른 일을 할 때도 책을 읽고 싶은 마음이 생길 정도가 되었다. 정확히는 책을 통해 무엇을 얻을지에 관심이 더 많아졌다.

나를 바꾸는 책

마지막으로 일주일에 한 권 읽을 수 있는 최고의 방법을 알려주겠다. 바로 운명의 책을 만나면 된다. 자신의 니즈에 맞는, 자신의 해이해진 정신을 방망이로 내리쳐줄 무기 같은 책을 만나는 것이다. 정신을 번쩍 들게 해줄 책을 만난다면 독서력은 늘 수밖에 없을 것이다. 나의 운명의 책 중 하나를 가볍게 이야기하자면 마크 맨슨의 『신경 끄기의 기술』이 있다. 이외에도 많은 책이 엄청난 도움이 되었지만, 『신경 끄기의 기술』은 내가 삶에서 무엇을 놓치고 있는지 몰랐을 때, 눈을 감고 길을 걷듯이 살고 있을 때 많은 도움이 되었다. 이 책은 정말 많은 이야기를 해주었다. 어차피 인생에는 고통이 수반되고 굳이 스트레스 받는 여러 가지 일들을 신경 쓸 필요가 없다고 이야기한다. 그래서 당신이 진정으로 중요하다고 생각하는 가치에만 신경을 쓰라고 한다. 그게 가족이 될 수도 있고 연인이 될 수도 있지만 나는 나 자신에 빗대어 생각했다. 자신의 가치를 높이기 위해서 무지해지는 것이 싫어서 더욱 책을 읽게 되었다. 나를 방망이로 내리쳐준 책을 읽고 나니 또다시 이와 같은 다른 책을 찾고 싶은 마음이 생겼다. 『신경 끄기의 기술』을 읽는 중간마다 온몸에 소름이 끼쳤고 이런 자극이 나를 자연스럽게 책을 읽도록 만들었다. 책을 대하는 기본과 당신의 정신을 짜릿하게 해줄 책을 만난다면 충분히 일주일에 한 권 읽는 것이 가능하다. 부수적인 독서법을 원한다면 그 후에 충분히 해도 된다. 개인적인 생각이지만 기본만 잘 하더라도 책을 읽고 생각하는데 절대 무리가 가지 않는다. 제일 중요한 건 흥미도 없이 읽기 싫은 책을 억지로 읽지만 않으면 된다. 하고 싶은 걸 정하는 것도 중요하지만, 그보다도 하지 말아야 할 것들을 정하는 것이다. 성공한 사람들을 만나 보면 그들은 근본에 대해 신경 쓰는 경향이 있다. 근본이란 무엇일까? 사전적 의미로는 '초목의 뿌리'를 예로 들 수가 있다. 사람도 뿌리가 중요하다. 책을 읽기에 앞서 자신이 처한 상황과 그에 따른 문제들의 뿌리를 생각해보면서 앞으로의 목표를 하나씩 정해보는 건 어떨까? 그렇다면 분명히 효율적으로 원하는 것을 이뤄나갈 수 있을 것이다.

03

우리에겐
니즈가 필요하다

자신의 욕망을 직시하라

우리가 목적을 달성하기 위해서는 가장 먼저 하고 싶은 것과 원하는 게 뭔지를 알아야 한다. 예를 들면 좋은 몸을 가지고 싶다는 욕망이나 재미를 느끼지 못한 채로 억지로 하는 운동은 운동이 아니라 하기 싫은 노동일뿐이다. 삶을 살아가는 데 있어 뭘 하든 욕구가 빠질 수는 없다. 뻔한 얘기지만 필요불가결이다. 쉽게 말해 나를 좋아해주는 사람보다는 내가 좋아하는 사람과 연애를 하고 싶듯이 원하지 않는 행동을 하게 된다면 누구나 불만이 생길 수밖에 없다. 공부도 마찬가지다. 원하는 성적이나 목표하는 대학이 없다면 매일 꾸준히 책상 앞에 앉아 있게 만드는 집중력이 떨어진다. 우리에게는 행동에 따른 동기가 필요하다. 내가 매일 30분씩이라도 책을 읽는 이유는 지금보다 더 나아지고 싶다는 욕심 때문이다. 우리는 모두 자기 자신이 원하는 것을 확실하게 알아야 한다. 그리고 나서 행동에 옮겨야만 중간에 포기하거나 좌절하지 않고 끝까지 나아갈 수 있는 원동력이 된다. 지금 현대를 살아가는 대부분 사람은 SNS나 인터넷을 통해 자신보다 화려하게 살아가는 모습들을 쉽게 접할 수 있다. 이런 것들을 통해 우리가 원하던 목적을 잊고, 타인의 시선이라는 틀에 자신을 끼워 맞추려 한다. 이 문제들이 지속될수록 상대적 박탈감에 이은 자존감 하락은 물론, 자신의 삶을 건설적으로 고민하게 하는 대신 다른 사람들의 삶을 자괴감 속에서 구경하게 만든다. 우리는 자신을 잃어버리지 말아야 한다. 현실을 자각하고, 본질이 무엇인지를 꿰뚫어 보아야 한다는 것이다.

니즈를 찾기 어려울 때는 어떻게 해야 할까? 예를 들어 공부해야 하는데 왜 해야 하는지에 대하여 생각해보자. 공부를 잘 하면 좋은 대학에 들어가 좋은 회사에 취직할 수 있는 것만으로는 니즈가 부족하다. 그런 통상적인 이념보다는 더 확실한 우리의 본성에 대하여 생각해보아야 한다. 공부함으로써 얻는 이점과 나아가 생존에 유리하다는 것을 자신에게 상기시키는 것이다. 공부하면 우선 자신이 원하는 진로를 갈 힘이 생긴다. 연봉을 많이 받는 좋은 회사에 취직한다면 미래의 잘생기거나 예쁜 배우자를 얻을 가능성이 매우 커진다. 또한, 막노동 같은 힘든 일을 하지 않을 수 있다. 공부를 열심히 하여 자신이 원하는 성공한 삶을 만들어 내면 주위 사람 대부분이 당신을 부러워할 것이다. 당신이 가고 싶은 여행을 마음껏 다닐 수도 있으며, 배우자와 당신의 자식들을 고생시키지 않고 그들에게 안락한 삶을 제공할 수 있을 것이다. 이렇게 우리가 간지러운 니즈들을 하나하나씩 정면으로 마주한다면 더는 공부를 안 할 이유는 없을 것이다. 만약 이런 생각을 했는데도 불구하고 공부가 하기 싫다면 힘든 일을 직접 해보는 것도 좋을 것이다. 그런데도 하기 싫다면 공부보다는 다른 길을 찾아보아야 할 것이다. 공부 말고도 길은 여러 가지가 있으니 말이다.

내가 학교에 다닐 때 왜 그렇게 방황했는지에 대해 생각해본다면 나에게는 확실한 니즈가 없었기 때문이라고 말할 수 있다. 어렸을 때라면 몰라도 점점 자라가면서 우리는 더는 부모님이 하라는 대로 하지 못한다. 물론 부모님이 잘못된 생각을 하고 있다는 것은 아니다. 내가 말하고자 하는 것은 무엇이든 타인에게 이끌려 다니면 안 된다는 것이다. 그렇게 된다면 자신의 인생을 사는 게 아니라 타인의 인생을 대신 사는 것과 비슷하다. 누구나 자신의 인생을 살아야 하고, 그럴만한 자격이 있다. 부모님의 손에 이끌려 하라는 것만 한다면 그때부터는 자신의 삶이 아닌 부모의 삶이 된다. 부모의 관점에서 자식을 바라볼 때 공부를 시키고 싶다면 아이들에게 공부해서 얻는 것들에 대해 자세하게 설명해주어야 한다. 아이들의 숨겨진 욕망을 끌어내 줄 알아야 한다. 억지로 시키는 것은 의미가 없다. 억지로 시킨다 하더라도 그때 잠시뿐이지 결국 하지 않게 된다. 오히려 공부에 대한 거부감이 생길 수도 있다. 우리가 가는 길이 괜찮았다고 하더라도 다른 이에게는 아닐 수도 있기에 절대 강요를 해선 안 된다. 세상에 정답은 없다. 정답은 상대적이고, 자신이 만들어가는 것이며 그 가치는 오로지 자신에게만 한정된다.

내가 고등학교에 다니고 있었을 때는 한창 몸을 만들고 싶다는 생각을 했다. TV나 잡지에 나오는 모델처럼 몸을 만들면 왠지 자신감도 오르고 멋있을 것 같았기 때문이다. 소극적인 성격도 고쳐질 것 같았고 미래에 예쁜 여자 친구를 만나는 데 도움이 될 것 같았다. 나에 대한 확실한 니즈가 무엇인지 깨닫고 나서 매일 친구들과 학교에 있는 철봉에 매달리게 되었다. 철봉을 처음에 하면 자신의 무게가 얼마나 많이 나가는지 알게 되고 내 팔이 얼마나 앙상한지도 알게 된다. 한 개도 못하는 턱걸이에 좌절할 수도 있지만, 그것은 처음에만 국한된다. 인터넷에 떠도는 자료인 턱걸이에 따른 몸의 변화를 보며 나처럼 턱걸이를 한 개도 못하는 사람도 꾸준히 정해진 대로만 한다면 몸이 바뀔 수 있다는 것을 알게 되었다. 처음에는 점프를 뛰어서 한 개 달성하는 것을 목표로 삼고 틈날 때마다 원숭이처럼 철봉에 매달려 있었다. 2주일 정도가 지나고 어느 순간 2개는 할 수 있다는 막연한 자신감이 생겼다. 마음을 가다듬고 턱걸이를 해봤는데 예상외의 결과가 나왔다. 2개도 간신히 할 줄 알았는데 3개를 하게 된 것이다. 이렇게 작은 성공이 나를 더욱 자극하여 본격적으로 턱걸이 연습을 하게 되었다. 그렇게 1년 정도가 지난 후 최소 18번 이상의 턱걸이를 할 수 있게 되었으며 좁은 어깨에서 탈출할 수 있게 되었다. 결과적으로 나는 운동을 좋아하게 되었다. 처음으로 내가 이루어낸 성공이었고 비록 3개의 턱걸이라 할지라도 그것은 내가 앞으로의 인생에서 무엇인가를 도전할 때 할 수 있다는 자신감의 원동력이 되었다. 나에게는 확실한 니즈가 있었고 몸이 좋아지고 싶다는 욕망이 있었다. 그렇기에 최소한 도전하고 나서 버틸 힘이 생긴 것이다. 턱걸이에서 실패했다면 헬스를 했을 것이고 헬스에서도 실패했다면 크로스핏 학원이라도 다녔을 것이다.

직시한 욕망을 이용하라

이처럼 우리가 무엇인가를 원한다는 감정은 매우 중요한 것이다. 우리는 욕망에 따라서 행동하는 존재다. 물을 마시려는 작은 행동에도 욕망이 깃들어져 있다. 밥을 먹는 순간에도 잠을 자는 순간에도 화장실에서 볼일을 보는 순간에도 우리는 본능적인 욕망에 따라서 움직이게 된다. 이런 기본적인 욕망이 충족되면, 인간은 한층 더 높은 것을 바라게 된다. 이것이 상위 욕구인데, 매슬로 욕구 단계설에 의하면 누군가에게 존경을 받고 싶은 욕망이나 사회적으로 인정받고 싶은 욕구를 넘어 가장 상위의 욕구인 자아실현의 욕구가 있다. 이렇듯 인간은 욕망과 떼려야 뗄 수 없는 존재이므로 욕망에 예속되지 않고 역으로 이용해야 한다. 다른 사람과 잘 어울리고 싶은 사회적 욕구가 생기면 타인에게 어색하지 않게 먼저 다가가고 어울리는 방법을 모색해야 할 것이다. 부작용으로 남의 SNS를 염탐하거나 스토커처럼 따라다니는 일은 없어야 할 것이다. 우리에게 생기는 욕구들을 좋은 방향으로 이끌어야 한다. 그래서 나는 독서를 추천한다. 책에는 수많은 종류의 정보가 있으며 우리가 원하는 어떤 것이든 간에 100%까지는 아니더라도 최소한 절반 정도는 알 수 있도록 도와줄 것이다. 우리의 '니즈'를 해결해줄 방법이 책 속에 있다고 해도 과언이 아니다. 책은 가장 안전하면서도 접근성이 쉽다. 우리에게 맞는 책을 찾을 수만 있다면 '독서'는 최고의 멘토가 될 것이다.

내가 책을 추천하는 이유는 자기에게 맞는 니즈가 무엇인지를 찾는 데도 도움이 되기 때문이다. 지금 자신의 니즈가 무엇인지 아는 사람도 있겠지만 전혀 모르는 사람도 있을 것이다. 그냥 어쩌다가 읽은 책 한 권이 자신의 인생에 어떤 '나비효과'를 가져다줄지는 모른다. 내가 그랬다. 어쩌다가 군대에서 읽은 호아킴 데 포사다의 『난쟁이 피터』는 내가 무엇을 행동하고 달성하는데 나비효과를 불러일으켰다. 이 책의 내용은 매우 작은 키와 불우한 가정환경에서 태어난 '피터'라는 주인공이 자신에게 주어진 고난과 역경을 이겨내 하버드를 우수한 성적으로 졸업하게 되는 내용이다. 매우 형식적이고 뻔한 해피엔딩 소설일지 모르나 저자는 주인공인 '피터'

가 얼마나 힘들고 어려운 것을 이겨냈는지를 자세하게 묘사했다. '피터'가 인생의 목적을 찾아가는 과정을 독자들과 함께 보았으며 이 책을 다 읽은 독자들에게도 열정과 희망, 그리고 여운을 안겨주었다. 나 또한 『난쟁이 피터』를 읽고 올해 안에 300권 독서하기라는 목표를 가지게 되었고, 어찌 보면 이런 목표를 세우고 달성하는 과정들이 커져서 지금도 더 나은 목표를 향해 달려가고 있다. 당시 니즈가 없었던 나는 이 책을 읽고 인생의 목적을 세우는 것이 중요하다는 생각을 하게 되었고 당시의 공허함을 채워주었다. 독서를 하고 독서노트를 작성하는 습관도 이 책을 읽고 나서 하게 되었다. 여러 책에서 얘기하듯 삶의 의미를 알아가는 것이 매우 중요하다. 인생을 살면서 왜 사는지와 같은 의문을 가져보는 것도 매우 중요하고 그 사이에서 수많은 방황을 해보는 것도 중요한 경험이다. 이런 과정들은 자신을 찾는 과정이며 알맞을 때란 없다. 인생을 왜 사는지를 아는 것과 모르는 것은 엄청난 차이를 만들어 내게 된다. 고군분투하는 과정에서 우리는 성숙해질 것이다. 혹시 모른다. 남은 인생을 재미있게 살아갈지도.

이건 나의 방법인데 정말 자신의 목표가 무엇인지 모르겠고 요구가 뭔지 감도 안 오는 사람은 자신의 방이 어지럽혀져 있는지 확인해보자. 아마 방도 내 머릿속처럼 혼란스럽게 되어 있을 가능성이 크다. 아무것도 몰라도 하지 말아야 할 것이 있다. 아무것도 들어 있지 않는 것을 쓰레기로 채운다면 결과는 쓰레기 밖에 나오지 않는다. 자신이 현재 사는 방을 깨끗하게 정리하고 머릿속을 범주화하고 나서, 그 속을 매일 좋은 재료들로 채워 넣어보자. 그러다 보면 원하는 목적을 찾기가 훨씬 수월할 것이다. 서점이나 도서관을 거닐다가 눈에 띄는 책이 있다면 그냥 지나치지 말자. 누군가가 말을 걸면 이야기를 듣듯이 책이 말을 건넨다면 일단 들어주자.

04

정독의 저주에서
벗어나라

정독의 함정

독서를 할 때 과연 정독하는 것이 정답일까? 나는 아니라고 본다. 우선 정독의 정확한 의미를 알아보자. 사람들은 대다수가 정독을 그냥 책을 처음부터 끝까지 읽는 것으로만 알고 있다. 정독이란 "뜻을 새겨가며 자세히 읽는다."라는 의미로 처음부터 끝까지 천천히 곱씹으며 읽는 것이다. 독서법에는 속독, 다독, 정독 등 이외에도 여러 가지가 존재한다. 굳이 정독만을 고집할 필요는 없다. 사람들이 책을 끝까지 읽지 못하는 이유는 처음부터 끝까지 다 읽어야 한다는 강박관념이 있기 때문이다. 나는 책을 읽기 힘들어하는 사람들에게 이렇게 말해주곤 한다. 부담을 갖고 책을 읽을 필요는 없다고. 모르는 부분이 있으면 건너뛰고 필요한 부분만 취해서 읽는 자세가 필요하다. 건너뛴 부분은 나중에 찾아서 읽으면 된다. 내가 말하려는 요지는 효율적인 독서를 위해 시간과 에너지를 적절히 활용하라는 것이다. 우리의 뇌는 하루마다 정해진 에너지 용량이 있다. 아침에 눈을 뜨고 나서부터 뇌의 에너지가 소비되기 시작한다. 만약 책을 읽은 지 대략 5시간이 넘었다고 치자. 우리의 뇌는 5시간 동안 엄청난 양의 지식을 흡수하느라 지쳐 있고 에너지 또한 고갈된 상태다. 그런 상태에서 계속 독서를 해봤자 밑 빠진 독에 물 붓기나 마찬가지이다. 처음 독서를 하려는 사람이 읽기 힘든 두꺼운 책을 정독으로 읽는다면 몇 장 읽지 못하고 지쳐 떨어져 나갈 것이 분명하다. 독서를 한다고 해서 어려운 책부터 읽으려 하지 말고 자신의 독서 레벨에 맞춰 쉬운 것부터 차근차근히 단계를 밟아 나가는 것이 중요하다. 정독을 나쁘다고 말하려는 것이 아니다. 정독은 매우 훌륭한 독서법 중 하나이다. 하지만 그렇다고 정독만을 고집하는 건 어리석은 행동이다. 나 또한 책을 읽기 시작한 지 1년 동안은 오로지 정독으로만 독서를 했다. 그러다 문득 세상에는 아직도 읽어보지 못한 수많은 책이 있는데 그 많은 책을 정독으로만 읽는다면 절대로 원하는 만큼 읽지 못할 것이라는 생각이 강하게 들었다.

나는 책을 읽기 시작한 초반에 부동산 경매에 관한 책에 관심이 많았다. 왠지 부동산 경매를 배워 놓는다면 나중에 유용하게 쓰일 날이 올 것으로 생각했다. 부동산에 관심이 많이 있었기에 부동산 경매에 관련된 책을 읽었다. 그러다 다섯 권이 넘어가는 시점부터는 작가들이 하는 말들이 비슷하지만 조금씩 다르다는 것을 알게 되었다. 부동산에 대한 경험들은 비슷하지만, 각각의 책들에 담긴 생각들은 달랐다. 나에게는 확실한 방법이 필요했다. 우선 책을 빨리 읽어야 한다는 생각이 들었다. 그래서 정독하는 대신 속독을 하기로 했다. 하지만 속독으로 바꾸고 나서 여러 가지 부작용들이 생기기 시작했다. 책을 읽는 속도는 확실히 빨라지지만, 책을 읽다가 중간에 멈춰 서서 앞의 내용을 생각해보려 하자 도무지 기억이 나지 않았다. 그래서 자꾸만 앞의 내용을 다시 읽는 현상이 생겼다. 책을 다 읽더라도 별로 남는 게 없었다. 특히, 소설은 속독으로 읽는 것을 추천하지 않는다. 줄거리는 기억이 나지만 작가의 훌륭한 문체나 문맥들을 제대로 느끼기 힘들다. 다행히 나는 실용서를 속독으로 읽었지만, 그다지 좋은 방법이 아니라는 것을 깨닫고 기본에 대해 생각해봤다. 정독은 책의 내용은 잘 기억하며 집중력 있게 독서할 수 있는 여러 가지의 장점이 있지만 많은 책을 읽기에는 시간상으로 불리하다. 속독은 빠르게 읽을 수는 있지만, 내용에 대한 이해도가 떨어지고 문맥이 닿지 않는 부작용이 있다. 소설을 읽을 때는 천천히 책을 음미하고 생각하며 읽는 것을 추천한다. 지금부터는 자기계발서와 실용서를 어떻게 효율적으로 읽을 수 있는지에 대해 이야기해보겠다.

책의 기본은 무엇일까? 바로 제목과 목차가 될 것이다. 많은 작가들이 책을 집필할 때는 책의 주제를 선정하여 제목을 만들고 그 다음 목차를 만들게 된다. 수많은 책이 제목에 많은 이야기를 담고자 노력하겠지만 제목만으로 이 책이 무엇을 담고 있는지 알기에는 턱없이 부족하다. 정말 중요한 것은 목차이다. 목차는 우리가 지금 읽고 있는 내용의 제목이다. 조금 더 세분화된 제목이 순서대로 나열되어 있기에 목차를 꼼꼼히 보아도 핵심을 빠르게 파악하는 데 매우 유용하다. 핵심만 파악한다면 불필요한 에너지와 시간을 급격히 단축하며 빠르게 다음 책으로 넘어갈 수 있다. 심지어 그 자리에서 몇 권의 책도 읽을 수 있다. 책의 핵심을 알려면 목차부터 읽어야 한다. 책의 주제가 무엇인지 쉽게 알 수 있고 빠르게 핵심을 알 수 있다.

목차를 꼼꼼히 읽어 필요한 부분이 어디인지 찾고 핵심 내용은 어디에 있는지에 대해 알게 되었다. 그럼 좀 더 상위 단계로 넘어가보자. 먼저 우리가 원하는 목차를 찾았다고 가정해보자. 보통 실용서를 예를 들면 총 38개 정도의 목차가 있다. 이중 원하는 목차는 15개 정도라고 본다면, 15개의 목차를 전부 다 읽어야 할까? 아니다. 꼭 그러지 않아도 된다. 각 목차에는 서론과 본론, 결론이 존재한다. 모든 작가가 서론에서 "무엇이 좋다. 내 생각은 이러하며 이것을 추천한다."라고 콕 집어 말하지 않는다. 우리가 정한 목차 안에서도 작가가 말하려는 핵심은 있다. 우리가 찾는 핵심은 결론에 존재한다. 서론을 가볍게 풀어나가며 본론에 자기 생각과 사고 과정들을 적고 마지막인 결론에서 서론과 본론에서 이야기한 것들을 정리해서 집어넣는다. 결론을 읽으면 서론이나 본론의 내용을 대강이나마 알 수 있다. 빠르게 책을 읽고 싶다면 먼저 목차를 찾고 그 다음에 목차의 결론을 읽는 것을 추천한다.

내가 읽었던 책인 저자 김봉진의 『책 잘 읽는 방법』에서 핵심을 찾는다고 하자. 우선 원하는 목차 중 하나인 '좋은 책 잘 찾는 법'이라는 목차가 있다. 이 목차의 결론을 살펴보면 김봉진 작가가 말하는 중요한 방법을 알 수 있다. 바로 읽던 책에서 다음 책을 찾는 것이다. 물론 본론에서도 책의 리뷰나 지식인을 통해 책을 찾는 방법이 있다고 이야기하지만, 결론에서 인상 깊게 읽은 책에 나오는 네다섯 권의 책을 꼬리에 꼬리를 물고 읽는 것이 중요하다고 말한다. 어떤 책이든 4권 이상의 다른 책들이 숨겨져 있다는 김봉진 작가의 생각을 알 수 있다. 이처럼 원하는 목차의 결론을 읽게 되면 작가가 말하는 핵심을 알 수 있게 된다. 자신이 핵심만 안다면 결론을 읽고 원하는 목적을 이루면 된다. 다른 내용도 알고 싶다면 서론과 본론을 읽으면 되는 것이다. 더 나아가 책이 마음에 든다면 다른 장의 목차들도 읽으면 된다. 우선 효율적인 방법부터 하면 된다. 처음부터 통째로 읽으려는 고생할 필요 없이 똑똑하게 책을 읽으면 될 것이다.

우선 목차부터 살펴보자

지금 읽고 있는 이 책 또한 원하는 목차를 통해 읽어도 될 것이다. 지금 읽고 있는 목차의 제목인 '정독의 저주에서 벗어나라'라는 말이 호기심을 느끼게 할 수도 있다. 왜 정독의 저주에서 벗어나라고 말할까? 정독 말고 다른 유용한 방법들을 설명한다는 생각이 들 수도 있을 것이다. 이렇듯 원하는 목차를 선정하여 읽는 것이 효율적이다. 서론에는 과연 정독하는 것이 정답일까로 말을 풀어나가며 본론에 여러 가지의 방법들과 경험들을 설명하고 결론에 설명한 것들을 요약할 것이다. 결론에서 방법에 대한 자세한 내용과 경험이 들어가 있지는 않더라도 이 목차의 본론과 서론을 더 자세히 들여다볼지 판단할 수 있게 된다.

내가 정독의 저주에서 벗어나라고 이야기 한 이유는 처음부터 책을 꼼꼼히 읽지 않아도 된다는 것을 이야기하기 위해서다. 원하는 목차를 선정하여 결론을 읽는 듯 핵심만 뽑아내는 독서법을 이야기하는 것이다. 정말 재미있게 독서를 하려면 정독만이 아닌 여러 가지 독서법을 다양하게 활용하는 것이 좋다. 수박 겉핥기 같은 속독도 비슷비슷한 내용이 나올 때 읽는 것이 도움이 되며, 고전처럼 많은 생각을 요구하는 책에는 정독이 도움이 된다. 빠르게 이해도를 향상하기에 좋은, 한 문장씩 깊게 생각하며 읽는 슬로리딩 독서법, 책을 읽으며 자신의 의견을 글로 쓰는 메모 독서법,

반복적으로 읽는 반복 독서법까지 수많은 독서법이 존재한다. 하지만 그 수많은 독서법을 궁금해하기 전 자신의 독서 레벨을 확인하는 게 순서에 맞을 것이다. 자신이 책을 어느 정도 읽고 나서 기본적인 이해도가 생기면 그제야 다른 독서법에 관심을 가지는 것이 좋을 것이다.

책을 아주 처음 읽는 사람에게는 정독이 도움이 될 것이다. 하지만 정독만을 고집하는 것은 결코 올바른 선택이 아니다. 특히, 실용서를 읽을 때는 말이다. 책이 어떻게 만들어졌을지에 대해 생각해보는 건 어떨까? 그러다 보면 저자에게 관심을 가질 수도 있고 저자가 제목, 목차들을 선정할 때 힘을 쓴다는 것도 알 수 있을 것이다. 이렇게 책의 근본을 살펴보는 습관이 들면 이제는 굳이 누구의 독서법을 따라 하지 않고도 자신만의 독서 요령이 생기게 된다. 내가 말한 목차를 선정하여 핵심을 빠르게 찾는 것도 근본을 생각하면 빠르게 흡수할 수 있는 기본적인 기술이지만, 사람들을 근본을 생각하지 않고 눈앞에 보이는 것만 생각한다. "이것이 정답이다." 라고 누가 말을 해도 그 말이 정답일지는 아무도 모른다. 내가 생각하기에 그 사람 본인에게만 허용되는 정답일 것이다. 정답을 찾고 싶다면 자신이 직접 부딪히고 노력해서 찾아보자.

05

독서를 해야 하는
이유에서 시작하라

자신을 돌봐야 될 아이처럼 바라보라

나는 처음에 독서에 대한 부담을 줄이고자 한 가지를 생각했다. 바로 '+1'이라는 공책을 만든 것이다. +1 공책은 하루에 최소 하나의 지식을 흡수하자는 생각에 만들게 되었다. 최소 하루에 하나만 독서를 통해 배운 것을 적으면 된다. 이것만 하면 된다는 생각이 부담을 최소화해주었다. 책을 30분 정도 읽고 나면 자신이 새롭게 받아들인 지식이 있을 텐데 나는 +1이라는 공책에 책의 내용을 회상하고 생각하여 정리한다. 이렇게만 정리해도 1년 365개의 지식이 나에게 들어온다. 지식은 복리식으로 불어난다는 말이 있다. 내가 1년에 365개의 지식이 쌓여도 내가 그것들을 합치고 재구성해서 쓴다면 그 크기가 더 커질 것이다. 하루에 일상처럼 3년 정도만 책을 읽더라도 1천 개 이상의 지식이 자신에게 들어오는 것이다. 내가 말하는 것은 최소한의 것이다. 아이작 뉴턴의 "거인의 어깨 위에 올라 더 넓은 세상을 바라보라."라는 말이 현실이 되게 된다. 이렇게 기록해놓는 독서는 실로 엄청난 도움이 된다. 머릿속에서 오랫동안 장기기억으로 새겨져 쉽게 떠올릴 수 있고 사고력 향상에도 도움이 되어 자신의 주관이 좀 더 뚜렷해진다. 나는 독서를 자기 발전의 최고 효율이라고 생각하여 아무리 바쁜 날에도 매일 30분은 독서에 투자한다. 이렇게 매일 독서를 하려면 독서를 해야 하는 이유에서부터 시작해야 한다. 독서는 어떤 사람에게는 마음의 양식이 될 수 있으며, 위로와 희망이 될 수도 있다. 내가 독서를 하려는 이유는 정확히 한 가지로 정의할 수 있다. 내가 똑똑해지고 싶다는 욕망 때문이다. 모르는 게 죄라는 말이 있듯이 나 자신은 물론 내가 지켜야 하는 사람들을 무지라는 구렁텅이에 빠트리고 싶지 않다는 생각이 매우 크다. 행복이 무엇인지 왜 인생을 사는지에 대해 많은 고민이 들었다. 내 주변 사람 중에는 일주일에 6일씩 회사에 출근하여 매일 야근을 하는 친구가 있다. 이렇게 하면 당장 돈은 더 벌겠지만, 나중에는 몸이 상하고 가족들에게 많은 시간을 할애하지 못하게 되며 자신이 중요하다고 생각하는 것들에 점점 소홀해질 것이다. 자신이 진정으로 하고 싶은지는 모를 일을 평생 하면서 자기합리화만 할 것이다. 나는 책을 읽으며 '성실한 것이 미덕은 아니다'라는 말에 깊이 공감한다. 내가 생각하는 최고의 가치는 회사를 위한 성실함이 아니라 죽기 전에 세상에 어떤 영향을 줄 수 있을 지에 대한 고민과 나와 내 가족의 행복에 더 많은 시간을 쏟는 것이기 때문이다.

솔직히 얘기하자면 나는 이제껏 후회되는 인생을 살았었다. 소심하고 욱하는 성격에 진정한 친구들도 없었고 여자 친구 또한 없었으며 공부도 하지 않은 채 도피하듯 군대에 갔다. 남들이 보기에는 멀쩡한 부모님 밑에서 착하게 자랐을지 모르지만 나는 자존감 낮은 철부지 아들이었다. 사실 군대에 가기 전에도 입대하는 순간 내 인생에서 2년이라는 시간을 버리는 것으로 생각했다. 그렇게 시간만 버릴 것 같던 군 생활이 도리어 나의 인생의 전환점이 될 줄은 아무도 몰랐을 것이다. 힘든 훈련을 통해 맺어진 인연이 남들은 1년도 가지 못할 것이라고 이야기했지만 그들과 헤어진 지 3년이 지난 시기에도 서로의 미래를 응원하며 좋은 만남을 주기적으로 이어가고 있다. 군대에서의 막내 시절 남는 시간을 도서관에서 보낸 것이 내가 올바른 사람이 되는데 전적으로 커다란 도움이 되었으며, 어쩔 수 없이 여러 사람과 지내던 것들이 내가 인간관계를 잘 맺을 수 있게 하는 초석이 되었다. 군대 안에서지만 내가 이뤄 놓은 작은 관계들과 성공들을 제대 후에도 잘 이어나가고 더욱 발전하기 위해 책을 손에 들었다. 나에겐 책이 단순한 자기계발이 아닌 인생 전반에 걸친 그 이상의 것임이 분명했다. 나는 어쩔 수 없이 나에게 온 것들을 벌이 아닌 상으로 받아들였다. 위기를 기회로 바꾸는 것은 나의 유일한 장점이라는 것도 그때 알게 되었다. 그렇게 나와 주변 사람들은 각자 자신의 신념에 따라 인생을 살아가고 있다. 우리는 전부 독서를 함으로써 서로의 성장을 응원한다.

독서는 아무리 생각해보아도 정말 금상첨화이다. 독서에 대해 여러 좋은 이야기들이 있지만 나는 특히 이 말이 가장 마음에 들었다. "남의 책을 많이 읽어라. 남이 고생하여 얻은 지식을 아주 쉽게 내 것으로 만들 수 있고, 그것으로 자기 발전을 이룰 수 있다."라는 소크라테스의 말이다. 나와 같이 자기 발전에 관심이 큰 사람에게는 이러한 독서 명언은 크게 다가온다. 이 문장에 대해 여러 번을 생각해도 흠잡을 곳 없이 맞는 말이기 때문이다. 이렇게 독서에 대한 명언은 정말 많다. 자기가 마음에 드는 명언을 적어 눈에 잘 보이게끔 책상 앞에 붙여놓거나 책갈피로 만들어서 가지고 다녀도 도움이 많이 된다. 먼 과거에서부터 독서는 엄청난 이로움과 깨달음을 사람들에게 주었다. 지금까지 내려오는 문화유산 중에서 독서는 감히 최고라고 말할 수 있다. 수많은 사람을 절망이라는 구렁텅이에서 건져냈으며 위로와 감동을 주었고 앎이라는 선물을 주며 우리가 말하는 천재를 탄생시켰다. 우리가 최고의 아이디어를 내려면 어떻게 해야 하는지 아는가? 독창적인 아이디어는 그냥 나오지 않는다. 예를 들어 좋은 음악 앨범을 내려면 그만큼 많은 음악을 들어봐야 한다. 우리가 아는 좋은 음악은 아무것도 없던 상태에서 새로이 창조된 것이 아니라 리믹싱, 즉 여러 음악을 추출하여 통합을 잘 한 것이다. 이처럼 좋은 아이디어를 만들려면 엄청난 양의 재료들이 머릿속에서 합성되고 소화되는 과정을 거쳐야 한다. 그렇다면 좋은 사람을 만들려면 어떻게 해야 하는지 감이 오는가? 그렇다. 바로 독서를 하는 것이다. 우리는 어렸을 때 폭력이 나쁘다는 것을 부모님이나 주위 사람들에게 듣는다. 기본적인 상식을 갖춘 사람이 되기 위해서 부모든 다른 사람이든 외부로부터 자연스럽게 알게 된다. 만약 이러한 기본적인 재료들을 흡수하지 못하고 자란 사람은 폭력이 나쁘다는 인식이 일반 사람보다는 적거나 아예 없을 것이다. 이러한 경험들도 모두 재료에 속한다. 하지만 우리를 현명하게 만들어줄 양질의 재료는 아니다. 우리가 자존감이 낮거나 쉽게 상처받고 괴로워하는 사람들은 외부환경을 떠나 자존감에 대한 재료들이 적다고 생각한다. 람보르기니를 끌면 행복할 것이라는 사람에게는 돈에 대한 재료나 행복에 대한 재료들이 부족할 것이다. 내가 하려는 말의 요지는 우리가 기본적인 인간에서 멈추면 안 된다는 것이다. 우리는 현명한 인간이 되어야 한다. 그것이 자기 자신을 위한 성장 방법이다. 그리고 현명하거나 지혜로운 사람들은 자신이 평생에 걸쳐 얻은 깨달음이나 교훈 등을 책으로 만들어 놓는다. 고맙게도 우리는 그 책을 3시간 내외로 볼 수 있다. 독서는 우리가 쉽게 경험하지 못하는 것들을 경험하게 해주는 능력이 있다. 이런 능력을 모르거나 간과하는 사람들은 조금 안타깝다. 이 뛰어난 능력을 어떻게 잘 쓰느냐가 인생에 큰 차이를 불러오는지 알기 때문이다.

독서, 제대로 소화하기

이제 독서가 뛰어난 능력이라는 것을 알게 되었다. 다음으로 그것을 우리의 몸에 체화시키는 작업을 해야 할 것이다. 우리가 독서를 하는 이유는 원하는 니즈나 동기부여에 의해 생기기도 하지만 한번 체화를 시켜보고 성공한다면 이젠 성공이 우리가 독서를 해야 하는 이유가 될 것이다. 우리는 무언가에 성공함으로써 책을 읽고 다시 성공하는 선순환의 구조를 만들어야 한다. 독서를 해야 하는 이유를 직접 만들어보자. 사람이 행복해지기 위해서는 돈, 인간관계, 건강이 있지만, 그중에서 우리가 가장 빠르게 할 수 있는 것은 인간관계일 것이다. 다른 것들도 분명 중요하지만, 인간관계를 어느 정도 잘 한다면 인생은 좀 더 재미있어진다. 인생에서 꼭 필요한 기술이 여러 개 있다면 인간관계를 잘 하는 것도 그중에 하나이다. 자신이 평소에 마음에 들었던 사람에게 가서 말을 붙여보자. 물론 그전에 독서를 통해 화술의 몇 가지 방법을 알고 가는 것이 좋을 것이다. 평소에 표정이 안 좋다고 생각하면 오늘 하루만큼은 미소를 지으면서 밝게 지내보자. 아주 사소한 목표라도 최선을 다해 이뤄낸다면 당신은 성공할 것이다. 인생이 매우 재밌어지게 되며 하루를 웃으면서 보낼 수 있는 날이 많아질 것이다. 불안해하지 않아도 된다. 우리에겐 남들이 힘들게 얻고 고생해서 정리한 책이라는 지식이 있다. 책을 나침반 삼아 인생을 바꿔나가면 원하는 인생을 살 수 있을 것이다. 나는 개인적으로 독서를 할 때 독서가 우리의 삶에 추가된 것이 아니라 삶 자체가 변하는 것으로 생각한다. 이 말은 독서를 하려 하는데 이유가 없거나 부족한 사람에게는 최고의 이유가 될 것이다. 당신이 독서하며 인생을 바꾸려는 것을 나는 응원한다. 우리가 성공하기 위해서는 우리의 미래를 그릴 수 있는 상상력과 끈기, 그리고 그것을 해야 하는 동기가 있어야 한다. 그렇기에 자신이 무엇을 하더라도 확실한 목표와 그것을 해야 하는 이유를 알아야 한다. 독서에 대한 중요성을 느끼고 꾸준히 잘 실행하려면 독서를 해야 하는 이유에서 시작하라.

06

독서, 지금 하지 않으면
언제 할 것인가

인간은 모두 천성적으로 게으르다

나는 선천적으로 게으름이 많은 아이였다. 어렸을 적 동생들은 오전 10시 정도가 되면 눈이 떠져서 뛰어놀기 일쑤였다. 하지만 나는 부모님이 깨우러 오지 않으면 오후 2시를 넘어서도 계속 잘 정도로 잠이 많았으며, 무엇을 하더라도 일단 미루고 보는 습관이 가득했다. 남들은 빨리 숙제를 하고 편안히 쉬는 것을 선택하지만 나는 불편하게 먼저 휴식하는 것을 택했을 정도로 실행력이 약한 아이였다. 시험성적이 안 좋았던 것도, 공부 방법을 잘 몰랐다는 이유도 있지만, 시험 전날까지 공부를 미루다가 벼락치기로 공부하는 습관 때문에, 가끔 운이 좋은 날 빼고는 성적은 대부분 밑바

닥이었다. 중학교 1학년 때 받은 수학 점수 23점이 내가 받은 최하의 성적이었다. 23점보다 점수를 못 받은 친구들도 있었지만 그래도 평소에 학원을 다니던 나에게는 미루는 습관들이 쌓여서 그런지 이런 충격적인 성적을 받게 되었다. 23점을 받아들고 집에 가져갔을 때는 부모님도 어이가 없으셨는지 때리지도 않고 헛웃음을 지으셨던 게 기억이 난다. 이랬던 아이가 불과 몇 년 뒤에는 사람들에게 달라졌단 소리를 듣고 몸이 좋아졌으며, 매일 책을 읽고 기록하고, 이제는 책을 쓰고 있다. 나는 어떻게 해서 게으름을 물리쳤을까? 내가 게으름을 물리친 방법은 아주 단순하다. 바로 아침에 일어나자마자 이불을 개는 것이었다. 아마 이 책을 읽고 있는 대부분의 독자는 그럴 리는 없겠지만 나는 아침에 일어나서 이불을 개지 않았다. 이불을 갠다는 것은 하나의 작은 실행과 성공을 의미한다. 이런 작은 실행들은 매일 우리가 쌓아나가는 것이다. 그렇게 쌓아나가는 것이 우리의 인생을 바꿀 것은 분명하다. 하지만 나는 이런 작은 실행조차 성공하지 못했다. 이불조차 개지 못한 아이가 시험성적은커녕 자기주관도 없었고 자기에 대한 믿음이 없었던 것은 당연했다. 나도 모르는 사이에 실패를 거듭하고 있었기 때문이었다.

인간이 선천적으로 게으르고 나약하다는 것은 모두가 아는 사실이다. 그래서 이런 게으름과 나약한 감정들을 이기는 사람들은 결국 우리가 바라고 존경하는 사람들이 된다. 우리 모두에게는 이렇게 될 가능성이 충분히 차고 넘친다. 이불 개기가 말만 들었을 때는 쉬워 보일 수 있을 것이다. 하지만 내가 막상 해봤을 때는 일주일을 채 넘기지 못했었다. 스스로 이것을 하지 않아도 오늘 하루를 잘 보낼 수 있다는 자기합리화를 했었다. 확실한 것은 나의 무의식 속에서는 이런 자기합리화가 통하지 못했다는 것이다. 이불을 갰다는 행동이 우리에게는 별 거 아니란 생각이 들 수도 있겠지만, 우리의 무의식에는 그 행동이 작은 성공을 이루게 된 것으로 기억된다. 이불을 다시 안 갠지 3일이 넘어가면서 나는 다시 원래의 망가진 일상으로 돌아왔다. 나는 아침에 이불을 갠다는 작은 실행이 중요하다는 것을 다시금 느꼈으며 아침에 이불을 개지 않으면 동생에게 십만 원을 주기로 말을 했다. 동생도 손해 볼 것이 없으므로 좋다며 약속을 어길 시에는 바로 십만 원을 받아가겠다고 수락하고 나는 바로 다음 날부터 이불을 빠짐없이 갰다. 몇 년째 이불을 개고 있지만, 현재 나의 하루는 아주 알차다. 매일 현재에 머물러 있지 않고 발전하고 있으며 더 나은 미래로 향하려는 야망이 생겼다. 이불을 개는 것은 마법 같은 효과가 있다. 이불을 개는 것이 별거 아니라고 생각하지 말고 개고 난 후에 스스로 뿌듯함을 느꼈으면 좋겠다. 당신은 이불을 갠 순간 이미 작은 성공을 거둔 것이기 때문이다. 그리고 그 작은 성공들은 점점 커지게 될 것이다. 한 가지 더 내 이야기를 하자면 나는 이제 원하는 사랑을 이룰 수 있게 되었다. 사랑이라는 감정에 대해 아직 미숙할지 몰라도 전에는 짝사랑만 하던 친구에게 끝내 고백 한 번 해보지 못했지만, 이제는 그러지 않는다. 마음에 드는 사람이 있으면 친구가 되고 싶고 호감이 있다는 마음을 잘 표현하게 되었다. 좋아하는 사람에게는 고백하며 사랑을 진취적으로 이뤄낸다. 좋아하는 스승이나 배우고 싶은 사람이 있으면 먼저 다가가고 배우고 싶다는 이야기를 건넨다. 이런 행동들이 이불 개기를 통해서 이뤄졌다는 걸 과연 믿을 수 있을까? 물론 이불 개기가 그 정도의 효과를 불러온다고 장담하지 못한다. 대신, 최소한 자신의 하루를 어지럽혀져 있는 방 속에서 쓰레기같이 보내게 해주는 것을 막아 줄 것이다.

이와 마찬가지이다. 독서는 이불을 개는 것만큼이나 중요하다. 이불 개기가 우리가 지금도 보내고 있는, 그리고 시작되는 하루의 작은 성공을 의미한다면 독서는 우리가 큰 성공을 할 수 있는 작은 실행을 의미한다. 나는 무엇을 할 때 핑계를 대는 사람들을 싫어한다. 핑계는 내가 과거에 틈만 나면 했던 최고의 쓸모없는 행동이었기 때문이다. 사연 없는 사람은 없으며 핑계는 일시적으로 책임을 회피하려는 어리석은 행동이다. 핑계를 대면 안된다는 이유는 명확하다. 내가 카페에서 일을 배우고 있을 때였다. 일주일 후에 나 혼자 매장 관리를 해야 하기에 요번 주까지는 음료를 만드는 레시피를 전부 외워야 했다. 이번 주까지 레시피를 외워야 한다는 업무를 내려놓고 며칠간 게으름을 피우다가 결국 다하지 못하고 변명을 했다. 여기서 우리가 생각해야 하는 것은 남이 시키는 일을 다 하지 못한 자신에게 원망하는 것이 아니다. 남이 시킨 것도 하지 못하면서 절대 자신이 다짐한 것을 지킨다는 보장이 없다는 것이다. 그래서 우리는 어떤 핑계도 대지 않아야 한다. 차라리 솔직하게 인정하고 하지 못한 일을 어떻게 보강을 해야 할 것인지에 대해 생각해야 한다. 남이 시키는 강제성을 띤 업무도 못하고 핑계를 댄다면 우리 자신이 하려고 마음먹은 일은 가볍게 합리화할 것이다. 핑계를 대기보단 자신의 행동을 인정하는 것이 더 용감하고 현명한 사람이다. 핑계를 한마디로 정리한다면 '핑계는 쓰레기다.' 독서를 하지 않고 핑계 대는 것 또한 마찬가지이다. '너무 바빠서 하지 못했다, 할 시간이 없다'고 말하는 사람들은 핸드폰으로 메시지와 뉴스를 볼 시간은 있으며 화장실에서 10분 넘게 죽치고 앉아 있을 시간은 있을 것이다. 정말 새벽에 일어나서 몇 시간 자지도 못하고 밥 먹을 시간도 없으며 쉴 틈도 없이 일하고 하소연하는 사람들이라면 인정하겠다. 하지만 이정도가 아니라면 당신은 핑계를 대고 있는 것이 확실하다. "화살이 과녁을 벗어나면 훌륭한 사수는 다른 사람에게 핑계를 돌리지 않고 자신의 솜씨를 탓한다. 현명한 사람도 이처럼 행동한다."라고 말하는 공자의 말이 뜻깊게 다가왔다. 물론 독서를 못 할 정도로 신경이 쓰이고 바쁜 날이 있을 수가 있다. 이제 이런 날이 온다면 핑계보다는 인정을 해보자. 인정함으로써 우리가 받아들이고 싶지 않은 사실을 받아들이고 성장하면 될 것이다.

일단 실행하는 사람이 승리한다

우리가 행동력과 실행력이 있는 사람이 되려면 생각이 나는 순간 바로 해야 한다. 일어나자마자 이불을 개야 하듯 생각도 머릿속에서 난다면 바로 실천한다는 것이다. 나중에 해야겠다고 생각하고 시간을 흘려보내면 결국, 그 나중에는 과거 실행하려고 했던 것에 비해 2배가 넘는 힘이 들 것이다. 나 역시 이런 것을 방지하기 위해 아침에 눈을 뜨고 이불을 개자마자 책상에 앉는다. 그리고 책을 들고 독서로 하루를 시작한다. 이렇게 하면 할 수 있다는 자신감이 생기고 하루를 소중하게 보낼 수 있게 된다. 오히려 미루고 싶은 마음도 없어지고 또 무언가를 하려는 마음이 생기게 된다. 이제는 핸드폰에 인생을 낭비하는 시간이 아깝게 느껴질 것이다. 우리의 인생이 그리 길지 않다는 것을 느낄 수도 있으며 소비적인 사람이 되기보다 생산적인 사람이 될 확률이 높아진다. 아침에 할 시간이 없다면 출퇴근길에 잠깐이나마 책을 읽어도 될 것이다. 독서를 통해 지적 능력이 향상되는 것도 매우 중요하지만 마음먹은 하나의 무엇인가를 실행하여 성공했다는 점이 우리의 삶의 질을 높여줄 것이다.

나는 성공과 실패의 시행착오를 겪으면서 한 가지 알아낸 사실이 있다. 무엇이든 나중으로 미루는 사람들은 무조건 실패한다는 것이다. 방법이 없다고 생각할 때가 가장 방법이 많은 것이다. 정말 방법이 없다고 느꼈을 때가 있다. 나는 세미나 강의를 듣기 위해 용역을 뛰며 돈을 벌고 있었다. 집을 철거하는 일이었는데 포크레인이 한번 집을 허물면 바닥에 떨어진 것들을 분류하는 작업이었다. 무척 고되고 힘들기에 작업장에서는 40분 정도 일을 하면 10분 정도 휴식을 준다. 이때 사람들은 모두 그늘 밑에서 누워 있거나 물을 마시거나 멍 때리며 빨개진 얼굴을 가라앉히려고 노력하며 휴식한다. 하지만 나는 당시 자기계발에 미쳐있었다. 정말로 성공하고 싶은 간절한 마음에 10분간 주어지는 쉬는 시간이 너무 달콤하게 느껴졌다. 그래서 남들은 휴식하고 있을 때 가방에 챙겨온 책을 읽으며 10분을 독서에 투자했다. 점심시간 한 시간도 밥을 먹자마자 디저트를 먹는 듯이 책을 읽었다. 주변 사람들이 이상하게 보는 시선에도 전혀 신경 쓰지 않았다. 지금 와서 생각해보면 이 정도의 실행력이 계속 나를 발전시켜 나가는 것 같다. 나름 힘든 시기였지만 어떻게든 방법을 만들어 독서를 했다. 지금 하지 않으면 도대체 언제 할 것인가? 지금 이 책을 읽고 있는 독자도 자신만의 시간을 투자하고 있다. 나는 이 시간이 손해 보거나 낭비되지 않았으면 하는 바람이 있다. 그래서 지금도 나는 마음을 다해 글을 쓰며 내가 먼저 실행하려고 노력한다. 무엇이든 먼저 실행하는 사람이 이길 확률이 극도로 높아지게 된다. 그래서 나는 지금 이 순간 책을 읽는 독자들을 응원한다.

07

성공은
작은 습관의 합이다

매주 로또를 사는 친구

우리가 성공하려면 무엇이든 습관이 갖춰져 있어야 한다는 것은 모두가 아는 일반상식이다. 여기서 깨달아야 하는 것은 매일 회사에 가서 정해진 시간 동안 반복되는 일을 하는 것은 소비적이라는 사실이다. 당연한 말이지만 회사는 우리의 노후를 신경 쓰지 않는다. 더는 회사에서 배울 것이 없다면 자신을 위해서라도 다른 회사로 이직하거나, 그럴 여건이 안 된다면 남는 시간을 최대한 자기계발에 투자해야 한다. 성공에 있어서 습관이 중요하다는 것을 안다면 소비적인 일보다는 자신을 성장시키는 생산적인 습관을 만들어야 한다는 것이다. 그렇기에 회사에서 주5일을 꼬박 출근했다고 일한 것에 대해 자기 위로하거나 남들에게 하소연하지 말라는 것이다. 일은 모두가 하는 것일 뿐, 진정 성공을 원하고 남들보다 빠르게 발전하고 싶다면 자신의 가치가 커질 수 있는 생산성이 있어야 한다. 그러나 생산적인 습관이라고 해서 어려운 것은 아니다. 매일 꾸준히 한두 가지 정도의 일을 반복하면 되는 것이다. 그것이 체력을 기르기 위한 운동이라도 습관은 우리에게 더 많은 것을 돌려줄 것이다. 로또 일등이 당첨된다면 과연 성공한 것일까? 그 돈을 탕진하지 않고 제대로 쓸 줄 아는 사람은 극히 드물 것이다. 나 또한 3년 전까지만 해도 로또에 맞으면 그 돈을 바보같이 낭비하지 않고 잘 쓸 자신이 있는 줄로만 알았다. 그렇다고 해서 내가 로또에 당첨된 것은 아니지만 지금은 생각이 많이 달라졌다. 같은 돈이더라도 자신이 스스로 생산적으로 돈을 번 것과 갑작스럽게 돈이 들어온 것이랑은 돈을 대하는 자세부터 다를 것이다. 생산적으로 돈을 번 사람은 돈을 우선하기보다는 다른 가치를 생산하기 위해 더 힘을 쓸 것이고, 단순하게 돈이 들어온 사람은 오로지 돈밖에 생각하지 않을 것이다. 별 것 아닌 거로 보이지만 이것은 너무나도 큰 차이다. 돈을 잘 쓸 줄 아는 사람도 분명 있겠지만 이렇게 크게 한 방을 노리는 사람치고는 성공한 사람이 없다는 것이 현실이다. 로또 판매점에 붙어 있는 '로또 외엔 방법 없다'라는 카피에 현혹되지 않기를 바란다. 3년 넘게 매주 오만 원씩 로또를 사는 친구가 있지만, 지금까지도 일등에 당첨되지 않았다. 일등에 당첨되면 차부터 산다는 친구가 만약 3년 전부터 매일 30분씩 책을 읽었으면 어떻게 되었을까 생각해본다. 한탕을 노린다는 것은 매일 꾸준히 반복되는 노력은 하기 싫고 현실로부터 회피하고 싶은 불안과 나약함 속에서 시작된다고 믿는다. 그리고 회피하면 할수록 현실과의 괴리감이 점점 커지게 된다. 이처럼 한 방을 노리는 습관은 매우 나쁘고, 정신적으로도 좋지 않다. 진정 성공을 바란다면 매일 같은 노력을 할 강인한 정신이 있어야 한다. 성공은 그냥 따라오는 것이 아니다. 지금부터는 현실을 피하지 않고 올바르게 받아들이고, 현실을 이용하여 내 꿈으로 만드는 습관의 방법을 알려주겠다.

습관을 만드는 6가지 방법

첫 번째로는 목표를 설정해야 한다. 목표를 설정하는 것은 무엇을 하든 기본이 된다. 우리가 여행을 가더라도 목적지가 있는 것처럼 목표를 세우지 않고 일을 한다면 언젠가 그 일에 대한 회의감이 들고 방향을 잃을 것이다. 자신이 하는 일에 "내가 이 일을 왜 하고 있지?", "내가 왜 여기 있지?"라는 물음이 생긴다면 당신은 확실한 목표가 없기 때문이다. 내가 100장이 되는 글들을 매일 쓸 수 있었던 것은 작가가 되겠다는 확고한 목표가 있었기 때문이라 해도 무방하다. 목표는 우리를 올바른 길로 안내하는 첫 번째 길잡이다. 정확한 목표를 가지고 행동한다면 계단을 오르듯이 차근차근 도달할 수 있을 것이다. 우리는 보통 하루에 5만 가지 이상의 생각을 한다고 한다. 목표를 설정하는 것도 우리가 생각하는 것 중의 하나일 것이다. 하지만 우리가 정한 목표에 집중하려면 정한 목표를 글로 적어서 언제든 볼 수 있는 곳에 붙여야 할 것이다. 나의 정신이 다른 데로 새나가는 걸 막아준다. 이런 작은 행동이 우리의 생산성을 높여 주는 데 많은 도움을 줄 것이다.

두 번째로는 계획을 세우는 것이다. 사실 나는 계속 생각만 하기 보단 바로 실행하기를 택한다. 이상하게도 우리는 3~4일 정도 짧게 걸리는 일을 높게 평가하고 한 달 정도 오래 걸리는 일을 낮게 평가하는 경향이 있다. 이런 생각의 오류를 범하지 않기 위해서라도 하루마다 해야 할 것들을 적어두는 것이 좋다. 혹여나 일이 생겨 계획에 차질이 생기더라도 올바른 방향으로 꾸준히 갈 수 있다. 목표를 세우고 바로 실행하고 싶더라도 10분 정도는 목표를 달성하기 위한 계획을 짜두기 바란다. 그 10분이 당신의 수많은 시간을 아껴줄 것이다. 마치 운동을 하기 전 몸의 부상을 최소화하기 위한 스트레칭이라고 생각하자.

세 번째는 문제를 처리할 순서를 정해야 한다. 오늘 자신이 해야 할 것들의 우선순위를 매겨보자. 참고로 우선순위를 매길 때는 최대 3개까지만 중요한 것을 정해야 한다. 의욕이 넘쳐 많이 정해봤자 다하지도 못하고 하나를 처리하고 다른 하나로 넘어갈 때마다 뇌는 많은 에너지를 요구한다. 최대 3개 정도로만 중요한 것을 정하고 가장 빨리 할 수 있거나 가장 중요한 것부터 시작해 집중해서 끝내길 바란다. 동시에 두 가지 일을 하는 멀티태스킹은 하지 않는 편이 좋다. 여러 뇌 과학책에서 말하듯이 멀티태스킹은 정말 쓰레기라 할 정도로 뇌의 에너지를 소모한다고 말한다. 애초에 인간은 멀티태스킹을 할 수 없을뿐더러 우리가 멀티태스킹이라고 느끼는 것들은 우리가 그만큼 생각의 전환이 빠르게 움직여 그렇게 느끼는 것이다. 멀티태스킹은 뇌의 에너지 손실에 최고로 안 좋으며 집중력 또한 감소하고 몰입에 이르기를 방해한다. 중요한 문제 2, 3가지를 정하고 한 가지씩 몰두해서 끝낸다면 효율적으로 일을 처리할 수 있을 것이다.

네 번째는 정리하는 것이다. 정리가 중요한 이유는 간단하다. 만약 당신이 어떤 일을 끝냈다고 하자. 끝내면서 남는 서류나 파일 등이 이리저리 너저분하게 있으면 다른 일을 하더라도 너저분한 일에 신경을 뺏기게 된다. 목표한 것을 이루기 위해서는 목표한 것을 빼고 다른 것들이 당신의 신경을 흐리게 만들 것이다. 집중하기 위해서는 자신의 주변부터 정리해보자. 자신의 뇌 또한 정리될 것이다. 참고로 내가 정리하라고 말한 것에는 자신이 가지고 있는 핸드폰도 포함이다. 핸드폰은 어지럽혀져 있는 서류들의 결정체라고 봐도 무방하다. 일하다가 잠깐 울리는 카톡이 우리의 집중력을 엄청나게 저하시킨다. 이것 또한 멀티태스킹의 안 좋은 예이다.

다섯 번째는 지금 당장 실행하는 것이다. 지금 실행하라는 것은 전에도 말했듯 성공에 있어서 최고의 지름길이다. 지금 흘러가는 시간을 그대로 두어서는 안 된다. 인간은 무엇이든 될 수 있다. 하지만 될 수 있는 시간이 지나버리면 얼마 있지도 않은 다른 시간을 써야 할 것이다. 우리는 시간이 많지가 않다. 누구는 4년을 목표가 뭔지도 모르는 대학교나 회사에서 낭비하지만 성공한 사람에게 4년은 성공할 수 있는 너무나도 값지고 귀한 시간이며 남는 시간을 가족이나 중요한 가치에 쓸 것이다. 내가 책을 집필하는 것에 집중하는 이유는 내가 중요하게 여기는 가족인 할머니, 할아버지와의 시간이 얼마 남지 않았다는 것을 알기 때문이다. 여러 불안한 생각과 환경들에 신경을 낭비하지 말고 지금 당장 실행하기를 바란다. 시간은 절대 우리를 기다려주지 않는다.

 마지막으로 여섯 번째는 휴식을 취하는 것이다. 내가 포도막염에 걸리고 스트레스를 받아 머리가 빠질 때 휴식이 정말로 귀하다는 것을 알게 되었다. 휴식 중에서도 숙면이 가장 중요하다. 우리가 숙면할 때는 몸의 스트레스를 해소하고 회복하는 과정을 거치게 된다. 어떤 책에서는 숙면조차도 오늘 배웠던 것들을 정리해주는 일종의 공부라고 이야기한다. 숙면이 부족하면 인지능력과 면역력이 떨어지고, 스트레스를 받게 되며, 몸에 염증을 일으킬 가능성이 커지게 된다. 이 외에도 숙면이 부족했을 때 생기는 것들은 너무나 많다. 목표를 향해 달려간다 하더라도 오히려 숙면이 부족하면 안 된다는 것이다. 몸도 망가지고 머리도 망가지며 목표에 더디

게 도착할 것이다. 나는 밤새고 일등 한 친구들을 본 적이 없다. 오히려 공부를 잘 하는 친구들은 몇 시간 동안 몰입해서 공부를 끝내고 잠을 푹 잔다고 이야기한다. 만약 내가 군대에서 책을 읽을 때 적절한 운동과 숙면을 했으면 포도막염에 걸리지 않았을 것이다. 숙면 또한 적절한 시간을 정해서 습관화하는 것을 추천한다.

성공은 작은 습관의 합인 것은 당연하다. 습관을 만드는 여섯까지 방법들은 절대 어려운 것이 아니다. 오히려 초등학생들도 할 수 있을 만큼 쉬운 것들이다. 그런 기본적인 것들을 하지 않고는 습관을 만들기는커녕 성공을 할 확률이 현저히 낮아질 수밖에 없다. 정말 원하는 것이 있다면 습관을 만들기부터 당부한다. 한번 습관화된다면 나중에는 몸이 알아서 하게 된다. 남들이 하기 힘들어하고 감히 상상도 못 하는 위치에 오를 수 있는 비밀은 결국 작은 습관에서 나온다는 것이다. 책 읽는 습관이든, 글을 쓰는 습관이든, 조금 자신을 객관화해서 바라본 다음 멀리 보는 버릇을 가지자. 그 많은 성공을 이뤄낸 사람 또한 인간이며 우리도 그들과 같은 인간이다. 심지어 독서라는 남들이 하지 못하고 저평가된 최강의 무기가 있지 않은가? 하루하루 원하는 것을 위해 습관화한다면 어느새 원하는 위치에 오를 것이다. 결국, 습관이 답이다.

08

책 읽기 습관,
작심 한 달이면 충분하다

전부 앞지를 수 있는 시스템 만들기

'작심삼일'이라는 말은 너무 유명하다. 친구들이 무엇을 하기로 다짐했다고 하면 장난식으로 작심삼일 갈 것이라 이야기한다. 그리고 그것이 대부분 우리의 현실이 되기 마련이다. 책 또한 마찬가지이다. 처음에는 엄청난 열정으로 책을 하루에 한 권을 읽기로 다짐하지만 삼 일째가 되는 날에 우리는 언제 그런 열정을 가졌냐는 듯 책을 외면한다. 책뿐만이 아니다. 좋은 몸을 가지기 위해 헬스장에 돈을 내어도 해봐야 일주일 정도만 다니다가 서서히 씻으러 가지도 않게 된다. 우리는 왜 그렇게 다짐한 것을 이루지 못할까? 간절하지 못한 것이기 때문일까? 물론 간절하지 않은 것도 하나의 이유겠지만 우리가 쉽게 포기하는 대표적인 이유는 우리가 한 노력의 성과가 금방 나타나지 않기 때문이다. 잠깐 책을 읽었다고 해서 나를 변화시키지도, 세상을 변화시키지도 못한다. 운동도 잠깐 몸에 알이 배기도록 했다고 해서 무거운 중량의 기구를 쉽게 들 수 있는 것도 아니다. 한 가지 법칙은 '인생은 느린 게임'이라는 것이다. 보통 우리가 하는 게임은 퀘스트를 깨면 쉽게 보상을 주게끔 되어 있다. 우리가 착각하는 것은 이 퀘스트가 책 한 권을 읽는다고 해서 끝나는 것이 아니다. 우리는 확실한 보상을 받을 수 없을 것이며 책을 올바르게 읽은 지 1년 정도가 지나면 그때야 서서히 남들이 알아차릴 수 있을 만큼 무언가가 바뀌었다는 것을 알 수 있다. 그렇게 서서히 남들이 깨기 힘들어하는 인생의 진정한 퀘스트를, 예를 들어 돈이라든지 사랑과 삶의 의미를 깨나갈 힘이 생기게 된다. 남들이 아직도 초보 레벨이라면 당신은 뭔가에 쉽게 도전할 수 있는, 똑같은 공기를 마시는데도 행복의 질이 다를 수 있는 지루하고 엄청나게 귀중한 인생이라는 게임을 이끌어 나갈 수 있다. 이렇게 말을 하더라도 습관을 지닌다고 다짐하기는 쉽지만, 하루아침에 바뀔 수는 없을 것이다. 우리는 매일 우리를 쾌락으로 이끄는 중력에서 벗어나야 한다. 어쩌면 담배를 매일 피우던 사람이 금연하기 위해 하루를 버티듯 힘들 수도 있다. 그렇지만 그런 좋은 습관을 한 달 정도만 꾸준히 하면 당신도 뛰어난 독서가가 될 수 있다. 인터넷에 떠도는 습관이 만들어지기까지를 살펴보면 석 달 정도가 걸린다는 사람도 있고 66일이 걸린다는 사람도 있고 작심삼일이 될 것이라는 사람도 있다. 전부 제각각이지만 내가 직접 독서를 적용한 결과 한 달이면 독서 습관이 만들어진다. 또한, 성형외과 의사인 맥스웰 몰츠의 저서인 『성공의 법칙』에서는 신체 일부가 잘린 환자가 예전의 심리를 회복하기까지 21일이 걸렸다고 주장하고 있다. 즉, 그는 습관이 21일이면 만들어진다는 것을 이야기하고 있다. 각자 습관이 굳어지기까지 차이가 나겠지만 작심 한 달이면 충분할 것이다.

내가 독서를 습관으로 만든 것에 대해 말해보겠다. 독서법을 잘 알고 있었다 해도, 그 이전의 나라면 독서가 쉬운 것은 아니었다. 나의 니즈도 생각하면서 책을 읽고, 성공하기 위해 독서를 해도 습관으로 굳어지기에는 만만치 않았다. 그게 친구랑 같이 독서를 하더라도 말이다. 책을 읽어야 한다는 강박관념에 어떤 날에는 책을 쳐다보는 것조차 싫었다. 그런데도 내가 독서를 할 수 있었던 것은 지금의 내 삶을 더욱 풍요롭게 만들고 싶은 마음이 컸기 때문이다. 스펙을 쌓듯이 책을 읽어도 정말 뛰어넘을 수 없을 것 같은 친구가 있었다. 하지만 그런 경쟁을 뒤로하고 나는 주문을 외우고 책을 읽었다. 한마디로 자기암시였다. '나는 책을 읽음으로써 성공할 수밖에 없다.'라고 말이다. 성공할 수밖에 없다는 것에는 많은 의미가 담겨 있었으며 나는 내가 바라는 삶을 더 자주 생각했다. 하지만 그때는 이런 자기암시가 얼마나 나에게 긍정적인 효과를 가져다주었는지 생각도 못 한다. 저자 박세니의 『공부하지 마라, 최면해라!』라는 저서에서는 이런 말이 있다. "인간은 무의식으로 어렵다고 받아들인 것은 절대 할 수 없다."라는 말이다. 자신의 한계를 자신이 정해놓고 할 수 없다고 생각하면 당연히 못 한다. 두뇌는 실제와 상상을 구분하지 못한다고 한다. 우리가 레몬을 먹는 장면을 생각하며 입에 침이 고이듯 말이다. 레몬을 먹지도 않았지만 상상 함으로써 우리의 신체가 반응을 나타내게 된다. 이렇듯 우리가 상상하는 것이 얼마나 중요한지 알아야 한다. 우리는 상상하는 것에 이끌리게 되어 있다. 지금 당신의 모습이 어떻든 당신이 여태까지 그런 모습을 상상했기 에 지금 그 모습을 하고 있는 것이다. 진심으로 자신에게 긍정적인 상상을 구체적으로 한다면 자신부터 이미 바뀔 수 있다. 부정적인 무의식에 당하 지 말고 의식적으로 긍정적인 자기암시를 하여 무의식에 할 수 있다는 긍 정적 마음을 불어넣어야만 시작을 할 수 있다.

저자 이서윤, 홍주연의 『더 해빙』은 유명한 베스트셀러로 독자들에게 많은 희망을 주었다. 감사하는 마음을 가지고 행운을 끌어온다는 것에 독 자들의 마음을 사로잡았다. 『더 해빙』이 유명한 베스트셀러이기 때문에 단지 마케팅을 잘한 저서라고만 생각이 되지 않는다. 이 책은 사람들의 감 정을 잘 어루만졌기에 베스트셀러가 되었다고 생각한다. 실제로 감사하는 마음을 가짐으로써 삶이 더 풍요로워진 사람들의 입소문을 타고 책이 유 명해졌을 가능성도 있다. 『더 해빙』에서는 '늘 가진 것에 감사하고 꼭 써야 할 지출이 있다면 즐겁게 써라. 그리고 상상하라'라고 이야기한다. 이 문장은 사람들의 무의식을 건드려 평소에 돈을 안 쓰고 아끼기만 하며 불행하던 사람에게 꼭 써야 할 때엔 돈을 쓰고 그것을 누림으로써 무의식을 돈으로부터 받는 불안으로부터 해방한다.

저자 박세니의 『공부하지 마라, 최면해라!』와 저자 이서윤, 홍주연의 『더 해빙』은 우리에게 많은 것들을 말해주고 있다. 정말로 하고 싶다면 입 밖으로 내뱉어야 한다. 그토록 많은 자기계발서에서 왜 그렇게 긍정적인 마인드를 가져라, 긍정적으로 생각하라는 등의 언급을 했는지 생각해보라. 그들이 모호하게 가지라고만 이야기해서 잘 와닿지 않을 수 있지만 그런 마음을 가짐으로써 시작된다. 자수성가한 사람 중에서 자신이 불행하다고 입 밖으로 말하는 사람은 거의 없다. 성공이 그 사람들을 긍정적으로 만들어주었을 가능성도 조금 있지만, 대부분은 긍정적인 마인드가 기본적으로 있었기 때문에 가능했던 것이다. 자신의 목표를 이루기 위한 습관을 만드는 최고의 방법은 긍정적 자기암시이다. 성공하기 위한 필수요소다. 자기암시를 할 때는 정말 할 수 있다고 믿으면서 하는 게 중요하다. 확신을 가지라는 소리이다. 책을 강조하는 것은 책을 읽음으로써 긍정적인 확신이 생기기 때문이다. 그런 확신은 더 많은 책을 읽게 할 것이고 더 방대하고 다양한 지식을 얻게 해줄 것이다. 그 이전에 자기 확신을 두고 책을 읽는다면 순탄하게 독서가의 삶을 살아갈 수 있다.

우리의 무의식을 이용하라

독서를 할 때는 인생을 살듯이 마라톤처럼 해야 한다. 자신의 무의식을 긍정적인 것들로 채워 넣는다면 다들 할 수 없다는 습관을 당연히 할 수 있게 될 것이다. 당신은 인생이라는 마라톤을 힘차게 할 수 있으며 조금 힘든 순간이 찾아오더라도 긍정적인 감정을 불어넣어서 효율적으로 일을 처리할 수 있을 것이다. 자신은 스스로 만들어 나가는 것이다. 자기암시로 성공한 사람 중 유명한 사람이 있다. 빌 게이츠에게 성공방법을 묻는 인터뷰가 있을 때 그는 "나는 전 세계 모든 가정에 컴퓨터 한 대씩 설치되는 상상을 했다."라고 말하였다. 유명한 부자인 콘래드 힐튼은 자신의 방에 호텔의 사진을 붙여놓고는 그것을 경영하는 생각을 자주 했다고 한다. 그는 "나와 보통 사람들과 가장 큰 차이점은 강력하게 상상할 수 있는가 없는가의 차이이다."라고 말하였다. 빌 게이츠의 천재성은 무의식 속에 그가 그런 상상을 했기에 정말 모든 가정에 컴퓨터를 설치했다고 봐도 된다. 결국, 우리를 만드는 것은 자신이다. 목표를 달성하기 위해서는 우리가 달성하는 것만 생각해야 한다. 그렇게 굳게 믿는 상상을 통해서 자신을 성공으로 인도해야 한다. 최고의 성공비법이 독서라면 독서를 하기까지는 우리 자신의 의지가 필요하다. 어려울 것이 전혀 없다. 오늘부터 자신에게 성공할 수 있는 주문을 외워라. 이제껏 내가 이걸 할 수 있겠냐는 식의 질문을 했다면 "나는 할 수 있다. 나는 해냈다."라는 식으로 자신을 상상하라. 이런 상상은 당신을 잡아먹는 무지와 불안으로부터 구해낼 것이다. 당신의 인생을 바꿔줄 만큼 중요한 것이다. 그런 성공자의 의식으로 책을 읽어라. 오늘부터 자신이 되고 싶은 것을 생각하고 될 수 있다고 확실하게 상상하라. 그리고 그것을 이루기 위해 달려가라. 책을 하루에 한 권씩 읽고 성장했다는 상상을 해도 좋다. 뛰어난 생각을 가지고 뛰어난 책을 읽는다면 모두를 이길 수 있을 것이다. 내가 이 글을 읽는 독자들에게 확실하게 말해주겠다. 당신은 하루에 한 권씩 책을 읽을 수 있는 독서 습관이 생길 것이며, 결국 원하는 바를 이루어 낼 것이다. 하루에 한 번씩 이 말을 생각하고 걸어가야 할 길을 묵묵히 걸어가자. 상상을 통해 책 읽기는 작심 한 달이면 충분하다. 그 뒤로 습관은 저절로 생길 것이다.

4장

제대로
써먹을 수 있는
메모 독서법

01

손으로 글을 쓰고
기록해야 하는 이유

손으로 글을 쓰는 행위

왜 사람들은 책을 읽고 글을 쓰는 걸까? 그냥 책만 읽으면 안 될까? 라는 의문을 책을 읽기 전에 생각해본 적이 있다. 하지만 이런 의문은 책을 읽으면서 풀리기 시작했다. 책을 읽는 행위를 하면 우리의 뇌는 수많은 지식을 흡수하게 된다. 하지만 우리의 뇌는 흡수한 내용을 차곡차곡 정리하지 않는다. 결국, 흡수한 내용은 우리의 머릿속에 무작위로 떠다니게 되면서 우리의 뇌에 많은 부담을 준다. 글쓰기는 이런 뇌의 부담을 외부로 떠넘기면서 정리정돈이 되게끔 만드는 최고로 효율적인 행위이다. 데이비드 앨런의 말을 들으면 글이 얼마나 중요한지 알 수 있게 된다.

"해야 할 일을 머릿속에만 저장하고 있으면 나의 일부는 그 일에 주의를 기울여야 한다는 생각을 멈추지 못하기 때문에 태생적으로 스트레스를 유발하는 비생산적인 상황이 만들어지고 만다."

자신의 감정이나 생각을 휴대용 노트에 글을 쓰면서 외부로 넘긴다면 그것을 잊지 않으려고 애쓰는 데 소비되는 정신비용과 스트레스를 현저히 줄어들게 할 수 있다. 예를 들어 모르는 숲속을 걸을 때도 지나온 길을 잃지 않기 위해 나뭇가지를 꺾어 놓는 행동이 길에 대한 기억을 외부로 떠넘기는 행위이다. 꺾어 놓지 않고 그대로 온다면 십중팔구 길을 잃듯이 우리가 아무리 좋은 지식이 머릿속에 들어 있더라도 체계적으로 정리하지 않으면 장기기억이 될 수 없다. 나의 롤모델인 『12가지 인생의 법칙』의 저자이자 하버드 대학교 교수인 조던 피터슨은 글쓰기에 관해 이렇게 말한다. 글을 쓰는 이유는 "생각하는 법을 배우기 위해서"라고 한다. 우리 인류의 문명이 발전한 것도 사람들의 생각에 따라서이며 행복, 좌절, 쾌락 등 우리가 느끼고 받아들이는 모든 것은 생각을 거치게 된다. 생각을 제대로만 한다면 우리가 삶에서 겪는 크고 작은 전투들을 효율적으로 대처할 수 있게 된다. 만약 내가 책을 읽고 책을 쓰고 싶다는 생각을 갖지 못했다면 나는 아직도 책만 읽는 바보가 되었을 것이다. 당신이 아직도 꿈꾸고 원하는 것을 가지지 못한 것은 올바른 생각과 행동을 하지 않은 결과이다. 가능성이 없을 것 같은 바둑판도 몇 수로 뒤집히듯 당장 우리가 처한 상황이 힘들다고 생각하고 행동하는 것을 게을리한다면 찬란한 미래는 없을 것이다. 내가 책을 읽고 글을 쓰며 기록하지 않았다면 내가 읽었던 수많은 책의 지식이 내 머릿속에서 서서히 공중분해가 되었을 것이다. 아니면 내 머릿속을 쉼 없이 돌아다니며 다른 일에 집중하지 못하도록 만들 수도 있다.

우리를 포함한 대다수 현대인은 걱정거리를 안고 살아간다. 살다 보면 걱정하는 일이 생기는 것은 당연하다. 하지만 걱정은 문제에 대한 해답을 찾는 힘을 주기보다는 되려 우리의 에너지를 갉아먹는 독이 된다. 꼬리에 꼬리를 물고 끊임없이 이어지는 걱정들 때문에 정작 우리가 해야 하는 일에 몰입하기는커녕 잠깐의 집중도 어렵게 만든다. 수많은 에너지가 이런 나쁜 감정들로부터 소비된다. 내가 포도막염에 걸렸을 적에도 마찬가지였다. 당시 나는 조급한 마음과 온갖 불안한 감정들이 머릿속을 헤집고 다녔다. 만약에 내가 그런 어지러운 생각들을 글로 옮기며 해결책을 찾으려 했다면 포도막염에 걸리지 않았을 거라는 생각이 든다. 불안이라는 감정에 더는 스트레스를 받지 않았을 것이다. 글을 쓴다는 것은 우리의 생각을 외부화하는 것으로, 우리의 감정 또한 글로써 외부화가 가능하다. 나처럼 미련하게 머릿속 생각에 지배당하지 말고 역으로 지배하려는 태도를 갖추자. 우리는 머릿속을 휘젓고 다니는 생각이나 감정을 잘 다스려야 한다. 우울증이나 여러 스트레스로 인한 만성적인 질병이 생긴다면 평생 고생할 수도 있다. 우리의 인생은 스스로 만들어 가듯이, 행복이나 불행 또한 온전히 우리의 몫이다.

　내가 SNS에 돌아다니는 자극적인 영상을 싫어하는 이유는 우리가 잠시라도 생각할 시간을 주지 않기 때문이다. 자극적인 자료들은 우리의 인생을 간접적으로나마 혼란에 빠트릴 가능성이 있으며 현실을 비관하도록 만들고 자존감 하락은 물론, 헛된 망상에 빠지게 만든다. "트위터는 인생의 낭비다. 인생에는 더 많은 것들을 할 수 있다. 차라리 독서를 하기를 바란다."라는 알렉스 퍼거슨의 유명한 말은 누구나 한 번쯤은 들어봤을 것이다. 한마디로 목적 없이 SNS로 전 여자 친구를 비롯한 타인의 프로필을 훔쳐보는 행위는 쓸모없는 행동이라는 것이다. 물론 단점만 있는 것은 아니다. 글이든 사진이든 SNS를 이용하여 규칙적으로 올리다 보면 실력이 올라갈 수도 있다. 또는 연락을 하지 못 했던 친구와 연락이 닿을 수도 있다. 내가 말하려는 것은 결국 SNS는 우리의 몰입에 방해를 준다는 것이다. 글을 열심히 쓰고 있는데 SNS 관련 문자가 오거나 알람이 울리면 우리의 집중력은 흐려지게 된다. 우리가 글을 쓰고 생각을 높이려면 한 가지에만 집중하는 것이 필요하다. 여러 장애물에 놀아나면 안 되는 것이다. 우리가 여행을 간다면 전날 잠들고, 다음날에 제때 일어나지 못하거나 무엇을 챙기지 않은 것은 없는지 불안해한 적이 있을 것이다. 하지만 이런 건 여행 물품을 기록해놓거나 알람을 두 개 정도 맞춰놓는다면 깊은 숙면에 빠질 수 있을 것이다. 나는 친구에게 무슨 문제가 있으면 무조건 글로 정리해보고 연락하라고 한다. 신기한 것은 일기 형식으로 글을 쓰는 친구가 자기 스스로 정리가 된 것이다. 내 의견을 묻는 것이 아니면 굳이 전화를 하지 않고도 문제를 해결했다. 글을 쓰고 기록하는 행동은 습관이 되어야 한다. 메모지가 없다면 메모지를 사라.

글을 씀으로써 기억용량이 늘어난다

글을 써야 하는 두 번째 이유는 인간의 기억력이 생각보다 좋지 않기 때문이다. 우리가 어렸을 때를 회상하는 것 또한 대부분 변질된 기억들이 많다고 한다. 먼 조상 때부터 기록하는 서류들이 있는 이유는 이런 기억의 오류를 범하지 않기 위해서이다. 나는 기록을 함으로써 일상생활에서 겪는 불편함을 대부분 극복해냈다. 오늘 해야 할 것과 내일 해야 할 것들, 무엇을 하더라도 손으로 글을 써 내려가기에 그것에 대해 계속 생각을 하지 않아도 된다는 것이다. 기억을 보강하기 위한 글쓰기의 중요성을 책을 통해서 깨달았다. 중요한 계약을 앞두고 계약서를 괜히 쓰는 것이 아니다. 서로 간의 합의와 확실한 계약 내용을 문서로 기록하기 위한 것이다. 우리가 학교에서 배웠던 때와는 비교도 되지 않을 만큼 글쓰기 자체는 중요하다고 생각한다. 글을 쓰는 행동은 손으로 뇌 속의 생각을 글로 표현하고 정리하는 행동이기에 육체적인 활동이나 마찬가지이다. 단순한 행동이 아닌 육체적인 활동을 하면 우리의 몸 또한 써 내려갔던 글들을 기억하게 된다.

이제 글을 쓴다는 것이 그저 단순한 행위가 아니라는 것은 알게 되었다. 남들을 빠르게 앞지르고 싶은가? 자신이 중요하다고 생각하는 가족들을 보호하고 싶은가? 마지막으로 자신을 보호하고 싶다면 평소에 메모지를 들며 글을 쓰는 습관을 지니는 것이 좋을 것이다. 뛰어난 생각을 가지려면 뛰어난 생각을 해야 할 것이다. 그것은 글쓰기라는 행위 하나만으로 잡을 수 있게 된다. 확실히 정리하고 생각하여 확신을 가져야만 한다.

내가 책을 읽는 이유에는 그 과정에서 우리가 평생 겪어보지도 못할 일들과 지식이 들어오게 되는 것도 있다. 우리의 머릿속에 들어온 최상의 재료를 어떻게 손질하는가는 또다시 우리의 손에 달려 있다. 돈에 관해 아예 무지했던 내가 로버트 기요사키의 『부자 아빠 가난한 아빠』를 읽고 부채와 자산의 차이에 대해 알게 되었던 것들을 그냥 넘어갔다면 흐지부지 잊어버렸을 것이다. 책이 부채와 자산에 대해 알려준 것은 내 인생에서 큰 힘이 되고 있다. 내가 이른 나이에 사려는 차와 비싼 옷들이 얼마나 바보 같은 생각인지 알았기 때문이다. 하지만 글을 씀으로써 책에서 알려준 돈에 관한 지식이나 재무제표와 대차대조표가 아직도 눈에 선명하다. 책을 읽은 후 내용에 대한 기억이 희미해졌다면 그때 함께 기록해놓았던 공책을 다시 펼쳐 보면 될 것이다. 자신이 적었던 것이기에 전체적인 내용을 한눈에 파악할 수 있다. 『부자 아빠 가난한 아빠』를 읽으며 "나는 현금흐름을 원활히 하기 위해 부채를 최소한으로 줄여야겠어."라고 다짐하며 문장을 적어놓았다. 만약 세상에 '모르는 게 약이다.'와 '아는 게 힘이다.'라는 두 가지 문장 중에서 하나만 선택해야 한다면 나는 무조건 후자를 선택할 것이다. 손으로 글을 쓰고 기록해야 하는 이유는 너무나 많다. 누구나 자신의 잠재력을 무시하지 말았으면 좋겠다. 자신의 한계를 정해놓고 나는 여기가 최선이라고 말하지 않았으면 한다. 고정관념 같은 생각의 울타리에서 벗어나야겠다는 생각을 하지 못하면 당신은 그 생각만큼만 살게 될 것이다. 이왕 하는 것, 차라리 세상을 바꿔보겠다는 큰 생각을 가지는 것이 좋을 것이다.

글을 씀으로써 생각하는 힘을 길러야 한다. 나는 주입식에 무작정 외워야 한다는 현 교육체계를 비판한다. 외우기만 한다면 생각을 못 하게 된다. 그런 교육체계를 이길 수 있는 것은 책을 읽고 글을 쓰는 것이다. 그렇다면 생각이 훨씬 명료해질 것이며, 고정관념에 사로잡히지 않고 세상을 바라볼 수 있을 것이다. 마지막으로 자신을 알아감으로써 행복해질 수 있는 지름길이라 될 거라고 생각한다. 더는 자신을 괴롭히지 말고 이 글을 읽은 시점부터 자신의 머릿속에 떠다니는 것들을 하나씩 생각나는 대로 종이에 써보자. 하루에 있었던 일을 적기도 좋을 것이고, 지금 떠오르는 생각을 적는 것도 좋다. 나처럼 독서를 하고 회상을 하며 글을 쓰는 것도 적극적으로 추천한다. 다시 한 번 말하지만, 글을 쓰는 단순한 행위는 우리의 인생을 바꿀 수 있다. 미래가 바뀌는 것은 로또 같은 한방이 아닌 자신이 매일 해내는 과정에 달려 있다. 자신의 머릿속을, 생각을 변화시켜보자. 책을 읽는 당신은 무엇이든 될 가능성이 일반 사람과는 비교되지 않을 만큼 충분하다고 나는 확신한다.

책을 읽으며
자신의 의견을 적어라

글쓰기는 독서의 연장선이다

우리는 책을 읽으며 글을 쓰는 것을 신기하리만큼 귀찮아하는 경향이 있다. 나 또한 마찬가지였다. 하지만 글쓰기에 대한 효력을 알게 된다면 책을 조금만 읽더라도 글쓰기에 집중해야 한다는 것을 알게 된다. '독서는 충실한 인간을 만들고, 글쓰기는 정확한 인간을 만든다.' 영국의 철학가인 프란시스 베이컨의 명언이다. 글을 쓴다는 것은 우리가 정확한 인간이 되겠다는 것이다. 책을 읽는 행위에는 생산과 소비가 포함된다. 하지만 글을 쓰는 행동은 오로지 생산에만 포함된다. 생산적인 활동은 우리에게 많은 것들을 가져다줄 수밖에 없다. 아무리 책을 천 권 읽더라도 내가 의견을 적고 글을 쓰지 않는다면 독서는 끝난 것이 아니라는 것이다. 우리는 열린 사고를 하기 위해서만 책을 읽지는 않는다. 우리는 지적인 만족감 그리고 성장하고자 하는 열망과 궁극적으로는 인생을 바꾸기 위해 책을 읽어야 한다. 책에는 인생을 바꿀 만한 글들이 충분히 적혀 있기 때문이다. 글쓰기는 책 읽기의 연장선이란 말이 있다. 나 또한 이런 말에 매우 동의하는 바이다. 모든 사람이 요리사라고 가정하고 인생을 요리한다고 생각해보자. 책은 우리의 최고급 재료들이다. 그리고 그 고급 재료를 맛있게 손질하는 것은 글쓰기이다. 그리고 손질한 요리를 먹는 것은 실행이다. 맛있는 음식을 먹으려면 싱싱하고 좋은 음식이 있어야 하는 것은 물론이고 그 음식을 상하게 내버려 두면 안 된다. 『군주론』이나 『인간 본성의 법칙』, 『인간관계론』 그리고 여러 심리학책을 통해 인간의 본성에 대한 재료를 알았다고 하자. 그 재료를 가지고 머릿속에서 내버려 두기만 하는 것은 너무나도 바보 같은 행동이다. 인간이 어떠한 행동을 할 때 왜 그런 행동을 하는지 알았다면 그것을 이용해 자신만의 무기로 만들어야 한다. 인간의 본성에 대해 알았다면 협상을 잘 할 수도 있고, 자신이 인간관계에 상대적으로 유리하게 우위를 점할 수 있다. 더는 인간관계에 스트레스를 받지 않게 되는 것이다. 그렇게 사람들이 인간관계에 힘들어하고 퇴사를 하거나 더 나아가 극단적인 선택을 하는 것을 우리는 책 몇 권으로 사람들이 정해놓은 한계를 뛰어넘을 수 있다. 이제 우리는 책을 읽으며 의견을 적는 연습을 할 것이다. 아니, 해야만 한다. 사실 연습이라 할 것도 없다. 책이라는 재료와 내 생각 회로라는 레시피를 통해 핵심과 느낀 점 등 자신의 의견을 적기만 하면 되기 때문이다.

예를 들어 나의 관점에서 한 번쯤은 궁금했던 군주의 지침을 담은 마키아벨리의 『군주론』을 읽으며 자신의 의견을 적어본다고 하자. 군주론을 읽다 보면 군주는 짐승의 성질을 적절히 활용할 줄 알아야 한다고 이야기한다. 그중에서도 여우와 사자의 성질을 가져야 한다는 문장이 나온다. 이런 글의 옆 공간에 자신의 의견을 적어보는 것이다. "사자의 용맹함과 여우의 지혜를 가짐으로써 안과 밖을 모두 효과적으로 물리치는 것이 매우 인상적이다. 어느 한쪽에만 치우쳐지기보다는 내가 무엇을 추진하거나 효과적으로 경쟁 상대를 이기려면 사자 같은 용맹함으로 무장해야 한다. 또 모든 상황에서 효율적으로 행동하며 직원들의 충성 여부나 친구나 주위 사람들의 찬사나 존경을 받으려면 여우 같은 지혜도 겸비해야 한다는 것을 알게 되었다." 등으로 자신의 느낀 점이나 배운 내용을 핵심만 뽑아서 적으면 된다. 또한 '잔혹함과 자비심, 사랑을 받는 것과 두려움을 받는 것은 어느 쪽이 좋은가'라는 장을 읽고 의견을 적는다고 하자. "군주는 잔혹하기보다는 자비로운 평이 나는 것이 좋다는 것으로 알고 있었다. 하지만 어찌 보면 사랑이나 관용, 자비보다는 인색, 두려움, 잔인함이 더 나을 수도 있겠다는 생각이 들었다. 좋은 군주가 되려면 착하기만 해서 결국은 나라를 망하게 하기보다 어떻게 하면 더 효율적으로 성장하고 국력을 높일 수 있는지에 생각해보는 것이다. 그렇다면 인색하고 잔인한 감정들을 적절히 활용할 줄 알아야 한다는 것을 알게 되었다." 그 장을 읽고 자신의 의견을 종합해서 적는 것도 책을 오래 기억하며 핵심 내용을 자기 것으로 가져오는 매우 좋은 행위가 된다.

내가 생각하기에는 자신의 의견을 함께 적어야만 확실한 자기 것이 된다. 어쨌든 자기의 의견을 적은 부분은 그것에 대해서 생각을 하고 적었다는 것이므로 그것에 연관 지어서 머릿속에 집어넣으려는 시도이기에 최고의 복습 효과를 누릴 수 있다. 책을 읽으며 의견을 적을 때는 처음 책을 읽으면서 의문이나 생각이 들 때 바로 여백에 의견을 적는 것이 좋다. 하지만 책을 읽는 중간중간 여백에 자신의 의견을 적으려면 읽는 행위가 생각하고 쓰는 행위로 넘어가기에 에너지 비용이 조금 들어갈 것이다. 그래도 독서 초보가 앞으로 효율적인 독서를 하기 위해서는 이 방법을 추천한다. 그후 어느 정도 회상하는 실력이 쌓인다면 페이지 수를 늘려나가는 것이 현명하다. 그러다가 하나의 소제목을 다 읽으면 남는 여백에 의견을 적어보고 마지막은 책 한 권을 다 읽고 나서 자신의 의견을 적어보는 것이다.

요즘 서점을 거닐다 보면 필사에 관한 책이 눈에 많이 들어온다. 나에게 필사와 초서 중에 어느 것이 더 좋은지 물어보는 친구가 있다. 필사는 책의 내용을 그대로 베껴 적는 것이고, 초서는 생각을 정리하고 취합하여 적는 것을 말한다. 이렇게만 두고 본다면 초서가 필사보다 그럴듯하게 좋아 보일 것이다. 그렇다면 초서만이 정답일까? 아쉽게도 확실한 정답은 없다. 그런데도 내가 경험해본 바로는 독서를 처음 하는 사람에겐 필사를 추천한다. 그 저자의 생각과 문체를 받아들이기 위해서는 필사만큼 좋은 것도 없다. 필사를 하면 책을 완전히 머릿속에 집어넣을 수 있게 된다. 그리고 필사를 통해 저자의 문체를 습득하는 것은 물론, 자신의 어휘력과 이해도가 점차 올라간다. 자신이 좋아하는 저자의 문체를 습득하고 싶다면 필사만큼 좋은 것도 없다. 필사를 통해 어느 정도 기본기가 쌓였다고 느끼면 그다음으로 초서를 시작해야 한다. 책을 읽으며 자신의 의견을 적는 것은 초서이다. 초서는 필사보다 조금 더 수준이 높아, 필사가 저자의 문체와 책에 대한 이해를 향상하게 시켜준다면 초서는 나의 사고력을 급증시켜준다. 생각하는 힘을 얻고 싶다면 초서를 하고 문장력을 높이고 싶다면 필사를 해라. 둘 중 하나만 선택하기보다 둘 다 병행하자는 것이 나의 결론이다.

책을 아끼는 건 바보 같은 짓이다

책을 읽을 때 책을 신줏단지 모시듯 깨끗하게 읽으려는 사람이 있다. 책에 밑줄을 긋기는커녕 의견도 적지 않고 아껴가며 무작정 읽기만 한다. 이런 사람들은 책을 반의반도 활용하지 못한다. 좋은 친구를 만나려면 여러 친구를 만나 봐야 하고 많은 이야기와 경험을 쌓아봐야 그게 좋은 친구인지 나쁜 친구인지 알게 된다. 책도 마찬가지이다. 좋은 책을 만나려면 많이 읽어봐야 하고 많이 부딪혀봐야 한다. 내가 말하는 부딪힌다는 것은 한마디로 책을 더럽게 읽어야 한다는 것이다. 내가 가지고 있는 볼펜으로 모르는 단어에 표시하고 중요한 부분에 밑줄을 긋고 여백에 글을 쓰며 책에 대해 확실히 알아가는 게 중요하다. 책을 적당한 마음의 양식으로만 활용하려면 깨끗하게 읽는 것도 좋지만, 제대로 된, 인생이 바뀔 수 있는 독서를 하고 싶다면 책을 완전히 파악할 수 있도록 의견을 적어라.

　나는 독서를 시작한 초반에 글을 쓰지 않으며 읽기만 하고 넘겼던 책들이 너무 많다. 지금 그 책들에 대해 생각해보면 제대로 된 내용이 생각이 나지 않는다. 이렇게 많은 책을 읽었어도 책의 내용이 기억이 나지 않는다면 제대로 된 독서를 했다고 볼 수 있을까? 그렇게 독서를 하면 인생에 도움이 되기는커녕 오히려 시간 낭비가 될 것이다. 글을 쓰는 것은 머릿속의 생각을 밖으로 외부화시키는 기록이 되기도 하며, 사고 능력을 향상하고 문장력도 늘어나는 명료한 사람이 될 수 있게 한다. 독서를 통해 인생이 바뀌고 싶고 올바른 독서를 하고 싶다면 책에 대한 시간 조율을 잘 해야 하는 것은 물론이고 책을 확실히 내 것으로 가져와야 인생이라는 게임에 우위를 점할 수 있게 된다. 책에는 모든 인생의 게임에서 이기는 방법들이 있는 것이다. 그리고 그 방법들을 효과적으로 기억하고 생각할 수 있는 책 또한 있다. 이제 지금 당신이 읽고 있는 이 책의 여백에 의견을 적어보자. 내 책은 실용서이기에 필사보다는 초서가 나을 것이기에 자신의 의견을 적어 봐도 된다. 우리가 사고하는 모든 것들이 성장하는 과정이 될 것이며 나중에 책의 내용을 잊어버렸을 때 적어놓은 것들을 들여다보면 한눈에 파악할 수 있게 된다. 그때는 이런 생각을 했었다는 회상도 가능하며 더 좋은 의견이 떠오를 수도 있다. 남들이 말하는 천재적인 재능은 원래부터 있을 수도 있지만, 대부분이 후천적으로 만들어진다. 우리는 충분히 만들 수 있는 재료와 방법을 알고 있다. 나이가 어떻든 환경이 어떻든 우선 자신이 원하는 목표가 있으면 효과적으로 실행해보자. 처음에는 책을 읽으며 자신의 의견을 적는다. 그렇게 책과 소통하는 듯 책을 읽는 독해력을 어휘력, 문장력을 키우고 나면 이제는 책을 읽고, 자신의 의견을 적으며 마무리하라. 책을 읽으며 글을 쓰는 것까지가 독서다.

03

기존의 독서법에
연연해할 필요가
없는 이유

속독과 정독에 연연해하지 마라

우리가 알고 있는 기존의 독서법이란 대표적으로 속독과 정독을 얘기한다. 하지만 정독을 하면 책을 느리게 읽게 되고 속독을 하면 사고 과정이 막히게 되는 부작용이 있을 수 있다. 나는 개인적으로 속독을 좋아하지 않는다. 그 이유는 속독은 우리가 TV나 영상을 보듯 우리가 충분히 생각할 시간을 주지 않기 때문이다. 너무 빨리 읽는다면 무작정 글만 읽는 바보 같은 행동이 될 뿐이다. 어설프게 기존의 독서법에 연연해하다 시간을 버리는 것만큼 미련한 것도 없을 것이다. 그렇다고 해서 무작정 독서를 하는 것 또한 비효율적인 행동이다. 그렇다면 우리는 어떻게 해야 할까? 내가 이 문제를 해결하기 위해 우선 독서법에 관련된 책을 수십 권 읽고 생각해보았다. 꼭 정독과 속독이 아니더라도 자신에게 잘 맞는 독서법을 얻는다면 그야말로 엄청난 행운임이 분명하다. 나는 무엇이 진리이고 정답인지에 대해서 논하지 않는다. 단순히 나의 의견일 수 있지만 수많은 시행착오 끝에 실패했던 사례들과 효율적으로 독서를 하기 위한 해결책을 개인적으로 제시할 것이다. 시중에 나온 독서법에 관련된 책은 대부분 비슷할지언정 각기 다른 내용을 담고 있다. 확실한 것은 책 한 권을 무식하게 그냥 읽는 것보다는 책마다 읽는 방법을 달리하는 것이다. 밥을 먹을 때 수저를 사용해서 먹거나 스테이크를 나이프로 잘라서 먹듯이 각각의 책마다 읽어야 할 방법들이 다르다는 것이다. 글로 나열된 빽빽한 책을 아무런 방법 없이 무작정 읽는 것은 지루하고 피곤한 일이다. 그러므로 독서법은 필요하다. 무엇보다도 읽는 사람이 얼마나 효율적으로 받아들일 수 있는지가 중요하다. 내가 말하는 독서법은 어떻게 하면 생각을 깊게 하고 시간을 효율적으로 사용할 수 있는가에 대한 설명을 담고 있다. 지금부터 다른 장에서 설명하는 독서법을 제외하고 여러 독서법을 실행하며 겪었던 것들과 독서법을 적용한 사례들을 이야기할 것이다.

첫 번째 독서법은 누구나 할 수 있는 반복독서법이다. 나는 가끔 반복독서법을 이용하는데 그 이유는 내가 좋아하는 책을 몇 번이고 읽어서 확실하게 내 것으로 만들기 위함이다. 내가 말하는 반복독서법의 특징은 밑줄을 긋거나 표시를 해놓는 것이다. 이렇게 밑줄을 긋고 의견을 적어놓음으로써 처음 읽었을 때보다 더 빠르고 효율적으로 핵심을 파악할 수 있다. 그리고 의견을 적어놓았던 것을 본다면 그때 느꼈던 생각과 감정들을 오롯이 기억할 수 있으며 지금 드는 생각과 비교할 수도 있게 된다. 매번 읽을 때마다 드는 생각들을 볼펜의 색깔별로 표시해놓고 적는다면 한 권의 책을 반복할 때마다 나만의 독서 성장지수를 알 수 있는 즐거움을 느낄 수 있다. 한 번 읽고 내버려 둘 책이 아니면 이렇게 반복적으로 책을 읽는 반복독서법도 괜찮은 독서법이 될 것이다.

두 번째는 나의 독서 이해도를 현저히 높일 수 있는 슬로리딩 독서법이다. 내가 이 독서법을 적용했던 책은 프란츠 카프카의 저서인 『변신』이라는 책이다. 이 책을 슬로리딩 독서법에 적용한 이유는 세계 문학 전집으로 페이지 수가 100페이지가 되지 않으며 동시에 많은 생각을 필요로 하는 고전문학이기 때문이었다. 슬로리딩 독서법은 저자의 한 문장이 끝날 때마다 그 문장에 대해 저자의 의도나 나의 의문, 그리고 생각 등을 알차게 적어놓는 독서법이다. 슬로리딩 독서법은 한쪽마다 30분 정도의 시간이 소요되므로 하루에 2, 3페이지 정도 읽을 수 있다. 그러나 신기한 점은 슬로리딩 독서법을 한 달 정도만 해도 웬만한 책은 손쉽게 읽을 수 있을 정도의 이해력이 생기게 된다. 시간이 오래 걸린다는 단점이 있지만, 이해도가 높아진다는 장점이 있으므로 만약 자신의 독서 이해력이 낮다고 생각되면 슬로리딩 독서법을 한 달만 실천하기를 추천한다. 참고로 슬로리딩 독서법을 할 때는 『변신』처럼 고전문학책으로 하는 것과 모르는 단어를 습득하기 위해 사전을 옆에 두고 책을 읽는 것을 추천한다. 저자의 의도와 문체는 물론 모든 글에 생각을 함으로써 집중력과 빠르게 이해도를 높이기 위한 최고의 독서법이라 생각한다. 빠른 이해도를 높인다고 말하지만 그만큼 많은 생각을 할 수 있는 독서법이다.

  세 번째 독서법은 원하는 것을 빠르게 알 수 있는 핵심 독서법이다. 핵심 독서법은 한 자리에서 세 권 이상을 빠르게 읽을 수 있는 장점이 있다. 특히 실용서나 자기계발서를 읽을 때는 핵심 독서법으로 책을 읽는 것을 강력히 추천한다. 핵심 독서법의 특징은 목차를 자세히 살펴보아야 한다. 보통 저자들이 책을 쓸 때 목차에 많은 내용을 함축시켜 놓는다. 목차를 살펴봄으로써 자기가 얻고자 하는 것을 빠르게 골라서 핵심만 빼낼 수 있는 효율적인 독서법이다. 보통 실용서를 읽을 때 정독으로 읽는다면 너무나 많은 시간이 소비된다. 우리는 아직 읽어야 할 책이 너무나 많지만 주어진 시간은 매우 한정적이다. 달리 생각해보면 이 시간을 제대로 쓰는 사람이 성공한다고 해도 무방하다. 보통 실용서들의 핵심은 3장이나 4장에 나와 있으며 소제목을 선택해 읽더라도 소제목 안에는 서론, 본론, 결론으로 나뉘어 있다. 정말 시간을 아끼고 싶다면 결론을 먼저 읽어보자. 결론에는 서론과 본론에서 말했던 것들을 요약하는 특징이 있다. 만약 결론을 읽고 본론과 서론을 읽어야겠다는 생각이 들면 그때 읽어도 늦지 않는다. 내가 자기 계발서나 실용서를 읽을 때 무조건 쓰는 독서법이며 매우 유용하게 쓰이고 있다.

네 번째 독서법은 회상하는 능력을 기를 수 있는 회상 독서법이다. 회상이 중요한 이유에는 복잡한 것들을 오래도록 기억할 수 있는 사고 과정에 있다. 책을 읽고 나서 아니, 몇 문단이나 몇 문장이라도 읽은 후 책을 덮고 회상을 하는 것이다. 회상을 통해 나의 기존의 생각과 책의 내용을 결합해 매우 깊은 사고 과정을 거칠 수 있게 된다. 회상할 때는 막연하게 책의 내용을 기억한다기보다 내용을 요약하며 저자의 의도나 내가 비판할 수 있는 내용이나 혹은 이 내용을 내가 어떻게 써먹을 수 있는지를 연관 지어 생각한다. 그러면 오래도록 기억에 남고 효과적으로 내 것으로 만들 수 있으며 심지어 창조하는 능력을 기를 수 있다. 회상 독서법의 특징은 읽고 생각하고 쓰는 것이다. 읽을 때는 읽기만 하고, 회상하는 과정을 거친 뒤 공책에 자신만의 에세이를 만든다는 생각으로 요약하는 것이다. 우리가 강연을 듣고 있을 때 매우 비효율적인 행동을 하는 경우가 있다. 바로 들으면서 적는 행위이다. 물론 강연을 가볍게 듣거나 듣고 싶은 내용만 들을 때면 메모를 하면서 듣는 것이 더 나을 수도 있다. 물론 이것만이 정답이라 할 수는 없지만 회상하는 능력은 매우 중요하다는 것을 다시 한 번 강조한다. 공부할 때 백지 복습이라는 유명한 방법이 있다. 공부를 끝낸 다음 백

지장에 자신이 공부했던 것들을 모조리 적는 공부 방법이다. 이 공부 또한 머릿속에서 회상하는 능력을 기를 수 있게 된다. 공부한 내용을 모조리 기억할 수 있는 매우 효과적인 공부법 또한 회상하는 능력에 속해 있다. 내가 말하는 독서를 하는 궁극적인 이유에는 삶을 변화시키는 것이 있지만 그 이면에 수많은 사고 과정을 거쳐야 하며 그 사고 과정의 끝은 회상이라고 생각한다. 그냥 책을 읽으면 기억에 남지 않는다고 한다. 그 이유는 책을 읽고 그 내용을 받아들이기만 하는 하나의 사고에 불과하기 때문이다. 하지만 회상을 통해 책을 읽는다면 비판도 해보고, 핵심이 무엇인지도 생각해보고, 나라면 어떻게 했을지도 생각해보는 사고에 사고를 거치는 '뇌의 근육'을 증가시킬 수밖에 없다. 한마디로 똑똑해지는 방법이다. 회상하는 능력이 중요한 이유는 독서에 치우치지 않고 공부나 강연, 심지어 사람들의 말들까지 매우 효과적으로 기억에 남기 때문이다. 이것은 인생에 매우 중요한 무기가 될 수 있다.

이렇게 기존의 독서법을 제외한 4가지 독서법을 설명했다. 내가 독서법에 관해 연구하면서 들었던 최종적인 결론은 정답은 없다는 것이다. 속독이 누구에게는 정답이 될 수 있듯이 자신에게 맞는 독서법을 찾는 것이 중요하다. 4가지의 독서법 중 아무것도 맞지 않을 수 있다. 또 자신이 책을 읽다가 효율적으로 읽는 방법이 생긴다면 그것 또한 독서법이 될 수 있을 것이다. 기존의 정독이나 속독, 소리 내어 읽는 낭독 등을 굳이 이용하지 않아도 된다. 책을 효율적으로 읽어야 하는 것이 무엇보다 중요한 것이다. 자신을 지키려고 시작한 복싱이 이제는 정확한 자세를 넘어 땀을 흘리고 기쁨을 얻을 수 있는 것처럼 말이다. 단순히 즐거움을 위해 독서를 해도 좋지만 제대로 된 독서를 한다면 더 많고 깊은 즐거움을 누릴 수 있게 된다.

유명한 독서법이
나에게는 맞지 않을 수 있다

나에게 맞지 않았던 독서법 중 하나는 김병완 작가의 『퀀텀 독서법』이다. 『퀀텀 독서법』은 누구에게는 운명처럼 다가왔다는 매우 유명한 책이다. 하지만 내게는 조금 맞지 않았다. 『퀀텀 독서법』의 특징은 1시간에 1권을 읽을 수 있는 뇌를 이용한 훈련을 통해 빠르게 독서를 할 수 있는 독서법이다. 나는 책에서 나온 독학으로 3주 동안 연습했다. 확실히 페이지 양이 한 번에 눈에 들어왔지만, 속독과 비슷하게 내용이 잘 생각이 나지 않았다. 물론 내가 한 독학 법에 문제가 있을 수도 있으며 실행의 오류가 있을 수도 있지만 나에게 맞지 않는다는 것은 확실했다. 물론 김병완 작가님이 말하는 독서에 대한 가치관들을 많이 배울 수 있는 책이었다. 책을 읽으며 독서에 대한 철학과 생각 등을 많이 배웠고 지금도 나의 독서 생활에 잘 적용하고 있다. 특히 한 권의 책만을 읽은 사람이 가장 위험하다는 말은 깊이 공감하는 바이다. 누군가에게는 인생을 바꿔줄 만한 책이 당신에

누군가에게는 인생을 바꿔줄 만한 책이 당신에게는 원하는 만큼 효과를 주지 못할 수도 있다. 책의 가치는 상대적이기 때문이다. 따라서 무슨 책이 나쁘다고 쉽게 단정 짓는 것은 매우 위험한 행동이라고 생각한다. 내가 『퀀텀 독서법』을 예시로 든 이유는 독서를 하기 위해 자신만의 원칙을 정해놓는 것은 좋지만 맹신은 하지 말라는 것이다. 과거에 곡괭이로 흙을 파는 것이 손으로 파는 것에 비해 매우 정답이 될 수도 있지만, 지금은 포클레인이 있다. 정답은 없다. 애초에 독서는 지식을 습득하기 위한 것이니 열린 사고를 가지고 임해야 하는 것이 아닐까? 내가 말한 독서법을 이용해도 되고 정독이나 속독을 이용해도 된다. 또는 자신만의 독서법을 만들어 이용해도 된다. 따라서 기존의 독서법에 연연해할 필요가 전혀 없다.

04

메모를 하면
오래 기억하게 된다

메모의 힘

    학교에 다닐 때면 메모하는 친구들이 간혹 보이긴 했다. 그때는 별 생각 없이 그들을 쳐다봤지만, 현재 시점에서 다시 그들을 생각해보면 메모하는 사람치곤 멍청한 사람을 보지 못했다. 턱걸이를 잘 하는 사람치고 어깨가 좁은 사람이 없는 것이랑 마찬가지이다. 턱걸이는 등과 어깨의 근육 대부분을 이용한다. 그래서 등이 넓어지고 어깨 근육에 개입이 되어 어깨가 넓어지는 것이다. 메모 또한 마찬가지이다. 뇌를 계속 움직일 수 있게 된다. 기억력이 넓어진다는 사람들의 말 또한 당연한 말처럼 들린다. 나는 메모하면 오래 기억한다는 정확한 이유가 궁금했다. 그래서 메모에 관련된 책과 정보를 찾아보고 실행해본 결과 메모는 생각할 수 있는 도구가 되어준다는 걸 깨달았다. 우리가 공책과 종이 위에 메모하는 습관이 잡혀 있다면 메모를 하는 그 과정을 여러 번 생각해보기 때문이다. 여러 번 보고 생각하는 것이 생각을 깊게 하지 않는다고 하더라도 이미 그것을 여러 번 봄으로써 한 번만 할 생각을 여러 번 반복했기 때문이다. 이제 메모를 하면 오래 기억에 남는다는 말은 어찌 보면 당연하다. 역사에 남은 천재들을 살펴보면 그들이 얼마나 메모를 잘 이용했는지에 대해 나온다. 대표적으로 레오나르도 다빈치가 있는데 그는 수천 장의 메모를 남겼다. 그는 예술 분야에서뿐만 아니라 수학, 식물학, 해부학 이외에도 다른 여러 분야에서 천재적인 능력을 보여 주었다. 이 모든 것은 그의 메모 습관으로 인해 탄생했다고 봐도 된다. 에디슨 역시 "자신이 접하는 모든 정보를 기록하라."라고 하며 3천 권이 넘는 그의 메모 수첩이 발견되었다. 그들이 메모를 쓴 것이지만 메모가 그들을 천재적인 사람으로 만들었다는 것에 많은 기여를 했다고 볼 수 있다. 천재적인 사람이라는 것은 일반 사람들이 할 수 있는 생각보다 더 뛰어난 생각을 한 것이라 볼 수 있다. 그러려면 뛰어난 인지능력과 사고력은 물론, 좋은 기억력이 뒷받침되어야 한다. 좋은 기억력이 없이는 좋은 생각이 나더라도 금방 까먹기 때문이다. 이런 오류들과 사고력을 메모로 바로잡을 수 있다. 메모는 간단히 말하자면 기억력을 확장시켜 줄 수 있는 도구이다. 우선 머릿속에 있는 생각들을 종이에 메모했다고 하자. 메모함으로써 바로바로 생각을 외부화하는 것이므로 외부화로 빈 뇌의 공간을 다른 생각으로 채울 수 있는 틈이 만들어진다. 생각을 적었는데 그에 해당하는 또 다른 생각을 하게 되는 것이다. 어쩌면 더 창의적이고 끝내주는 생각을 가지게 될 수도 있다. 에디슨이 왜 천재이고 메모를 그렇게 많이 했는지도 알 수 있다. 그런 메모는 천재들의 전유물이 아니다. 이런 천재인 사람들이 썼던 메모는 우리 또한 당연히 쓸 수 있다. 그리고 계속 사고함으로써 뛰어나게 문제를 해결하고 창조적으로 아이디어를 냄으로써 우리의 삶을 보다 질적으로 향상시킬 수 있게 된다. 메모 또한 어렵게 생각할 필요가 전혀 없다. 무엇을 할지 모른다면 우선 자신의 머릿속에 있는 생각을 아무거나 써보면 된다. 메모를 통해 더 나은 성장을 했던 사례들과 간단한 방법들을 말해보겠다.

나는 메모를 시작하면서 생각보다 많은 도움을 받게 되었다. 나는 일상에서 효과적으로 적용하기 위해 메모를 아침에 하기로 했다. 아침에 일어나서 그날 해야 할 것들이나 준비해야 할 것들을 메모에 순서대로 기재한다. 메모를 적는 데 10분도 걸리지 않을 만큼 아주 간단하다. 그 10분이 내 하루의 대부분에 영향을 끼치는 마법이 될지 전혀 알지 못했다. 무엇보다 시간을 효율적으로 쓸 수 있고 계획적으로 쓸 수 있게 되었다. 일어나서 메모를 함으로써 그날 하루 할 일을 체계적으로 정리할 수 있게 된다. 보통 아침에 일어나면 이런 메모들을 적는다. "1. 책 30분 읽고 글쓰기, 2. 원고 오늘 분량 다 쓰기, 3. 운동 한 시간 이상하기" 등으로 그날 해야 할 것들을 적거나 "챙겨야 할 것들, 1. 버스 카드, 2. 집 열쇠, 3. 공책과 볼펜, 4. 이어폰" 등 그날 챙겨야 할 것들을 적곤 한다. 나는 메모를 시작하고 나서 약속 시각에 늦은 적이 한 번도 없으며 무엇보다 내가 해야 할 것들을 미루지 않는 습관을 지니게 되었다. 내가 하는 아침 메모는 그날의 계획을 세우는 효과도 볼 수 있다. 독서를 시작하고 나서 실행해야 할 것들이 많아진 나는 갑자기 많아진 일들에 효과적으로 대응하기 위해 메모를 이용했다. 효과는 그 이상이다. 전에는 할 엄두가 나지 않는 일들도 체계적으로 할 수 있게 되었고 메모를 해놓은 것들을 하나씩 해 나갈 때면 그날 했던 것들을 다 해놓고도 다른 일을 하고 싶은 만큼의 의욕이 생겼다. 성장하기 위해서는 일단 아침에 일어나서 메모하는 습관이 있는 것이 좋다. 그리고 그날 하루를 마무리하기 전에 자신이 썼던 메모를 다시 한 번 보면서 검토하는 것이다. 그 중, 몇 개만 했으면 어쩔 수 없지만 그런 행동들이 자신을 계획적으로 만들고 의식적으로 메모를 통해 자신이 해야 할 행동을 적음으로써 무의식에 명령을 내린다. 명령을 받은 무의식은 다시 우리를 그 일을 하게끔 하고 우리는 그 일을 하게 되는 선순환 구조가 메모를 통해 일어나게 된다. 하루에 있던 일들을 정리하는 일기 또한 저녁에 하는 메모의 일종이다. 일기를 통해 자신을 반성하고 내일의 계획을 세울 수 있으며 더 나은 인간이 될 수 있다. 인간의 기억력은 생각보다 부실하다는 것은 여러 뇌과학책에서도 적나라하게 드러나 있다. 우리가 집 열쇠를 매일 같은 자리에 놓는 것 자체가 기억력이 견고하지 않다는 하나의 증거이다. 이런 오류들을 모른 채로 그냥 사는 사람이 있는 반면에, 단순한 방법으로 인생을 쉽게 사는 사람이 있다. 생각은 오래 머물지 않고 달아난다. 우리는 그 생각들을 효과적으로 잡아둘 수 있는 메모라는 방법이 있으며 이 순간 어린 아이도 할 수 있을 만큼 간단하다.

　엄마가 어떤 요리를 할 때는 책에 나온 레시피를 메모하고 요리하는 것을 보았다. 그러다 나중에는 레시피 없이도 요리하고 오히려 그 전과는 다른 맛으로 만드시곤 했다. 오히려 기존의 레시피보다도 더 맛있었다. 우리는 여기서 어떤 것을 얻을 수 있을까? 단순히 엄마가 레시피를 보다가 조금 변형했다는 사실을 제외한다면 말이다. 엄마는 단순히 요리에 불과했지만 레시피를 메모함으로써 그 음식이 어떻게 만들어지는지에 대해 분석하고 생각했다. 메모지를 여러 번 보고 생각함으로써 굳이 안 들어가도 되는 것을 빼고 다른 것을 시도함으로써 독창적인 결과물을 만든 것은 물론 메모지를 보지 않아도 될 만큼 기억력이 좋아졌다. 간단하게 레시피를 메모한 것뿐이지만 이런 메모 습관을 독서나 우리의 실생활에 다양하게 써먹을 수 있다. 잠깐 짬을 내어 독서를 한다면 메모를 활용하는 게 좋을 것이다. 잠깐 사이에 메모하면 핵심을 파악할 수 있을 정도로 사고했다는 증거이다. 그러나 메모를 할 때 주의할 점은 영혼 없이 무작정 쓰면 안 된다는 것이다. 이 내용이 나에게 어떤 도움이 되는지 내가 이 내용을 왜 쓰는지에 대해서 생각하고 쓰고자 하는 내용과 연관 지어서 써야 한다. 그래야만 사고의 사고를 하는, 뇌가 좋아지는 훈련이 될뿐더러 메모한 내용을 더욱더 확실하게 기억할 수 있게 된다.

일상생활에서도 메모는 유용하다

일상생활에서도 메모를 나름 유용하게 써먹은 적이 있다. 보통 메모를 할 때 중요한 것이지만 머릿속에 잘 안 들어올 때 활용하기도 한다. 우리가 유용하게 써먹을 수 있는 메모장은 어떤 것이 있을까? 수첩이 될 수도 있고 포스트잇이 될 수도 있지만, 현대 시대에 맞게 스마트폰의 메모장이 있다. 스마트폰 메모장은 항상 핸드폰을 들고 다니는 우리에게는 유용한 수첩이 될 수 있다. 나는 스마트폰으로 메모의 기능을 설치한 다음 무작정 떠오르는 생각이나 하고 싶은 것들, 또는 해야 하는 것이 생각나면 바로바로 적곤 한다. 심지어 좋은 사진이나 나중에 볼 영상도 저장할 수 있기도 해서 여러모로 도움이 된다. 그때그때 떠오르는 아이디어들을 메모하는 습관을 들이면 독서뿐만 아니라 실생활에서도 쉽게 적용할 수 있다. 좋은 아이디어를 쉽게 흘려보내지 않는 것은 내가 동생의 생일을 잊은 것과는 비교가 안 될 만큼 중요하다. 물론 메모를 통해 동생의 생일을 기억하는 것은 어렵지 않다. 이러한 습관이 몇 년 정도 계속된다면 나에게서 어떤 아이디어가 나올지 모르고 또 적은 아이디어들을 잊어버리지 않기 때문에 앞으로도 계속 이용할 예정이다. 메모지의 효과는 생각하는 공간이 되며, 정보를 축적하는 공간으로 활용할 수 있고, 목표를 이루기 위한 계획으로 쓸 수도 있다. 메모지를 잘 활용하면 치밀함도 얻을 수 있을 것이며, 창조적으로 생각할 수 있고, 그만큼 성실해질 수 있다.

05

누구나 할 수 있는
메모 독서법

메모로 성공한 사람들

인간은 망각의 동물이다. 그래서 자신이 이루고자 하는 목표를 달성하기 위해서는 반복적으로 상기시켜야 한다. 반복적으로 상기시키기 위해서는 이전에도 말했듯이 메모가 아주 효과적이다. 반복적으로 상기시키는 것 이외에도 뇌를 똑똑하게 만드는 수많은 장점이 있다. 그런 장점들을 이용해 효율적으로 사고력을 늘리고 행동하여 목표를 향해 조금씩 나아가면 된다. 앤드류 카슨 박사는 "어떤 특별한 분야에서 세계적인 수준으로 자리매김하기를 원하는 사람이 있다면, 그 분야에서 지속적이고 정교한 훈련을 10년 정도 해야만 한다."라고 말했다. 한 분야에서 10년 정도를 생산성 있게 훈련한다면 당연히 세계적인 수준이 된다는 생각이 든다. 하지만 과연 이렇게까지 할 수 있는 사람은 몇이나 될까? 우리가 메모를 10년 정도 하면 어떻게 될까? 메모는 인생의 한 분야뿐만이 아니라, 살면서 겪는 다양한 일들과 떠오르는 여러 가지 생각들을 적고 다시 한 번 더 생각하게 되는 것이다. 물론 한 분야만 파고드는 것보다 깊이가 떨어질 수 있지만 우리는 한 분야에만 매몰되는 전문가가 되려고 하는 것이 아니다. 우리는 여러 분야를 얕게 파더라도 뛰어난 지식을 흡수할 수 있다. 레오나르도 다빈치처럼 여러 분야에 능통한 전문가가 될 순 없을지라도 사업가나 리더가 갖추려는 여러 종목을 폭넓게 공부함으로써 그에 대한 자질을 가질 수 있다. 꼭 사업가나 리더가 아니더라도 말이다. 훌륭한 부모가 되기 위해서도 메모를 해야 할 것이고 일을 잘하는 사람이 되기 위해서도 메모를 이용하는 것이 효과적이다. 메모는 정리할 수도 있고 생산을 통해 아이디어를 만들어 낼 수도 있으며 중요한 것을 전달하는 데에도 쓰일 수 있기에 어떤 일을 하더라도 순조롭게 해 나갈 수 있다. 중요한 독서를 할 때도 마찬가지이다. 내가 말하는 메모 독서법은 책을 읽을 시간이 부족한 사람에게 그 효과를 최대한 끌어내려는 방법이다. 독서할 시간이 없다는 것은 핑계일 수 있지만 정말 시간을 내어 화장실이나 지하철 같은 대중교통을 이용할 때 책만 조금 읽고 잊어버리는 것보다 잠깐 메모를 하는 것이 얼마나 효과적인지 모른다. 이때 기호를 사용하거나 표시를 해놓는 것도 유용하게 써먹을 수 있다.

첫 번째로는 책을 읽으며 중요한 부분에 밑줄을 긋는 것이다. 회상하는 능력을 기르기 위해서는 책을 읽으며 밑줄을 긋는 것이 안 좋을 수도 있지만 짧은 시간 안에 최대한의 지식을 흡수하려면 밑줄 그으며 표시하는 것을 추천한다. 또한, 내용을 정리하거나 핵심을 파악하는 데 도움을 준다. 책을 한 번 더 읽을 때도 밑줄 그은 것만 읽어도 어느 정도 기억에 남는 효과가 있다. 만약 그 페이지 자체가 너무 중요하다고 생각하면 모서리를 접어서 기록하는 것도 매우 좋은 생각이다.

시중에 나온 메모 독서법을 읽어보면 여러 가지 기호들을 사용하는 방법을 알려준다. 내 개인적인 생각이지만 그런 기호들은 사고를 도와주는 역할을 할 뿐이며 중요한 부분에 밑줄을 긋는 것만 하더라도 다른 휘황찬란한 기호를 사용하지 않고도 비슷한 효과를 낼 수 있다. 굳이 비교 대상을 찾기 위해 다른 기호를 쓰는 것이 더 비효율적이라고 생각한다. 생각을 많이 하고 싶다면 중요한 부분에 밑줄을 그은 것을 보고 비판해보고, 더 나은 방법이 없는지 생각해보는 것만 해도 충분하다. 오히려 여기서 많은 기호를 설명하는 것이 더 번거로울뿐더러 비효율적이다.

중요한 부분에 표시가 끝나면 두 번째로 정리하는 메모를 이용한다. 소제목 한 개가 끝나거나 장 하나가 끝날 때 내가 읽었던 내용을 정리하는 형식으로 메모한다. 우리가 버스나 지하철에서 책을 읽는다고 해보자. 핸드폰에서 카톡 알림음이 울릴 때도 있고 다음 역에 도착할 때마다 안내방송이 흘러나오기도 한다. 그렇게 되면 우리의 신경은 책에 집중하지 못하고 읽었던 부분을 쉽게 까먹는 사고가 발생한다. 여기서 핵심만 잡아주는 정리 메모가 유용하게 쓰일 수 있다. 짧게 조금씩 읽고 바로 생각하여 저자가 말하는 의도와 핵심을 생각하여 짧은 메모지 몇 장에 적을 정도로 요약하는 것이다. 그러면 그 요약된 핵심 메모가 나중에도 그대로 적혀 있을뿐더러 언제든지 찾아볼 수도 있고 또 다른 생각으로 넘어갈 수도 있다. 내가 지하철에서 책을 읽을 때는 조금 효과적인 방법을 쓴다. 실용서를 읽는다고 가정하면 핵심 독서법으로 목차를 살펴봐서 내가 읽어야 하는 부분을 표시할 것이다. 그리고 그 표시한 소 목차들을 읽고 나서 바로 핵심을 생각하며 바로 정리하는 식의 메모를 한다. 그렇게 틈새 시간을 활용하면 남들이 멍 때리며 흘려보내는 시간을 지식과 사고를 할 수 있는 매우 효과적인 시간으로 탈바꿈할 수 있다. 흔들리는 대중교통 안에서 글을 쓰는 것이 쉽진 않겠지만 그만큼 핵심을 간단하게 쓰려면 생각을 많이 할 수 있는 좋은 장점이 있지 않나 생각한다. 볼펜이 불편하면 핸드폰에 있는 메모장에 적어도 된다. 독서 공책에 부담을 느끼는 사람에게 메모 독서법을 추천하는 바이다. 메모 독서법의 강점은 휴대성이다. 언제 어디든지 도구를 이용해서 효과적으로 생각할 수 있다.

재능은 만들어지는 것이다

내가 책에서 나온 내용을 메모하고 생각하다가 친구들에게 말해줄 때가 있다. 그러면 친구들은 나를 무슨 천재 보듯이 한다. 하지만 나는 메모하고 메모한 것을 다시 보면서 생각해본 것뿐이다. 단지 매일 그런 행동이 반복돼 습관으로 굳혀진 것뿐이다. 한 가지 깨달은 것은 현실적으로 남들이 말하는 천재적인 지식은 내가 읽은 책의 저자가 천재적이었던 것이고 나는 저자가 적어놓은 글들을 보고 메모해 여러 번 보고 생각하며 실천으로 옮기려 했다는 것이다. 재능은 원래부터 있는 것이 아니라 만들어지는 것으로 생각한다. 예를 들어 책을 쓰는 것도 마찬가지이다. 나에게는 전에는 추상적으로 다가왔던 창작의 고통이 매일 몇 시간 동안 아주 확실하게 반복된다. 그렇게 해서 책을 내더라도 그들에게는 단지 내가 재능이 있거나 사기를 치거나 둘 중 하나일 것이라는 생각을 하고 있다. 메모도 생각해보면 별거 아니다. 책을 읽고 나서 조금 생각한 다음에 메모하는 것이 아닌가. 하지만 그런 작은 행동들은 결국 자신을 바꿀 것이며, 서서히 바뀐 자신은 결국 드러날 수밖에 없을 것이다. 인생에 좋은 습관 몇 개만 있어도 성공한다는 말이 나는 어느 정도 공감이 간다. 책을 읽은 후 나는 변화했고 글을 쓰고 메모를 하고 나서부터 나는 더 변했으니 말이다. 확실히 메모는 내가 어느 방향으로 나아갈지 알려준다. 아침에 하는 메모가 적어도 오늘 하루를 어떻게 보내야 할지 생각하고 계획하는 것처럼 말이다. 목표 의식을 가지고 기록하거나 자신이 되고 싶은 것을 구체적으로 생각하며 적는 것이 좋다. 독서뿐만 아니라 자신의 목표를 적는 메모는 잘 보이는 곳에 붙여두는 것이 효과가 있다. 나 또한 다음 달까지 책 30권 읽기나 원고 다 쓰기 등 목표를 적었으며 책상 위에 붙여 두곤 했다. 스스로 붙여놓은 것이기에 목표를 이루기 위해 뗄 수도 없으며 조용하다. 엄마가 하는 잔소리 정도의 효과를 불러일으킬 수 있다.

참고로 메모를 하는 과정은 우리의 머릿속을 전보다는 좋은 생각으로 채워 줄 것이다. 하지만 좋은 생각만으로 성공하기 힘들다. 그 생각들을 밖으로 끄집어내야 한다. 아무리 좋은 책을 읽었더라도 말이다. 메모 독서법으로 메모를 하더라도 자신이 무엇을 할 수 있고 자신이 꿈꾸는 삶을 위해 메모한다면 더 쉽고 힘차게 메모할 수 있지 않을까? 메모할 때는 실행하겠다는 생각으로 메모하자.

이제 시간이 없더라도 화장실에서 볼일 보는 시간이나 출근길의 틈새 시간을 이용하는 것으로 독서를 할 수 있다는 걸 알게 되었다. 심지어 그냥 잠깐 읽는 독서인데도 메모를 통하여 알찬 시간으로 만들 수도 있다. 그런 시간이 쌓이면 자신이 바뀔 것이다. 메모 독서법은 시간이 없는 사람들과 제대로 된 독서를 못 하는 사람들을 위한 독서가 될 수 있다. 메모를 통해 기록해놓은 것은 자신의 인생이 되며 수많은 과정을 해내었다는 증거가 된다. 나는 힘든 상황이 닥쳐서 도망치고 싶을 때 그것에 대해 메모한 것을 생각하여 힘든 상황을 잘 이겨내기도 했으며 일이 지지부진할 때 메모를 통해 속도를 불러일으켰다. 메모는 단순히 그 상황을 적는 것을 넘어 기록이 된다. 그런 기록은 우리가 분명 삶을 힘차게 살아나가고 있다는 하나의 증거가 된다. 책이 마법이라면 메모 또한 마법이다. 심지어 누구나 할 수 있다. 메모를 통해 삶이 바뀌어 나갈 수 있다. 올바른 나침반이라고 생각하고 지금 당장 빈 여백에 메모해보자,

06

절대 잊어버리지 않는
3번의 아웃풋 독서법

복습의 힘

지금부터 절대 잊어버리지 않는 독서법을 알려주겠다. 우선 책을 읽는 행위는 지식을 빨아들이는 인풋과정에 속한다. 그렇다면 아웃풋은 무엇일까? 아웃풋은 말 그대로 인풋으로 받아들인 것을 밖으로 표출하는 것이다. 우리가 건강한 음식을 먹고 소화 기간을 거쳐 배출함으로써 건강한 몸이 된다. 독서는 우리가 건강한 음식을 먹듯이 우리의 뇌에 건강한 지식을 먹게 할 것이다. 세상에 똑똑하고 잘난 영재들이 적은 이유는 많은 사람이 인풋은 하되 아웃풋을 하지 않기 때문이다. 아웃풋은 우리가 받아들인 지식을 밖으로 표출하는 행동이다. 복습의 일종이며 똑똑하게 아웃풋 독서를 한다면 내가 필요하고 오래 기억하고 싶은 것들을 잊어버리지 않을 수 있다. 좋은 음식을 먹고 잘 배출해서 몸이 좋아지듯 뛰어난 지식을 체계화하고 잊어버리지 않기 위해서는 압도적으로 많은 인풋과정이 있어야 한다. 그런 인풋을 거치고 아웃풋을 잘 해주면 우리가 쉽게 잊어버리는 것들을 아주 오래 기억할 수 있게 된다. 아웃풋의 종류에는 무엇이 있을까? 전에 말했듯 메모를 하는 것도 받아들인 것을 정리하는 일종의 아웃풋에 해당한다. 하지만 메모만 한번 하는 거로는 절대 잊어버리지 않는다는 것은 있을 수 없다. 실행하는 것도 아웃풋의 과정이며 책에서 읽은 것을 남에게 설명하는 것 또한 마찬가지이다. 읽은 것을 잊어버리지 않기 위해서는 무엇보다 아웃풋 과정이 있어야 한다.

첫 번째 아웃풋 과정은 두 개가 있다. 하나는 책을 읽는 인풋을 하며 동시에 중요한 것에 밑줄을 긋는 아웃풋 과정을 동시에 하는 것이다. 둘은 메모를 하는 것이다. 간단한 밑줄 긋기지만, 글자를 읽을 때 사용하는 뇌 부위와 손을 이용해 밑줄을 그을려고 사용하는 뇌 부위가 서로 다르다. 뇌의 여러 부위를 사용함으로써 기억을 도와주는 것이다. 실제로 메모 독서법이나 틈새 시간을 이용하여 독서를 할 때는 짧고 굵게 독서를 하듯 밑줄을 그으며 메모까지 하면 두 번의 아웃풋을 거치게 된다. 대중교통을 이용할 때 주로 사용하는 방식이다. 볼펜이 아니라 형광펜으로 표시를 해도 상관없다. 그렇지만 밑줄을 너무 남발하지 않고 중요하다고 생각하는 것에만 그어야 한다. 표시한 줄이 많으면 어디가 중요한지 알 수 없게 될 뿐더러 남발할 경우를 생각하면 책 전체에 줄을 쳐야 할 것이다. 우리의 목표는 짧은 시간에 최대의 효율을 뽑아내는 것이다. 마지막으로 시간이 조금 여유로울 때 밑줄이나 메모한 것을 보고 요약을 하면 3번의 아웃풋이 끝나게 된다. 총 3번의 사고를 한 것이기에 기억이 잘 남을 수밖에 없을 것이다. 이렇게 틈새 시간을 활용해서도 효율적인 아웃풋을 할 수 있다. 귀찮다고 인풋만 하지 말고 아웃풋을 인풋의 과정이라고 생각하면 마음이 편할 것이다.

두 번째 아웃풋 과정은 책을 읽고 나서 회상을 하는 회상 독서법을 하는 것이다. 회상함으로써 자기 생각과 요약한 내용이 잘 정리되어 있을 것이다. 회상 독서법 한 번만으로도 훌륭한 아웃풋이 되지만 좀 더 성장하는 독서를 하기 위해 회상한 내용을 다른 곳에도 써먹는 아웃풋을 하면 좋다. 예를 들어 자신이 정리한 내용을 SNS를 통해 기재하는 것이다. 그렇게 SNS를 염탐하는 소비자가 아닌 좋은 글을 쓰는 생산자의 입장이 된다면 SNS를 좀 더 효율적으로 이용하는 것으로 생각한다. 다른 사람이 내 글을 보고 쉽게 이해할 정도의 글을 쓰려고 노력하면 글솜씨도 느는 효과를 얻을 수 있다. 마지막으로 실행하는 것이다. 책에서 배운 지식을 체화시키기 위한다는 생각으로 내 삶에 접목하는 것이다. 예를 들어 데일 카네기의 저서인 『인간관계론』에서 상대를 진심으로 칭찬하라는 규칙이 있다면 다음날 내 삶에 그대로 써먹는 것이다. 이렇게 한다면 내가 배운 것을 잊어버리지도 않을뿐더러 실행력도 높아질 것이다. 두 번째 아웃풋 과정은 시간이 조금 여유로울 때 해야 할 것이다. 깊은 사고와 좋은 글솜씨, 뛰어난 실행력과 그 이외의 수많은 이점이 나를 성장시킬 것이다.

아웃풋을 굳이 첫 번째 과정이나 두 번째 과정을 맹신하며 다 따라 할 필요는 없다. 힘이 많이 들면 여러 개의 아웃풋을 가지고 자신에게 맞춰나가도 된다. 효율적인 것은 자신이 찾아야 한다. 예를 들어 책에서 배운 내용을 친구들에게 이야기하는 것도 아웃풋이 될 수 있다. 약간 거시적인 방법이지만 이렇게라도 아웃풋을 하는 것이 좋다. 그리고 책을 추천해주면서 책의 내용을 아웃풋 하면 된다. 친구들에게 책을 추천할 때 책의 장점과 핵심을 말한다. 스스로 '아웃풋까지가 독서다'라고 압박을 주는 것이 좋다. 중요한 것은 아웃풋을 못해도 3번은 하는 것이다. 3번은 복습을 해야지 까먹지 않게 된다. 이제부터 책을 읽을 때 아웃풋을 해야겠다고 결심하는 건 좋지만, 굳이 어려운 책을 골라서 몇 번 하다가 포기하지 않았으면 한다.

아웃풋까지가 독서이지만 갑자기 하려면 쉽게 와닿지 않을 수 있다. 그러므로 책을 고를 때는 좋아하는 책으로 골랐으면 한다. 그러다가 근력을 강화하는 운동처럼 점차 어려운 책으로 도전하면 된다. 운동에 비유한다면 우리가 근육을 만들기 위해 헬스장에서 운동하는 과정을 인풋이라고 한다면 아웃풋은 운동하고 나서 숨을 고르고 휴식을 취하는 것과 근육을 만들기 위해 먹는 영양식, 그리고 몸을 회복하기 위한 숙면이라고 볼 수 있다. 그만큼 아웃풋이 독서라는 과정 안에 속해있다는 것을 말하고 싶다. 아웃풋을 잘 한다면 스펀지처럼 빨아들인 지식을 쉽게 잊어버리지 않을 수 있을뿐더러 자신의 잠재력을 끌어올릴 수도 있다. 나 역시 어려운 책은 가끔 읽고 평소에는 내가 좋아하는 책이나 관심이 있는 주제의 책을 골라서 읽는다. 그렇게 원하는 책을 읽더라도 분명히 성장한다. 그러다가 차츰 나의 사고력과 독해력이 늘었다고 자신감이 붙으면 유명하거나 사람들에게 인정받는 대표적인 책인 대니얼 카너먼의 『생각에 관한 생각』과 같은 책을 읽으려고 노력 중이다.

아웃풋의 장점

내가 아웃풋을 열심히 하면서 얻은 장점이 하나 있다. 아웃풋을 많이 하면 책을 얼마나 많이 읽겠냐는 초점이 어떤 책을 읽어야 하는 지로 넘어가게 된다. 책을 대하는 자세가 신중해진 것이다. 목차도 읽지 않고 제목만 보고 샀던 책들을 이제는 좋은 책인지 확인하기 위해 목차도 꼼꼼히 보고 선정하게 된다. 그만큼 책에 대한 열정이 생겼으며 자기 성장에 중요한 꼼꼼함이라는 기질을 얻을 수 있게 되었다. 더 나아가 내 멘토를 내가 고른다는 마음으로 책을 고르게 된다. 내가 내 스승을 고르는데 제대로 된 스승을 골라야 하지 않겠는가? 독서법은 정말 여러 가지 있는 것을 느낀다. 전부 제대로 활용하면 다 좋은 방법이다. 나는 처음에 독서를 하는 데 이렇게 많은 독서법이 있다는 사실이 놀라웠다. "아니, 독서도 하기 힘든데 이렇게 많은 방법을 알아야 하나"라는 생각도 들었다. 심지어 메모 독서법이면 메모 독서법, 반복독서법이면 반복독서법처럼 책 한 권에 그것에 대한 설명만 있을뿐더러 각 종류에 관한 책도 수십 가지였다. 배보다 배꼽이 크듯 수많은 독서법을 전부 다 읽고 실행하기는 비효율적이라는 생각이 들었다. 이왕 독서를 할 거라면, 독서를 통해 얻은 것이 많아 평생 독서를 하기로 마음먹은 이상 제대로 된 된 독서를 하고 싶다는 생각이 들었다. 많은 독서법의 책을 둘러보았고 어떻게 하면 책의 핵심 내용을 오래도록 기억하고 효과적으로 읽을 수 있는지 연구했다. 어느 것 하나 딱 집어줄 정답은 없지만, 자신이 어떤 독서법을 활용하는지에 따라 다르다는 것을 알았다. 아웃풋 독서법 또한 마찬가지이다. 어떻게 하면 절대 까먹지 않는 독서를 할까 하는 의문에 시작하여 여러 아웃풋에 관한 책을 읽었다. 결국, 실행하지 않는 독서는 필요가 없다는 것도 알게 되었다.

내가 말했던 아웃풋 독서법 중에 보통 나는 아웃풋을 하려면 두 번째 방법을 많이 이용한다. 처음에는 회사를 가야 하고 친구들과 놀고 싶은 마음에 틈새 시간을 이용하는 첫 번째 아웃풋을 했었다. 물론 아직 그 내용과 지식을 잘 가지고 있다. 놀면서 공부한다는 말은 그때 쓰는 것이 맞는 것 같다. 그러다 저녁 시간에 친구들과 노는 것보다는 내가 폭발적인 성장을 하고 싶은 마음이 생겼다. 자기 계발에 더 열정이 있었기에 그 시간에 책을 읽고 글을 쓰게 되었다. 이런 생활을 지속하자 확실히 전보다 더 많은 생각을 하게 되었다. 정답은 없다는 것을 누누이 말하지만 잊지 않으며 삶을 보다 윤택하게 만들고 성장하려면 '실행'은 당연하다 생각한다. 이왕 실행하는 거 아웃풋까지 제대로 실행한다면 더 효율적이지 않을까?

07

나만의 지도,
마인드맵 독서법

마인드맵은 범주화를 시각화한 것이다

독서를 하고 나서는 대체로 독후감이나 내용을 요약하는 것이 일반적이다. 하지만 책의 내용을 통째로 내 것으로 만들기 위해서는 마인드맵을 이용하는 것도 좋은 방법이다. 독서 노트와 마인드맵 두 가지 중에서 선택한다면 웬만하면 독서 노트로 충분할 것이다. 마인드맵을 할 때는 책 일부가 아닌 전체를 확실하게 파악하고 싶을 때 제격이다. 독서 노트랑 비슷하게 마인드맵으로 책의 내용을 요약하고 추가로 비판하거나 자기 생각까지 넣는다면 훌륭한 마인드맵을 완성할 수 있다. 마인드맵의 핵심은 '범주화'를 시키는 것에 있다. 여기서 범주화는 비슷한 성질을 가진 것들을 일정한 기준에 따라 모여 하나의 종류나 부류로 묶이게 되는 것을 말한다. 범주화 전략은 개념을 형성하는 데 중요한 역할을 한다. 인간의 한정적이고 오류가 많은 기억을 효과적으로 확장하고 분류하는 데 많은 도움을 준다. 식물에 과일과 꽃은 분류하여 범주화한다. 그리고 나서 과일에는 사과나 귤, 복숭아 등을 범주화시킨다. 꽃에는 무궁화, 채송화, 장미 등으로 분류할 수 있게 된다. 이렇게 범주화를 했을 때는 우리의 기억 용량이 대폭 늘어나며 기억력 또한 좋아지게 된다. 우리의 선조들이 많은 기억력을 가지고 싶은 마음에 기록하기 시작하였고 기록을 효과적으로 하기 위해 범주화가 생겼다. 그리고 그 범주화의 최종단계가 우리가 하려는 마인드맵이라고 생각한다. 마인드맵을 만들려면 어떻게 해야 할까? 대부분은 어렸을 때 한 번씩은 마인드맵을 해본 적이 있을 것이다. 우리가 어렸을 때 한 마인드맵이란 별반 다를 것이 없다. 단지 우리가 했던 것을 좀 더 독서에 맞게 해나가면 될 것이다.

첫 번째로 소개할 마인드맵은 핵심 독서법을 활용한 핵심 마인드맵이다. 핵심 독서법은 책의 내용을 전부 다 읽지 않으며 책에서 얻을 수 있는 중요한 지식만 추출하는 독서법이다. 대부분 실용서 위주로 읽는다. 실용서의 핵심은 대부분 3장이나 4장에서 다룬다. 실용서의 1장, 2장은 그것에 대한 문제를 제기하거나 동기부여 형식으로 이루어지고 5장은 전체를 요약하는 형식이다. 제목을 기준으로 자신이 얻은 것을 중요한 키워드를 뽑아내어 가지를 치고 나열시키는 방식의 마인드맵을 하는 것이다. 핵심 마인드맵은 빠르게 내용을 정리하고 핵심 정보만 뽑아낼 수 있다는 장점이 있다.

두 번째로는 사고의 폭을 넓히는 회상 독서법을 이용한 회상 마인드맵이다. 이것은 제목을 기준으로 가지를 쳐서 목차를 잇고 그 다음 정리한 내용을 적는다. 마지막으로 정리한 내용에 가지를 쳐서 비판할 생각이나 추가 생각을 적어 넣으면 된다. 기존의 마인드맵이랑 사실 별반 차이는 없다. 책을 다 읽은 후 백지에다가 큰 틀부터 하나씩 차례로 그려나가는 것이다. 요약부터 비판, 주관적인 의견 등을 적는 과정을 거치면서 자신의 기억력과 사고력이 확장되고 범주화로 인해 복잡한 것들까지 체계적으로 정리할 수 있다. 만약 모르는 것이 있다면 우선은 건너뛰고 다른 내용부터 적으면 된다. 그리고 마인드맵을 다 그리고 나서 더는 기억이 나지 않을 때, 읽었던 책을 다시 보며 기억을 하지 못해 비워놨던 여백에 채워 넣으면 된다. 이렇게 백지에 내용을 잘 정리한다면 책 한 권을 통째로 외울 수 있는 마인드맵이 될 것이다. 하지만 너무 많은 정보를 적다 보면 무엇이 중요한지 모를 때가 있다. 그렇기에 자신이 중요하다고 느끼는 것에만 표시하면서 적으면 더 빠르게 파악이 가능하다.

이렇듯 마인드맵의 장점은 잘 정리가 된다는 것도 있지만 무엇보다 재미

있다는 장점이 있다. 범주화를 제대로 사용하기에 마인드맵만큼 좋은 것
도 없다. 나는 실생활에서도 마인드맵을 이용하는데 아이디어 발상에도
효과적이고 생각을 정리하는 데도 효과적이다. 무엇보다도 자신만의 새로
운 이미지를 계속해서 범주화시킴으로써 강한 기억의 패턴을 만드는 데
효과적이다. 마인드맵을 꾸준히 한다면 무언가를 나누거나 조직화하는 능
력을 얻을 수 있을 것이다. 자신이 무언가를 효과적으로 기억하고 싶다면
마인드맵을 강력히 추천한다. 자신만의 지도를 만들어 분류해 나간다면
훌륭한 독서법이 될 것이다.

08

책 마지막 빈 페이지에
요약집을 만들자

책을 읽고 요약을 해라

책 마지막 빈 페이지에 읽은 책의 내용을 독후감 쓰듯 요약집을 만들어
보자. 나는 거의 모든 책을 읽고 빈 페이지의 여백을 활용해서 요약집을
만들었다. 요약집을 만들면 아웃풋이 되며 회상 독서법도 유용하게 쓸 수
있게 된다. 무엇보다 나중에 그 책을 다시 처음부터 읽지 않더라도 요약한
것만 보고 책의 전체적인 내용을 파악할 수 있다. 물론 회상 독서법을 잘
이용하기 위해서는 내용을 다 읽고 나서 정리를 할 때 책을 참고하지 말고
오로지 머리로만 회상하며 정리해야 한다. 책을 읽고 쓰는 것까지가 독서
의 완성이듯 자기 성장을 위해 제대로 된 독서를 하려면 요약집을 만드는

과정을 당연하다고 생각해야 한다. 보통은 책을 읽고 나서 두세 달만 지나도 대부분 책의 내용을 잊어버리기 일쑤다. 여기서 요약집만 정성껏 만들어놔도 독서를 하며 소비한 시간을 아깝게 날리지 않을 수 있다. 누구나 어렸을 때 학교에서 내준 독후감 숙제를 해본 적이 있을 것이다. 이때 아이들은 책의 내용을 다시 생각하며 독후감을 쓰는데 엄청난 사고력을 바탕으로 뇌를 성장시킨다. 독서에 있어서 독후감은 당연히 해야 하는 아주 기본적인 과정이면서 튼튼한 사고력의 뼈대가 된다. 초등학생도 하는 그 당연한 과정을 우리는 크면서 잘 하지 않으려는 안타까운 모습을 보인다. 우리는 제대로 된 독서가 무엇인지도 까먹었고 알려고도 하지 않으면서 결국 독서는 별로 쓸모가 없다는 자기합리화에 이른다. 지금 자신의 현실이 불행하다고 하자. 물론 책을 읽는다고 해서 불행이 행복으로 바뀔 거라고 장담하지 못한다. 누구나 성공하고 싶지만, 책을 읽는다고 해서 전부 성공하는 것도 아니다. 그러나 책은 한 명의 스승이며 동시에 의사일 수 있다. 독서를 하고도 바뀌지 않는 사람은 병원에 갔는데 의사가 처방해주는 약들을 제대로 먹지도 않고 집으로 가져가 어디에 뒀는지도 모르는 사람이다. 다른 무엇보다 확실하게 자신이 바뀌고 싶다는 욕망이 있으면 책의 내용을 쉽게 잊어버리지도 않을 것이다. 우리가 알아야 하는 책과 내용은 너무나 많기에 책 마지막 페이지에 요약집을 만들어 효과적으로 스승의 조언과 의사가 처방해주는 약을 잊지 않고 잘 챙겨 먹으라는 것이다.

책 마지막 빈 페이지에 요약집을 만드는 것은 간단하다. 보통 책의 마지막 페이지를 살펴보면 두세 장 정도의 여백종이가 있을 것이다. 그 종이에다가 독후감을 쓰듯 글을 써 내려 가면 된다. 마키아벨리의『군주론』책의 뒤쪽 여백을 쓴 것으로 예시를 들어보겠다. "나는 우선 "2020/8/26 군주론을 읽고 나서 군주라는 직위가 항상 선하고 다정하기만 하면 안 된다는 것을 알게 되었다. 정말 나라를 단단하게 키우려면 때로는 인색함이나 두려움, 잔인함 등이 더 나을 수 있다는 것을 알게 되었다. 벌을 주는 행위를 하더라도 잔혹 행위를 오래 해야 하는 것이 아니라 일거에 끝내야 한다. 군대로부터 복종과 존경을 받아야 하며 무엇보다 인민의 충성과 공포를 얻는 것이 중요하다. 그래도 지속적인 잔혹 행위는 반란과 멸망의 원인이 될 수밖에 없다. 모름지기 군주란 여러 상황에서도 빠르게 변하는 상황을 잘 살펴야 한다는 것을 알게 되었다. 마키아벨리가 군주를 위해 얼마나 신경을 많이 썼는지 알 수 있었다." 정도로 책의 내용을 생각하며 요약하고 또 내 생각과 비판할 내용을 적는다면 매우 올바른 방법이 될 것이다. 핵심 독서법으로 책을 읽었더라면 자신이 이 책에서 무엇을 얻었는지를 정리해서 적으면 될 것이다.

나는 개인적으로 책을 읽고 글을 쓰기 전에 날짜를 기록하는 편이다. 그렇게 되면 자신이 책 한 권을 읽었다는 성취감과 더불어 하나하나 쌓아가는 기쁨을 얻을 수 있다. 나중에 책을 다시 펼쳐보아도 내가 이때 이 책을 읽었었구나 하는 생각도 든다. 그렇게 자신의 서재에 자신이 읽은 책을 하나하나 쌓는다면 당신은 다른 사람이 오랜 시간을 거쳐 적어놓은 일생의 방법들과 그 사람들의 인생을 엿보게 된 것이다. 이는 다른 사람들보다 앞서나갈 수 있는 것은 당연하다.

내가 책의 여백을 활용한 것에 하나 더 살펴보자면 돈에 관심이 생겨 읽었던 책인 저자 버크 헤지스의 『파이프라인 우화』라는 책이 있다. 책 전체가 170페이지밖에 되지 않는 얇은 두께의 책이며 돈에 관심이 있는 사람이라면 한 번쯤 읽어볼 만한 재미있는 책이다. 나는 여백에 "파이프라인이란 가만히 있어도 돈이 나오는 부동산이나 주식 같은 종류의 시스템을 이야기하는 것이구나. 회사에 다니면서 나오는 월급만으로는 부자가 되기 힘들고 시간도 없으며 여러 종류의 투자나 사업에 관심을 가져야겠다는 생각이 들었다. 왜 사람들이 레드오션인 블로그를 개설하여 글을 쓰는지도 알 거 같고 부동산 투자의 열기가 뜨거운지도 알 것 같다. 진정한 재정적 안정을 원한다면 그리고 시간이 소중하다면 하루빨리 파이프라인을 만드는 것에 신경을 써야겠다."라며 다짐하듯 글을 썼다.

이것 하나로 나는 월급의 개념과 사업의 개념 투자의 개념이 생기게 되었다. 고작 이 책 하나로 내 친구들이 월급 몇십만 원 더 많이 주는 곳에 들어가려고 자격증을 따고 남의 말에 신경 쓰지 않을 때 나는 새로운 시각으로 내가 남들과 다른 차별성이 있는지, 무엇을 팔기 위해 효과적으로 사람들의 마음을 살 수 있는지를 생각하게 되었다. 가끔 자유를 갈망하던 열정이 식어갈 즈음 이 책 뒤에 써 놓은 글을 읽으면 전에 느꼈던 열정을 다시금 느끼게 된다. 책 한 권으로 인생이 절대로 바뀔 수는 없을 것이다. 하지만 인생이 바뀔 수 있다는 것을 아는 것과 그런 간접적인 경험들을 쌓아나가면 분명히 바뀔 수 있다. 내가 바뀔 수 있다고 말하는 것은 이미 그 정도 경지에 가면 확신이 생기기 때문이다. 우리는 스택을 쌓아나가고 있다. 돈을 벌기 전 아주 기초적인 '파이프라인 우화'를 읽었더라면 그다음으로 실력을 높이기 위해 또 다른 책을 읽게 될 것이다.

요약은 당신을 더욱 성장시킬 것이다

나는 『파이프라인 우화』를 읽고 돈에 더욱 관심이 생겨 작가 너바나의 『나는 부동산과 맞벌이 한다』라는 책을 읽게 되었다. 이 책은 '파이프라인'을 우리나라 부동산에 접목해 만든 책이다. 너바나라는 직장인이 1,500만 원의 종잣돈으로 시작해 41채의 부동산을 갖기까지의 여정을 설명함으로써 대한민국에서 평범한 직장인이 부를 얻지 못할 것이라는 편견을 깨주었다. 만약 이런 책을 읽더라도 그냥 읽고 흘리는 것이 아니라 자기 것으로 만들기 위해 글을 써서 정리하고 나만의 요약집을 만든다면 우리가 어떤 투자의 상황이 왔을 때를 대비할 수 있을 것이다. 나도 이 책을 읽고 "평범한 직장인이 부동산 경매라는 제도 등을 이용해 40채가 넘는 부동산을 소유했다는 것에 매우 놀랍다. 직장인인데도 불구하고 6년이라는 시간에 부동산 부자가 된다는 방법을 적어놓은 책에는 얼마나 부동산 공부를 하기 위해 많은 서적과 발품을 팔았는지에 대해 나온다. 현재 저자는 소소한 월급을 15일에 걸쳐 받는 즐거움을 느끼고 있다. 나 또한 더욱 부동산 투자에 관심이 생겼다. 무엇보다 부동산 투자가 큰돈을 필요로 하는 투자가 아닌 소액으로도 할 수 있다는 것을 알 수 있게 되었다." 등으로 요약을 했다. 물론 추가로 요약한 것이 있지만 내가 요약한 것보다 독자들이 직접 책을 읽고 요약하는 것이 더 도움이 되기에 짧게 이런 식으로 요약하는 것이 좋다는 것만 알려주었다.

내가 만약 이 세 권의 책을 다 읽고 나서 요약을 하지 않았더라면 어떻게 되었을까? 간단하다. 나는 내 삶에 도움이 되는 책을 분명 읽었지만 결국 그것도 소설처럼 마음의 양식이라는 수준에 그쳤을 것이다. 점점 기억은 흐릿해졌을 것이고 읽었던 책을 또 읽기는 귀찮아져서 결국 에너지와 시간을 낭비했을 것이다. 일기 또한 매일 쓴다면 자신의 하루를 되돌아보면서 반성하고 발전할 수 있게 된다. 이렇게 자신의 하루를 되돌아보는 것만으로도 사람이 바뀔 수 있는데 책을 읽었던 것을 되돌아보며 적는다면 좀 더 책이 주는 마법 같은 효과를 누릴 수 있게 된다. 책을 읽고 독후감을 쓰는 것은 이제는 선택이 아닌 필수이다. 책의 뒤 여백에 빈 곳이 있기에 3

장 안으로 명료하게 요약하는 방법을 알려주었다. 책 마지막에 요약하는 것은 매우 쉬운 방법이다. 시작은 누구나 할 수 있지만, 아무나 끈기 있게 유지할 수 있는 것은 아니다. 이것만 하더라도 인생은 분명 나아질 수 있다는 것을 나는 확신하며 말할 수 있다. 지금부터 책 마지막 빈 페이지에 요약집을 만들자.

5장

한 권의 책을
읽을 때마다
새로운 세상이
열린다

01

독서를 통해
자신만의 무기를 가져라

한 권의 책을 읽으면 새로운 무기가 생긴다

성공을 갈망한다면 독서를 할 때 그저 즐거움을 위한 수단이 아닌 자신이 삶을 잘 영위해 나갈 무기를 가져야 한다. 나에게는 그것이 인간관계를 잘 하는 방법이나 돈에 대한 지식과 행복과 사랑의 본질 등에 해당한다. 이것들을 정통했다고 말하진 못하지만, 독서에 발을 들이고 나서 인생이 재밌어진 것은 사실이다. 지금부터 책에서 얻는 지식을 우리에게 필요한 무기라고 칭하겠다. 그렇다면 우리가 얻을 수 있는 무기는 너무나 많다. 아이를 두고 있는 부모라면 양육에 관련된 책을 통해 아이들을 더욱 올바르게 키울 수 있을 것이다. 책에는 최소한 아이들에게 해선 안 되는 행동 방식 등을 알려준다. 우울증이나 조급증처럼 마음의 병이 있는 사람도 감정에 관한 책을 읽고 어떤 방향으로 나아갈지나 자신의 감정을 위해 하면 안 되는 것을 알 수 있다. 말주변이 부족하다고 느끼거나 나아지고 싶다면 말을 잘하는 방법에 관련된 책을 읽으면 된다. 어떤 주제든 모든 것이 A부터 Z까지 나와 있다. 하물며 여행을 어떻게 하면 실패하지 않고 잘 갔다올 수 있는지에 대한 지침도 책을 통해 알 수 있게 된다. 제각기 방법이 다르겠지만 좋게 생각하면 여러 가지 방법 중에서 우리에게 맞는 것만 골라 취하면 된다는 것이다. 이렇게 모든 방법이 수많은 책에 담겨 있고 우리는 단지 그것들을 취해서 우리의 삶 속에 실험해보고 성공한 결과물을 흡수하면 된다. 가지고 싶은 무기가 많다면 차례대로 하나씩 얻으면 된다. 처음한두 개 변하는 것은 티가 나지 않아 잘 모를 수도 있지만 그런 것들이 조금씩 쌓이면서 엄청난 지식과 에너지를 가질 수 있게 된다. 사람들이 흔히 말하는 재능이라는 것을 차근차근 모으는 셈이다. 자신이 어떤 무기를 가지고 싶은지 모르겠다면 제일 먼저 자신의 삶을 똑바로 바라볼 필요가 있다. 한 번은 친구들에게 어떤 무기를 갖고 싶은지 물어본 적이 있었다. 그들은 예상했던 것처럼 인간의 본성에 기초한 연애를 잘하는 능력이나 돈이 많은 경제적 능력을 원했다. 어떤 능력이든 가지고 싶다면 가지면 된다. 원하는 것이 있다면 주저하지 말고 그것을 얻기 위해 애를 쓰는 것이 좋다. 취업도 하지 않고 집에서 빈둥거리며 부모님 등골이나 빼먹을 시간에 책을 한 권이라도 더 읽고 성장하는 것이 훨씬 이롭다. 책을 통해서 습득한 지식을 바탕으로 실행에 옮기는 게 안전하면서 자신만의 독창적인 무기를 가질 수 있다. 그런 성공의 이면에는 이러한 무기들이 있기 때문인 것만은 기정사실이다.

많은 사람이 바라는 대로 연애를 잘할 수 있는 무기를 가지려면 어떻게 해야 할까? 연애를 하려면 우선 좋아하는 사람을 잘 유혹할 줄 알아야 할 것이다. 연애하는 것조차 글로 배우냐고 물을 수도 있지만, 독서를 잘할 줄 아는 사람에게는 매우 유용하게 써먹을 수 있는 최고의 도구이다. 물론 잘 생기거나 예쁜 것도 중요할 것이다. 자신의 외모를 치장하는 이유 또한 전부 책에 나온다. 내가 말하는 책은 로맨스 소설 같은 책이 아니라 정말로 사람의 근본을 알 수 있는 실용서다. 저자 로버트 그린의 『유혹의 기술』이다. 시중에 있는 모호한 이야기를 담은 책들과는 비교가 되는 책이다. 사람에 대한 본성에 관해 깊이 고찰하면서 쓴 작가의 생각이 담겨 있다. 사람을 여러 가지 유형으로 나누고 예시를 들어 설명하면서 그들의 본성을 건드리는 방법과 정보들이 나온다. 굳이 남녀 관계가 아니더라도 한 번쯤 읽어두면 쓸모가 있는 책이다. 물건을 팔 때나 고객을 설득할 때도 유용하게 쓸 수 있다. 인생은 유혹의 연속이라고 생각하며 읽으면 재미있게 읽을 수 있다. 실제로 내 친구 중 한 명이 아르바이트하면서 짝사랑으로 골머리를 썩이고 있었다. 보통 이런 짝사랑 얘기는 혼자 속으로 감추며 잘 드러내지 않는 데 반해 나한테까지 말할 정도면 분명 간절함이 크다고 생각했다.

평소 같았으면 그냥 잘해보라며 응원하고 말았을 텐데 이전에 나도 짝사랑으로 힘든 적이 있었기에 그 친구를 돕고 싶은 마음이 있었다. 그런 상황에서 내가 뭐라고 조언을 하기보다는 그 간절한 마음이 책 한 권쯤은 다 읽을 수 있으리라 생각하고 『유혹의 기술』을 한번 읽어보라고 추천했다. 그 이후 두 달이 채 지나기도 전에 거짓말처럼 그 친구는 짝사랑했던 상대와 잘 사귀고 있다는 소식을 내게 전했다. 물론 지금은 헤어졌지만, 이토록 간절한 마음이 책을 만나서 습득한 방법으로 어떠한 경쟁자가 있다 해도 원하는 사랑을 쟁취할 수 있다는 신기한 경험을 할 수 있었다.

이렇듯 책은 지식뿐만 아니라 사랑 같은 인생의 여러 분야에 도움을 줄 수 있다. 책의 가치란 건 언제나 상대적이다. 위에서 말한 『유혹의 기술』을 읽어도 연애를 못 하는 사람이 분명 있을 것이다. 위에 언급했던 친구 말고도 이 책을 다른 친구에게도 추천한 적이 있다. 하지만 그 친구는 책을 다 읽는 데 꼬박 한 달이 걸렸다. 그러고 나서 책을 읽어도 소용이 없었다고 하는 말에 나는 책에서 나오는 방법의 하나인 사소한 표현들을 상대에게 꾸준히 했는지 물었다. 친구는 한두 번 정도밖에 하지 않았다고 대답했다. 그는 책을 제대로 읽지도 않았거니와, 책에서 나온 여러 방법을 제대로 써먹지도 못한 것이다. 내가 책의 내용을 자세히 물어봐도 얼버무리며 대답도 못 하는데 그게 어찌 책의 문제인지 알 수가 없었다. 그 친구는 자신이 문제라는 것을 인식하지 못한 채로 책만 탓하고 있다. 여기서 책을 어떻게 이용하는지는 오롯이 자신에게 달려 있다. 재차 강조하지만, 책이 정답이 아닐 수도 있다. 그렇지만 책에 나오는 수많은 스승이 해주는 조언을 대충 한 귀로 흘리지는 말자. 지금 자신이 힘든 상황에 부딪쳐 있거나 어떤 목표든 효율적으로 수행하려면 자신을 객관화하는 것이 무엇보다도 중요하다. 자신을 제 삼자의 입장에서 생각하면 어떤 문제점이 있는지 보일 것이다. 예전에 내가 자존감이 낮다는 것을 알지도 못했을 때 자존감에 관련된 책을 읽고 나서야 비로소 자신을 객관적으로 돌아볼 수 있게 되었다. 그리고 내가 자존감이 낮다는 것을 알게 되었다. 소크라테스의 유명한 격언인 "너 자신을 알라."라는 말이 무엇인지 이제는 깊이 와닿는다.

책은 인생의 무기들을 소개시켜준다

이건 나의 이야기지만 나는 정말 자존감이 낮았었다. 헬스를 열심히 해서 몸은 좋아졌지만, 어쩐지 마음은 커다래진 몸에 비해 여전히 작은 상태로 머물렀다. 세상에서 가장 바꾸기 힘든 게 자기 자신이라는 말이 있다. 그래서인지 여전히 자존감 낮은 나를 마주하는 게 너무 힘들었다. 왜 이렇게 살까? 라는 의문이 드는 시점에서 나는 결심하게 된다. 내 자존감을 높이기로 말이다. 밑도 끝도 없이 '나는 최고다'라고 외치기보다 좀 더 똑똑하게 올리는 방법을 얻기 위해 무기인 책을 펼쳤다. 내가 아직 실행하고 있는 방법은 아침에 일어나서 감사한 것에 관한 생각을 10개 정도 하는 것이다. "내 얼굴이 멀쩡히 잘 있고 두 팔 두 다리가 온전히 달린 것에 감사하다. 삼시 세끼를 먹을 수 있는 환경에 감사하다. 오늘도 다른 도전을 할 수 있다는 것에 감사하다." 등으로 말이다. 이렇게 10번만 감사하다는 주문을 외치고 하루를 시작한다. 마치 명상을 하듯 말이다. 매일 이런 행동을 실천한 지 벌써 2년이 넘게 지났지만, 그 2년 동안 나는 아주 많은 것들이 변했다. 지금 나는 매우 행복하며 자존감이 높은 것은 물론 인간관계도 아주 좋다. 매일 수많은 것들에 도전하고 실패하더라도 좌절하거나 낙담하지 않는다. 건강한 몸만큼 건강한 마음을 가지게 되었다. 지금 자신의 위치에서 감사한다는 것은 뇌 과학적으로도 신경전달물질인 세로토닌을 분비하여 긍정적인 마음을 가지게 되고 두려움을 없애며 승리를 한 것 같은 감정을 만들어 낸다고 한다. 그리고 뇌의 전전두엽 피질을 활성화하는데 이는 사랑이나 공감, 열정, 활력과 같은 감정을 경험할 때 활성화되는 부위랑 같다고 한다. 뇌 과학적으로도 감사한 마음을 가지는 것은 나쁠 것이 하나도 없다. 자신이 자존감이 낮다고 생각하면 괜찮다고 할 줄도 알고 감사하다고 말하는 것도 좋은 방법이다. 그렇게 하루하루 쌓아가는 것들은 훗날 엄청난 위력을 발휘한다. 이것 말고도 감사함의 이로운 점들은 여러 책에서 많은 입증이 되었다.

이처럼 감사를 하는 것도 별거 아닌 것 같지만 엄청난 영향을 끼친다. 감사도 우리의 삶에서 무기가 될 수 있다. 당연하다고 생각하는 것을 가볍게 무시하지 마라. 자신이 성장할 수 있는 한계를 정하는 멍청한 짓은 더더욱 하지 마라. 나는 무엇이든 될 수 있고 무엇이든 할 수 있다고 생각하라. 중학교 때 수학시험에서 23점을 맞고 매일 사고만 치던 내가 이렇게 매일 같이 책을 읽고, 책을 쓰고 도전하는 것 자체를 친구들은 매우 신기하게 바라본다. 누구나 자신이 처한 상황이 분명 힘들고 외로울 수 있다. 하지만 사람 대부분이 그렇다. 그런 사람 중에서 끝까지 악바리 있게 이겨내고 꾸준히 나아가는 사람이 결국 성공한다. 매우 당연한 말이지만 알면서도 실행을 하지 않는 사람이 있기에 다시 한 번 더 말한다. 자신을 바꾸려면 큰 노력이 필요하고 내가 책을 추천하는 이유는 그 노력을 올바르게 이겨 나갈 방법들이 들어 있기 때문이다. 책을 통해 시행착오를 줄이고 원하는 무기를 만든다면 결국 원하는 삶에 가까이 다가갈 수 있다. 무명 축구선수가 유명한 선수가 되기까지 수많은 기술을 연마해나간다. 그렇듯 우리 또한 연애든 돈이든 수많은 것 중 원하는 것을 이루려면 축구선수가 된 듯 여러 가지의 기술(무기)을 익혀야 한다. 직접 부딪혀야 하는 경험으로만 익힌다면 너무 많은 시간이 들어간다. 그렇기에 독서라는 뛰어난 도구를 이용해 더욱 안정적인 삶을 위해 자신만의 무기를 가져야 한다.

02

내 삶을 바꾸는
독서의 힘

나를 바꾸면 주위사람들도 바뀐다

독서는 삶을 바꿀 수 있다. 강점으로 나의 단점을 커버하고 장점을 부각할 수 있다. 그리고 우리가 노력을 기울이다 보면 자신과 같은 노력을 하는 사람을 볼 수 있다는 것이다. 만약 당신이 블로그를 키우고 있다면 당신과 같이 블로그를 키우는 사람들을 볼 수 있게 되고 책을 읽다 보면 자신과 같이 책을 읽는 사람이 자주 눈에 들어오게 된다. 친구 따라 강남 간다는 말이 괜히 나온 말이 아니다. 자신 스스로가 바뀌면 자신의 주위 사람들이 바뀌게 된다. 자신이 성공하고 나서 중간에 다른 사람의 도움을 어느 정도 받을 수도 있지만, 그 받은 것조차도 자신의 능력이다. 순전히 자신이

해낸 것이다. 독서 또한 저자들의 말이 많은 도움을 주지만 결국 그 말을 받아들이는 것은 온전히 자신의 몫인 것처럼 말이다. 독서의 가능성은 무궁무진하지만, 초보자에게는 어떤 책을 읽어야 하는지 잘 모르는 경우가 많다. 나 또한 무작정 책을 읽다 보면 어느샌가 책 한 권을 읽는데 신경을 많이 쓰게 된다. 친구가 나에게 추천해줄 만한 책이 없냐고 묻는다면 나는 대부분 이 책을 쓰면서 말했던 책들을 추천해준다. 그러나 아쉽게도 내가 말하는 책들을 전부 읽어본 친구가 없다. 만약 내가 추천한 책을 전부 다 읽었더라면 나 또한 그 친구에게 더 좋은 책을 공유하고 같이 성장하기 위해서 더 많은 책을 읽어야만 한다. 같이 성장하고 협력하는 것이 경쟁하는 것만큼이나 재미있기도 하다. 또 다른 자극을 느끼고 싶다면 독서모임 같은 여러 모임을 통해 나의 독서력을 따라오는 친구를 더 이기기 위해 더 많은 책을 읽겠다는 마음을 가지면 좋을 것이다.

칩 히스와 댄 히스의 저서인 『스틱』을 읽으며 개인적인 능력은 변할 수 있고 항상 대단한 발명품이 천재만의 것이 아니라는 것도 알게 되었다. 스틱에서는 얼마나 사람들의 머릿속에 착 달라붙는 메시지를 만들 수 있는지에 대한 이야기를 한다. 그런 카피라이팅에 대한 정답은 없지만 그런 메시지들은 총 6가지의 방법이 포함되어 있다고 한다. 단순하고, 의외성과 구체성, 신뢰성, 감성, 마지막으로 스토리가 포함되어 있다. 이런 6가지의 방법을 생각하며 만들어 낸 문장은 사람들의 머릿속에 착 달라붙을 수 있을 것이다. 『스틱』을 읽고 나면 글을 잘 쓰는 사람들을 재능이 있다고 하진 않을 것이다. 자신도 충분한 연습과 좋은 재료가 있다면 충분히 좋은 글을 쓸 수 있다고 생각한다. 논리적인 글도 멋있지만, 사람들의 마음속에 오랫동안 기억되는 글이 더 잘 쓴 글일 수도 있다. 덕분에 나는 재능신화를 믿지 않는다. 물론 어느 정도 타고난 재능은 있기 마련이지만 보통 사람이 노력한다면 재능보다 뛰어난 끈기와 성취감, 그리고 창의성 또한 만들어질 수 있다. 개인적인 능력이 변할 수 있기에 타인의 능력도 발전할 수 있는 것이 당연하다. 『스틱』을 읽더라도 바로 글을 잘 쓸 수 있는 것은 아니다. 이것이 자신의 삶에 잘 적용하고 이용하는 사람들이 좋은 메시지를 쓸 수 있을 것이다. 『스틱』을 읽고 밤을 지새우는 수많은 사람의 고통을 줄여 주었다고 이야기한다. 사람은 단순하지 않고 복합적인 존재이며 어디까지 성장할지 모르는 잠재력이 있다. 그렇기에 자신도 타인도 모두 존중받아 마땅할 존재라는 것을 책을 통해 확실히 알게 되었다.

나는 개인적으로 『데미안』 같은 문학책을 좋아하지만, 현실적인 삶을 더 빠르게 성장시키고 바꾸기 위해서는 비문학의 책들을 먼저 읽어보는 것을 추천한다. 특히 『스틱』 같은 사람들에게 입증된 책이 좋을 것이다. 서점에서 매일 올라오는 마케팅이 잘된 베스트셀러보다 말이다. 자신이 책을 읽으며 점차 변화된다는 것을 느낀다면 앞으로도 꾸준히 독서를 하게 될 것이다. 우리의 뇌는 가소성이 있다. 처음에는 비문학의 독서를 하다 보면 조금 지치는 순간이 올 수도 있다. 하지만 우리의 뇌는 그럼 힘든 상황이 적응할 수 있게 되어 있다. 자신이 힘든 것을 조금 더 이겨내고 차분하게 성장한다면 당신은 독서로 삶을 바꿀 수 있을 것이다.

저자 조던 피터슨의 『12가지 인생의 법칙』은 내가 독서로 삶을 바꾸는 힘을 주었다. 이 책은 내용을 진화론적 관점에서 설명하는 책이다. 인기상품이며 이 책을 읽은 사람들은 모두 이해할 만한 생각을 담고 있다. 왜 인간관계를 맺을 때 선하고 건강한 사람들과 만나야 하는지 그런 사람들과 만나기가 왜 어려운지, 왜 어깨를 펴고 당당해야 하는지, 삶을 어떻게 살아가야 하는지 등 논리적이면서 심장을 꿰뚫을 만큼 강한 충격을 준다. 무엇보다 '당신에게 최고의 모습만 기대하는 사람만 만나라'는 문장은 나의 인간관계를 통째로 바꿔버린 문장이었다. 나에게 충격을 준 몇 안 되는 책 중 하나이다. 흔한 자기 계발서처럼 무작정 노력해야 하고 근성을 가져야 한다고 막연하게 말하는 것보다는 명확히 문제를 풀고 다양한 관점에서 보는 것이 색달랐다. 책의 첫 번째 장에서는 바닷가재의 예시를 들어 설명한다. 싸움에서 이긴 바닷가재는 세로토닌이라는 호르몬이 흐른다. 그리고 패배한 바닷가재는 옥토파민 호르몬의 비율이 높아진다고 한다. 세로토닌이 흐르는 바닷가재는 도전이 들어와도 웅크리지 않고 당당하게 받아들이고 몸을 최대한 이완시켜 크게 보이게 한다. 이런 바닷가재를 인간에게 비유한 설명을 한다. 어깨를 펴고 가슴을 당당하게 편 자세를 해야지 세로토닌이 나온다고 한다. 같이 책을 읽은 친구는 여기서 한 가지 의문이 들었다고 한다. 왜 패배를 했을 때 그것을 극복하지 않는 자세한 방법을 설명해주지 않는지 의문이 들었다는 것이다. 하지만 이것은 책의 내용을 깊게 읽지 못한 것으로 생각한다. 우리는 바닷가재처럼 목숨을 걸고 싸우지 않는다. 우리는 조용한 싸움을 하는 것이다. 우리는 자세부터 당당한 자세를 해야지 몸속의 세로토닌의 비율이 높아져서 좀 더 당당하게 다른 일을 진취적으로 할 수 있다는 것이다. 우리가 무언가를 도전해서 패배하더라도 당당해야 한다. 패배했다고 해서 웅크리고 좌절한다면 옥토파민 호르몬의 비율이 높아지는 악순환이 생기게 된다. 애초에 도전을 한 것에 의미를 두고 실패도 다양한 성공의 과정이라고 생각하여 부정적인 감정을 가지지 않아도 된다는 이야기를 하고 있다. 한마디로 어깨와 가슴을 펴는 것이 패배를 극복하는 방법이다.

훌륭한 멘토를 쉽게 찾는 방법

이 책을 읽고 조던 피터슨 관해 많이 찾아보았다. 생각보다 엄청나게 많은 것을 가지고 있는 사람이고 찾아보면 볼수록 조던 피터슨이 가지고 있는 철학과 생각이 마음에 들었다. 내가 가지고 있는 니즈들을 하나씩 깨주고 있으며 삶에 통찰력을 불러일으켜 주었다. 아직도 내가 바보 같은 행동을 할 때면 조던 피터슨의 영상을 찾아보곤 한다. 『12가지 인생의 법칙』은 정말 인생에 대한 의문이 드는 사람이거나 인생에 니즈가 있는 사람이 좋을 것이다. 인생에 니즈가 없는 사람은 없기에 사실 그냥 무작정 추천한다. 현재의 삶을 더욱 지혜롭게 풀어나갈 수도 있기 때문이다. 상대적인 책을 어떻게 받아들이는지는 자신만이 할 수 있다.

한스-게오르크 호이젤의 저서인 『뇌, 욕망의 비밀을 풀다』도 나에게 많은 깨달음을 주었다. 이 책은 인간의 소비심리를 설명해주는 뇌 과학책인데 사람의 본성과 욕망을 재미있게 알려준다. 내가 생산자라면 누군가의 마음을 얻기 위해 알아야 할 것을 매우 잘 설명하고 있다. 마케팅에 관한 책이지만 사람의 심리에 새로운 모델을 제시함으로써 알아두면 매우 유용한 생각을 가질 수 있게 된다. 당신의 친구가 가족이 왜 그런 행동을 하는지 알 수 있게 된다. 『뇌, 욕망의 비밀을 풀다』에서는 사람의 감정을 세개의 시스템으로 나눠서 설명한다. 바로 지배 시스템, 자극 시스템, 균형시스템으로 나눠서 설명한다. 과격한 운동을 좋아하고 경쟁하기를 좋아하는 남성들은 대부분 경쟁에서 이기고 싶은 지배시스템의 유형이 강하다. 자식을 가지고 있는 어머니 같은 경우에는 안전한 균형시스템의 비율이 다른 시스템보다 높을 것이다. 안정적인 삶을 거부하기를 좋아하고 여행을 좋아하며 하상 색다를 것을 좋아하는 사람은 자극 시스템이 놓을 것이다. 이런 세 개의 시스템을 림빅 시스템이라고 말한다. 만약 우리가 스포츠카를 파는 영업원이 되었다고 가정하자. 그러면 그런 차를 구경하러

온 고객들은 스포츠카의 빠른 속도가 좋은 자극 시스템이 높은 사람이나 비싼 차를 타고 싶은 지배시스템의 비율이 높을 것이다. 그런 사람에게 이 차는 다른 스포츠카보다 안전하다고 말하는 것은 바보 같은 것이다. 올바른 예시는 이 차는 다른 차에 비해 속도가 얼마나 더 빠를 것이며, 자동으로 주행이 가능한 새로운 기능이 있다고 말하는 것이 훨씬 좋을 것이다. 고백할 때도 마찬가지이다. 상대방이 균형 시스템이 높다고 생각하면 안정적인 삶을 제공해줄 것을 간접적으로 이야기하면 자신의 가치를 더욱 잘 표현할 수 있을 것이다. '미끼는 낚시꾼의 입맛이 아니라, 물고기의 입맛에 맞아야 한다.'는 책의 문장이 당연한 이야기지만 대부분 실수하는 생각이다. 이렇게 3개의 시스템으로 나를 다른 관점으로 생각할 수 있고 내 주위 사람들의 행동이 왜 그런지 이해할 수 있게 된다. 나는 영업을 하지 않고 마케팅을 할 생각이 없다고 해서 이런 책을 외면하기보다 그 책이 가지고 있는 본질을 보면 자신이 얻으려는 것보다 더 많은 것을 얻을 수 있을 것이다. 이렇게 자신의 삶에 도움이 되는 책을 읽는 것이 진정한 독서라고 생각한다. 한 권의 책을 읽더라도 그 책의 본질을 생각하며 읽으면 책의 힘을 얻을 수 있게 된다. 내 삶을 바꾸는 독서의 힘은 자신이 책을 대하는 자세로부터 시작된다.

거인의 어깨 위에 올라서서
세상을 보라

네 안에 잠든 무한한 잠재력을 찾아라

거인의 어깨 위에 올라서서 세상을 보라는 말은 우리의 잠재력이 무한하다는 것을 말하려는 것이다. 앤서니 라빈스의 저서인 『네 안에 잠든 거인을 깨워라』에서는 자신 안에는 거인이 있다고 말한다. 우리는 이것을 자각하지 못하고 있으며 자신을 어떻게 생각하느냐에 따라 거인이 될 수 있다고 한다. 이 책은 보다 심리학적인 설명을 함으로써 추상적인 책들과는 다른 차별성을 느낄 수 있었다. 무엇을 하든 마음먹기 나름이라는 것이 이 책의 저자가 말하려는 의도이다. 앤서니 라빈스 또한 그렇게 긍정적인 생각을 가짐으로써 미국에서 꽤 영향력 있는 인물 중 하나로 꼽힌다. 이 책에서는 "우리가 집중하는 것이 무엇이든 그것을 가지게 될 것을 기억해야 한다. 못 가진 것에 집중하면 더 그렇게 될 것이다. 어떤 변화이든 변화를 맞이하는 첫 번째 단계는 원하는 것을 정하여 전진할 무언가를 만드는 것이다."라고 이야기한다. 우리는 못 가진 것에 집중할 때 예를 들어 고백해도 차일 것 같다고 생각한다면 우리의 몸은 고백할 때 수줍음이 많은 몸짓과 모기 목소리가 나오게 된다. 사람은 자신이 생각하는 대로 흘러가게 된다. 그렇게 자신감 없이 고백하면 대부분 차일 것이다. 책을 읽어야 하는 이유 중 하나는 자신이 성공한 사람들의 경험과 생각을 읽음으로써 혼자서 하면 안 될 것 같다는 추상적인 생각이 될 수 있다는 확신으로 바뀌게끔 도와주기 때문이다. 성공한 저자들 대부분은 자신만의 거인 위에 올라간 사람들이다.

　책을 읽음으로써 거인의 어깨 위에 올라서라. 우리가 첫 번째로 봐야 할 것은 자기 자신이다. 수많은 자기계발서와 성공한 자들의 모든 말의 공통점은 나, 자신으로부터 시작된다고 이야기한다. 나는 한때 인간관계에 굉장히 지치고 자존감이 낮으며 그 무엇도 되지 못할 것이라는 자기비하를 일삼는 시기가 있었다. 하지만 책을 읽고 상상하는 힘을 기를 수 있게 되었다. 무엇보다 책의 저자들은 나보다도 훨씬 안 좋은 상황에서 힘차게 일어나서 성공자의 삶을 살아가는 점에 빠져들었을 수도 있다. 책을 읽고 나 자신을 바꾼 것이지만 만약 책이 없었다면 아마도 나는 바뀌지 않았을 것이다. 책에서는 운동선수들이 하는 훈련 중의 하나인 이미지 트레이닝은 직접 행동하지 않고도 상상으로 훈련한다고 이야기한다. 뛰어난 운동선수일수록 이미지 트레이닝을 많이 한다고 한다. 우리가 자신을 돌아보기 위해서도 단단하지 않더라도 적어도 만족하는 자기 자신을 만들려면 이미지 트레이닝처럼 상상하는 훈련이 필요하다. 불행을 위해 남과 비교하는 행동을 자신이 뭐든 할 수 있다는 행동으로 전환할 필요가 있다. 거인 위에 올라서려면 올라설 수 있다는 확신을 하고 올라서기를 시작하는 것이다. 누구를 사랑하더라도 자신부터 사랑해야지 제대로 된 사랑을 하듯 우리가 바라는 것을 이루고 해내려면 자신부터 변화시키고 해야 한다. 그러면 비로소 우리는 원하는 것을 얻은 자세가 된 것이다. 나르시시즘이 우울증보다는 100배는 낫다. 나르시시즘은 과도한 자기애지만 결국 자신이 행복한 삶을 살 수 있다. 자신을 진정으로 사랑하고 심장이 뛴다는 것에 감사한다면 더 이상과 남과 비교할 필요가 없을 것이다. 자신의 한계를 정해 놓지도 않을 것이고 남의 눈치는 더더욱 볼 필요가 없을 것이다. 성공하려면 자신부터 사랑해야 한다. 시작인 반이라는 말이 있듯이 자신을 사랑한다면 성공과 행복을 이미 반이나 이뤄 놓은 것이다. 자신을 사랑하며 책을 읽어도 되고 책을 읽고 자신을 사랑해도 된다. 책 또한 다른 세상을 보고 체험함으로써 현재의 자신을 돌아볼 기회를 제공하기 때문이다. 그런 책들을 우린 너무 가치를 낮게 생각한다. 거인의 어깨 위에 올라서려면 가장 쉬운 방법은 책의 힘을 얻는 것이다.

거인의 어깨 위에 서려면 두 번째로 타인을 알아야 한다. 로버트 그린의 저서인 『인간 본성의 법칙』은 사람의 본성에 관해 깊은 이야기를 한다. 책의 서문은 이런 말을 한다.

"뜻밖에 아주 야비하고 어이없는 일을 당하더라도 그것 때문에 괴로워하거나 짜증을 내지 마라. 그냥 지식이 하나 늘었다고 생각하라. 인간의 성격을 공부하던 중에 고려해야 할 요소가 새로 하나 나타난 것뿐이다. 우연히 아주 특이한 광물 표본을 손에 넣은 광물학자와 같은 태도를 취하라."

이와 같은 인간의 본성을 안다면 상대가 어떤 사람인지 그 사람이 어떤 행동을 하더라도 차분하게 관찰할 수 있게 된다. 사람들에게 영향력을 발휘할 수 있으며 인생이 한층 수월해질 것이다. 만족스러운 관계 또한 쉽게 맺을 수 있게 된다. 궁극적으로 인간관계가 쉬워질 것이다. 인간의 본성을 알기에 자신 또한 돌아볼 수도 있다. 나 또한 이 책을 읽고 분노에 대한 패턴을 알게 되어 내 감정을 더 자세히 살펴볼 수 있게 되었다.

나는 개인적으로 로버트 그린과 같이 인간의 내면에 대해 핵심을 잘 말해주는 사람이 좋다. 지금 우리가 사는 세상은 인간이 만들어 놓았고 또 계속해서 변화시키고 있는 것 또한 인간이다. 그런 인간의 본성을 안다면 나를 이해하고 타인을 이해하며 나아가 세상을 이해하는 데 도움을 받을 것이다. 또한, 본성을 거스르는 행동이 오히려 안 좋은 결과를 초래하게 되는 것을 알게 되며 오히려 본성의 장점을 잘 이용해 행복에 좀 더 가까워질 수 있을 것이다. 성공하기 위해 로버트 그린이 말해주는 전략을 받아들이고 전략가로 사는 것이 딱딱할 수는 있다. 하지만 SNS로 타인의 감정에 지배당하는 삶을 살 바에는 이렇게 세상을 똑바르게 바라보고 똑똑하게 사는 것이 훨씬 나을 것이다.

세상에 도전하기 전에 자신에게 도전하라

거인의 어깨 위에 올라서기 위한 세 번째 과제는 세상을 봐야 한다. 세상을 어떻게 볼 수 있을까? 열심히 읽은 독자들은 어느 정도 감이 올 것이다. 책을 읽는 것도 정답이다. 자신을 돌아보는 것도 정답이고 사람에 대해 잘 아는 것도 정답이 될 수 있다. 자신이 변하면 세상은 변하게 된다. 프랑스 작가인 라 브뤼에르는 '인생은 느끼는 자에게는 비극이지만 생각하는 자에게는 희극이다.'라는 말을 했다. 이 말이 무엇을 뜻하는 깊게 생각했다. 자신이 처한 상황이 만족스러운 경우는 대부분 없을 것이다. 정말 초인 정도로 삶을 공부하고 깨달은 사람에게는 희극일 수 있을 것이다. 현대 시대를 살아가는 현대인들은 생각을 많이 하지 못하게 된다. 개선이 불가능하다는 생각이 내재하여 있고 주어진 환경에 적응하기 바쁘기에 느끼면서 살 수밖에 없다. 이렇게 단순히 느끼기만 한다면 삶이 비극으로 흘러가는 것은 당연할 수밖에 없다. 하지만 바뀔 수 있다는 생각으로 자신부터 변하면 바뀌기 위한 해결책을 세우기 위해 노력하고 연구할 것이며 세운 해결책을 이루기 위해 나아갈 것이다. 이렇듯 생각하며 살아가는 사람에게는 삶이 비극보다는 희극에 가깝게 다가갈 수 있을 것이다. 이제부터 우리가 직면한 현실을 느끼고 고통 받지 말고 어떻게 이겨낼 수 있는지에 대해 생각해야 한다. 인간은 인간 그 자체로서 하나의 우주이다. 세상에서 가장 힘든 싸움이 자신과의 싸움이라는 말이 괜히 있는 말이 아니다. 자기를 다스리고 이길 줄 아는 사람은 남을 다스릴 수 있다는 말이 있다. 결국, 다시 돌아가 세상을 보기 위해서는 우주 같은 자신을 봐야 하고 세상을 다스리려면 자신부터 다스릴 줄 알아야 한다. 정확하게 이해하기 위해서, 시간의 소중함을 알기 위해서는 자기 죽음을 깊게 생각해보아라. 옥상에 서서 '정말 두 발 정도만 디디면 죽을 수도 있다'는 생각이 들 때면 자신의 남은 인생을 최대한 후회 없이 살 수 있을 것이다. 적어도 죽을 수도 있다는 생각이 계속 남아 있다면 말이다. 결국, 세상은 자기 자신이다. 이제부터 한 세상을 원망하거나 탓하지 말고 사랑했으면 좋겠다. 그러면 세상은 아름다울 수 있을 것이다. 적어도 그렇게 되기 위해 노력을 할 수도 있고 말이다.

사실 나는 책을 읽으며 자신을 알고 남을 알고 세상을 알아야 한다는 말은 누구나 할 수 있는 것처럼 들렸다. 하지만 그런데도 이렇게 쉽게만 보이는 것을 모호하게 말하고 살아감으로써 불안해지는 것이다. 책의 저자들은 그런 것들을 조금 명료하게 정의함으로써 사람들에게 확신을 준다. 그렇기에 책을 읽는 것이 중요한 것이다. 확신이 생긴다면 거인의 어깨 위에 올라서서 세상을 바라볼 수 있게 되는 것이다. 주식에 투자해서 돈을 벌 것이라는 확신이 있으면 실행력이 낮은 사람도 투자할 수 있을 것이다. 거인의 어깨 위에 올라가려고 하는데 떨어질 거라 말하는 사람이 어떻게 오를 수 있겠는가? 나의 두 팔과 두 다리에 붙어 있는 근육과 오를 수 있다는 자신감이 있어야지 비로소 한 발자국이라도 오를 수 있게 된다.

04

독서는 절대
나를 배신하지 않는다

절대 배신하지 않는 것은
엄마, 아빠 그리고 독서일 것이다

나에게 있어 독서를 한 문장으로 표현한다면 '아낌없이 주는 나무'라고 할 수 있다. 마치 어머니가 아이에게 조건 없는 사랑을 주듯 각각의 책은 자신이 담고 있는 모든 내용을 독자에게 아낌없이 주고 있다. 그러나 너무 아낌없이 주는 탓일까. 우리는 독서의 가치를 잘 모르고 있는 듯하다. 어떤 사람은 책을 읽고 쉽게 바뀌지만, 책을 읽고도 그대로인 사람이 있다. 책의 가치는 책 자체보다는 우리 자신에게 달려 있다고 봐도 무방하다. 책은 우리가 궁금해하고 찾고자 하는 답을 책 나름의 학문을 기반으로 답해주고 있다. 이것을 어떤 방법으로 나에게 적용할지는 전적으로 우리에게 달려 있다. 정말 아주 가끔 이런 것도 책이구나 싶을 정도로 질 나쁜 내용의 책들이 있지만, 그래도 나는 그런 책을 탓하진 않는다. 단지 나에게 맞지 않는 책이라고 여길 뿐이다. 그런 책도 누군가에게는 쓸모가 있을 것이라고 본다. 내가 군대에 있을 당시에 선임이 마음의 위로가 되는 에세이를 읽고 있는 후임을 비판하는 것을 목격한 적이 있다. 선임은 "그런 책을 읽는 것 자체가 시간 낭비이고, 이해가 되지 않는다."라고 후임에게 말했다. 물론 그 선임이 남들이 읽기 힘들어하는 종류의 고전문학책을 즐겨보지만, 그 후임이 읽고 있던 에세이는 그에게 있어 힘든 군 생활을 작게나마 위로해줄 수 있는 좋은 책이었다. 지식만을 탐하는 선임에게는 그 에세이가 쓸모없어 보일 수 있지만, 반대로 후임에게는 에세이의 감성적인 글귀들이 크게 와닿았을 것이다. 그 에세이를 읽고 후임의 군 생활이 전보다 나아졌다면 그 책의 역할은 그것만으로도 충분한 것이다. 이렇듯 책의 가치는 너무나도 상대적이기에 개개인의 잣대만으로 함부로 평가할 수 없다. 그래도 조금 더 좋은 책을 읽으려면 다른 책들과 비교해 더 깊이 있는 지식과 통찰력, 그리고 생각할 재료를 던져주는 것이 더 좋은 책이라고 생각한다. 실용서뿐만이 아닌, 모든 책을 통틀어 마찬가지이다.

만화책이라고 무조건 유익하지 않은 건 아니다. 어머니께서 내가 어릴 적에 만화책을 보면 게임을 할 때와 마찬가지로 많은 걱정을 하셨던 게 기억난다. 하지만 지금 집에 있는 저자 주호민의 『신과 함께』는 어머니도 즐겨 읽는 만화책이기도 하다. 죽음을 주제로 하는 『신과 함께』는 인생을 다시 한 번 돌아볼 수 있는 기회를 준다. 가벼워 보이는 이미지를 가진 만화책이지만 그 속에서 다루고 있는 내용은 제법 무겁게 느껴진다. 만화는 글로만 접했을 때 무겁게 느끼는 주제를 만화로 그려냄으로써 접근성이 좀 더 쉬워진다는 장점이 있다. 사람들이 만화책을 안 좋게 보는 이유 중 하나는 글보다는 그림 위주여서 우리가 깊게 사고할 시간이 없기 때문이라고 생각한다. 그런데도 만화책을 읽는 것은 아예 읽지 않는 것보다는 많은 기회를 제공해준다. 만화여도 작품성이 훌륭해서 끝까지 다 읽고도 계속 생각이 나는 것이 있는가 하면, 현실에 치여 스트레스를 받았을 때 읽는 것만으로도 그것을 시원하게 날려버릴 수도 있다. 모든 책은 저마다 나름의 가치를 가지고 있다. 그러니 어떤 책이든 비판과 수용을 적절히 활용하며 읽는다면 뛰어난 독서를 할 수 있을 것이다.

독서는 배신하지 않는다. 물론 우리가 인생을 살면서 맞닥뜨리는 수많은 문제를 독서가 콕 집어서 해결해주는 것은 아니다. 절대적인 진리라고 이야기하는 책들이 많지만, 그것만이 정답이 될 순 없다. 책들이 말하는 정답은 책을 쓴 저자에게만 허용되는 확신이다. 그렇지만 우리는 그렇게 정답이라고 말하는 책을 통해 기준을 찾아갈 수 있다. 책을 통해 우리에게 지식이라는 재료가 쌓인다면 우리의 삶에도 작은 지혜가 쌓이게 된다. 책을 읽지 않았을 때 내리는 판단이 어느 정도 데이터가 쌓인 다음 내리는 판단과는 다를 수밖에 없다. 그렇기에 다양하고 폭넓게 독서를 해야 한다. 내가 독서에 대한 중요성을 계속해서 강조하는 것은 아무리 해도 지나치지 않기 때문이다. 나는 독서를 통해 수많은 것들을 얻었지만 무엇보다도 지혜와 열정을 크게 얻을 수 있었다. 물론 아직 지혜를 확실히 얻었다고 볼 수는 없지만, 과거의 했던 어리석은 결정들을 이제는 조금이나마 현명하게 내릴 수 있게 되었다. 그리고 직장인이 하는 말 중에 이런 말이 있다.

"직장을 다니니 학생 때가 얼마나 좋았는지 알 수 있게 되었다."

이런 말들은 결국 자신이 학교에 다니는 환경에서 직장으로 넘어가 새로운 환경을 경험하기 때문에 생기게 된다. 낯선 환경에 자신이 던져짐으로써 과거의 자신을 돌아볼 수 있게 되었고, 미처 느끼지 못한 부분을 객관적으로 볼 수 있게 되기 때문이라 본다. 독서는 이러한 과정을 경험하게 해준다. 독서를 통해 저자가 말하는 새로운 환경에 빠져듦으로써 "나도 그랬지."라는 공감을 끌어내면서 익숙한 것을 새롭게 볼 수 있는 시각을 가지도록 만들어준다. 이것은 여행하고도 비슷한 관련이 있다. 여행함으로써 자신이 살던 환경이 안락하다거나, 아니면 만족하지 않았음을 깨닫고 비교를 함으로써 그것만으로도 인생이 바뀔 수 있는 이유가 충분히 될 수 있다. 내가 말하고자 하는 것은 책을 통해서도 얼마든지 자아를 찾아갈 수 있다는 얘기다.

남 탓하기 전에 자신부터 돌아보자

정말 좋지 않은 책을 이야기하겠다. 내가 책을 읽기 시작할 무렵 읽었던 소설로, 밀란 쿤데라의 저서인 『참을 수 없는 존재의 가벼움』이라는 책이다. 이 책의 내용은 니체의 '영원 회귀 사상'을 다루고 있다. '영원한 회귀'란, 우리가 이미 겪었던 일이 어느 날 그대로 반복될 것이고, 이것 또한 무한히 반복된다는 것이다. 그래서 산다는 것에 아무런 무게도 없고 우리는 처음처럼 죽은 것과 다름이 없어 우리의 인생이 그 잔혹함과 찬란함조차도 무의미하다는 걸 말해주고 있다. 각자가 가진 무거움과 가벼움을 번갈아 보여주며 치열한 삶을 살아가는 과정을 그려내고 있다. 책에서 말하는 무거움이란 인간사에 계속해서 반복되는 사회적인 구조나 체제, 사상, 전통 같은 것들이다. 반대로 가벼움은 그런 무거운 관습에서 벗어나 개인의 삶으로써 모든 것이 허용되는 걸 말한다. 무거움은 책임과 의무를 떠안지만, 가벼움은 자유로워진다는 장점이 있다. 네 명의 가볍고 무거운 주인공들이 나와 서로를 사랑하고 갈등하는 전개가 책의 주요 내용이다. 인간들은 자신들의 존재가 너무도 가볍기에 무거움을 만들어낸다. 또한, 그 무거움을 벗어나는 순환이 반복된다. 내가 이 책을 좋지 않은 책이라고 말한 이유는 처음에 이 책을 읽는 도중, 다소 이해하기 어려운 내용에 읽기를 포기해버렸기 때문이다. 그 당시·나는 나를 탓하기보다는, 책만을 탓하면서 앞으로는 이런 어려운 소설은 읽지 않겠다고 다짐한 적이 있다. 하지만 지금 생각해보면 어리석기 짝이 없는 행동이었다. 이 책을 다 읽은 지금의 시점에서는 정말 명작이라고 할 수 있다. 이 책은 결국 삶을 긍정하고 현실에 충실하며 진정한 삶을 살라고 역설적으로 우리에게 말하고 있다. 모든 것이 무의미하고 덧없다고 얘기한 것이 결국은 그 자체로 의미가 있다고 생각한다. 내게 있어 좋지 않은 책이란, 읽다 중도 포기를 해버리는 책이다. 사실 책이 문제가 아닌, 내가 문제일 것이다. 사실 『참을 수 없는 존재의 가벼움』은 너무나 좋은 책이다. 하지만 아무리 좋은 책이라도 이해하지 못하고 읽지 못한다면, 더는 좋은 책일 수 없을 것이다. 내가 하고자 하는 말은, 결국 책이 문제가 아니라는 것이다. 대부분은 자신이 문제일 것이며 우리는 그것을 알아야 한다.

나는 이런 과정을 통해 즉, 실패로 성공보다 더 많은 것을 얻을 수 있었다. 자신에게 맞는 책을 찾으라고는 하지만 그것이 어떤 책인지 모를 수도 있다. 갑자기 뜬금없이 읽은 책 한 권이 내 인생을 바꿔줄 인생 책이 될 수 있으며 그렇기에 나는 책을 쉽게 판단하거나 나쁘다고 말하기가 어렵다. 내가 추천하는 책은 개인적으로 나에게 있어서 좋은 영향을 심어준 책들이다. 하지만 내가 추천함으로써 좀 더 신뢰감을 느낀다면 그것으로 충분할 것이다. 하지 않고 후회하는 것보다는 하고 후회하는 것이 더 났다는 걸 알게 되었기 때문이다. 나 또한 책을 읽고 후회하는 것이 그 책을 읽지 않고 후회하는 것보다 많은 깨달음을 주었다. 독서는 절대 나를 배신하지 않았다. 이제껏 배신이라고 생각했던 것은 결국 내 자신이었다. 그러니 우리의 독서 혈관을 항상 뚫어주자. 우리의 피가 느리게 흐르더라도 움직인다면 결국 몸에 있는 어느 부위에든 도착할 수 있다. 피가 원활히 흐르면 우리의 몸은 건강해질 것이며 독서를 한다면 이처럼 우리의 정신이 건강해질 것이다. 독서를 시작했다면 빠르게 체감하지 못할 뿐, 이미 우리의 변화는 이루어지고 있다. 그런 변화는 멈추지 않을 것이고 우리는 어떤 어려움이 있더라도 설령 절망하더라도 다시 일어서서 나아갈 수 있을 것이다. 책을 읽으며 진정으로 깨달은 것은 성공이 아니었다. 나에게 성공은 행복의 일부 중 하나라는 것을 알게 되었다. 우리가 살아가는 목적은 행복해지려는 것 또한 알게 되었다. 그런데도 사람들은 온갖 도덕을 말하고 계명을 갖고서도 그렇게 행복하지 못한다. 그것은 자신을 행복으로부터 멀어지게 하고 선한 행동을 하지 않기 때문이다. 선한 행동은 사랑의 다른 표현이다. 사랑하는 능력이 마음속에 있는 한 우리는 좋은 세상에서 살고 있다고 나는 믿는다. 그렇기에 독서는 절대 나를 배신하지 않는다.

05

결국 미친 독서력이
인생을 바꾼다

한 번쯤 미쳐야 한다면 독서에 미쳐라

나를 바꾼 것은 궁극적으로 미친 독서이다. 나는 독서를 시작한 지 1년이 채 안 됐을 때 300권이 넘는 책을 읽었다. 하루 빨리 성공하고 싶은 욕망에 매일 게걸스럽게 책을 탐했다. 그 1년간 읽은 300권의 책이 지금의 나를 만들었다고 해도 과언이 아니다. 1년에 300권을 읽었다고 했을 때 어떤 사람은 정말 많이 읽었다고 얘기하는 경우도 있지만, 300권이라는 숫자가 그렇게 많은 건지 의아해하는 사람도 있다. 내가 느끼기에 나는 이제껏 살면서 한 번도 독서를 하지 않다가 어느 순간 이렇게 미친 듯이 독서를 했다는 것은 과거와 비교했을 때 정말 있을 수 없는 일이라고 생각한다. 책을 읽으면서 나는 하루가 다르게 사고가 대폭 확장되고 거기서 얻은 지식이 융합되면서 폭발적인 성장을 이루었다. 그러다 책을 30권 정도 읽었을 때는 세상을 전부 깨달은 듯 오만하게 행동했었으나 100권이 넘어가면서부터 나는 세상에 존재하는 지식을 수박 겉핥기식으로만 읽었다는 것을 알게 되었다. 한마디로 겸손이라는 미덕을 얻을 수 있던 것이다. 책에서 보통 사람들이 가질 수 없었던 철학과 생각을 듣다 보면 상상도 할 수 없는 성공비결을 배울 수 있었다. 책을 읽으면서 더불어 세상을 바라볼 수 있게 되는 통찰력 또한 생기게 되었다. 내가 살아가면서 겪고 있는 여러 문제와 어려움을 더욱 쉽게 풀어나갈 힘이 생겼고 인생의 방향 또한 주체적으로 정할 수 있게 되었다. 예전에는 항상 남들을 의지하며 살아왔던 내가 이제는 스스로 생각을 하며 답을 찾게 되었다. 이렇게 답을 찾다 보니 자연스럽게 사람들이 내게 답을 구하는 신기한 현상이 벌어졌다. 나도 처음에는 누군가와 비교하며 여태껏 살아온 인생에 대해 불행하다 느꼈었지만, 책을 읽던 도중, 그런 비교 자체가 아무짝에도 쓸모없다는 것을 알게 되었다. 그러나 지금은 그런 비교를 이용하여 올바른 열등감을 자신에게 유리하게 적용하여 내 성장을 위한 밑거름으로 활용할 수 있게 되었다. 이 열등감의 활용을 예시로 들자면, 만약 내가 독서모임에서 나보다 더 말을 잘하는 사람을 만났다고 했을 때 모임이 끝난 후 집에 와서 나 홀로 그 사람보다 말을 잘하기 위해 더 열심히 노력한다는 것이다. 나보다 더 다양한 지식을 알고 있는 사람이 있다면 나는 그 사람을 뛰어넘기 위해 표출된 열등감을 적극적으로 이용하여 더 열심히 책을 읽을 것이다.

만약 빌 게이츠가 미친 듯이 독서하지 않았다면 마이크로소프트를 창시한 것은 물론 그는 고작 평범한 직장인에 불과했을 것이다. 만약 세종대왕이 미친 듯이 독서를 하지 않았더라면 지금 우리가 읽고 있는 한글은 아예 없었을 수도 있다. 만약 오프라 윈프리가 미친 듯이 독서하며 독후감을 쓰지 않았더라면 유명한 방송인은 물론 자신의 상처조차도 치유하지 못했을 것이다. 또 현대 그룹의 회장인 정주영이 미친 듯이 독서하지 않았더라면 그는 우리와 같은 평범한 사람에 지나지 않을 수도 있다. 워런 버핏이 어렸을 때부터 독서를 하지 않았더라면 자신의 인생 책인 벤저민 그레임의 『현명한 투자자』를 읽지도 못했을뿐더러 주식이라는 것을 몰랐을 수도 있다. 만약 에디슨이 미친 듯이 독서를 하지 않았다면 뛰어난 발명가는 커녕 우리는 그의 이름도 기억하지 못했을 수 있다. 이처럼 독서를 통해 자신을 바꾸고 성공했던 대부분 사업가는 책이라는 무기가 없었다면 쉽게 무너질 수 있었을 것이다. 내가 말했던 사람들 말고도 다른 수많은 사람이 독서를 통해 행복을 이루는 것은 물론 남들의 인정을 받을 만큼 성장했다.

내가 군대에서 미친 듯이 독서를 할 때 사람들은 나의 변화를 쉽게 알아차리지 못했다. 하지만 당사자인 나는 내가 어떻게 변하고 있는지 알 수 있었다. 다 읽은 책들이 한편에 쌓여갈수록 나의 인생의 가치도 점차 쌓여가는 것을 알게 되었다. 더는 흘러가는 대로 타고난 운명을 받아들이지 않기로 했던 것도 독서를 미친 듯이 시작한 이후부터였다. 독서를 하면서부터 자연스럽게 내 삶을 개척해 나갈 수 있다는 자신감이 생기게 되었다. 유명한 격언 중에 '삼국지를 세 번 이상 읽은 자와는 말도 섞지 마라'는 말이 있다. 나는 이 말을 단순히 삼국지를 세 번 읽는다면 삼국지에서 나오는 여러 기만, 책략, 처세술을 익히기 때문에 논쟁이 통하지 않을 정도로 똑똑해지기에 그런 줄 알았다. 비록 난 삼국지를 세 번 읽지는 않았지만 그래도 정독을 한 후로는 이 말이 왜 유명한지 알게 되었다. 우선 삼국지에는 각각의 인물이 하는 생각들과 전쟁을 통해 수많은 처세술을 설명한다. 가지각색의 등장인물들을 보고 관찰하기에 사람의 본성을 능숙히 파악할 수 있는 사람이 될 것으로 생각한다. 그리고 삼국지에 나오는 철학과 인문학, 심리학, 도덕론 등 수많은 인문학적 지식이 다량으로 받아들일 수 있게 된다. 우리가 세상을 살면서 쉽사리 겪을 수 없는 것들을 삼국지에서는 간접적으로 체험할 수 있다. 우리가 인생을 살아가면서 겪는 혼란과 마찬가지로 삼국지에서도 여러 혼란을 겪고 일어서는 과정을 나타낸다. 모든 책이 그런 능력이 있지만, 특히나 삼국지는 인생의 지혜가 담긴 책이기에 이런 책을 세 번 이상 읽었다는 것은 인간을 대하는 자세가 보통 사람하고는 남다를 수밖에 없을 것이다. 삼국지를 읽고 하루하루 우리가 불가피하게 치르는 전쟁에서 이길 수 있다면 삼국지라는 책은 그 자체로도 어마어마한 효력을 발휘할 것이다.

　나는 삼국지를 세 번 읽는 것보다 더 무서운 것은 '미친 듯이 책을 읽는 것'이라 생각한다. 책을 읽고 나의 잠재력은 무한하다는 것을 알게 되었고 그것은 타인에게도 마찬가지였다. 그렇기에 책이라는 무기를 매일 엄청나게 수집한 사람은 그야말로 수많은 내공을 가진 사람이 될 것이다. 그런 내공이 쌓이고 쌓인다면 좌절하거나 실패를 해도 얼마든지 다시 일어설 수 있게 된다.

타이탄의 도구, 독서

　『타이탄의 도구들』은 저자인 팀 페리스가 세상에서 가장 지혜롭고 부유하며 또 건강한 사람이라고 평가받는 인물들을 만나고 쓴 책이다. 저자는 이 사람들을 타이탄이라고 칭한다. 그리고 이 타이탄들이 가지고 있는 공통된 무기들을 독자에게 설명함으로써 책의 전개를 이어나간다. 예를 들어 타이탄들은 일어나자마자 잠자리를 정리하고 명상을 하거나, 스트레칭을 꾸준히 한다. 두려움을 극복하기 위해서 최대한 단식을 해보는 등 예행연습을 통해 두려움에 대항한다. 이 외에도 타이탄들이 가진 공통된 습관들을 설명해 줌으로써 무작정 자신의 책이 정답이라고 말하는 일반적인 자기계발서와는 접근을 달리한다. 평범한 사람들이 이처럼 타이탄들이 하는 습관들을 따라 하기 위해 노력한다면 결국 어느샌가 타이탄으로 바뀐 자신을 볼 수 있을 것이다. 실제로 타이탄의 습관 중 아침에 감사일기를 쓰는 것이 있었다. 그것을 따라 해본 결과 그 날을 시작하는 기분 자체가 달라지는 걸 느낄 수 있었다. 같은 일상 속에 드는 무료함이 오히려 안정적인 생활이라는 감사함으로 긍정적인 마음을 가질 수 있었다. 왜 그들이 지혜롭고 부유하며, 또 건강한지를 알 수 있게 되는 책이었다.

독서 또한 마찬가지이다. 내가 생각하기에 최고 타이탄의 도구는 바로 책이다. 책을 통해 다른 사람이 어렵게 얻은 지식을 쉽게 얻는 것만큼이나 좋은 타이탄의 도구가 있을까? 만약 매일 한 권의 책을 읽는다면 매일 하나의 세상을 만날 수 있다. 일반 사람이 불행하고 또 불안한 이유는 편협하게 자기만의 세상 속에 갇혀 있기 때문이다. 만약 당신이 미친 듯이 독서를 한다면 많은 세상을 보면서 자신의 세상을 크게 만들어 나갈 수 있다. 이렇게 대단한 사람도 있다는 것을 깨달으면서 겸손해지고 나도 저렇게 되겠다는 열정도 가질 수 있다.

당신이 나아가는 삶의 여정이 얼마나 고단한지 나는 자세히 모른다. 그것을 벗어나기 위해서는 미친 듯이 책을 읽어야 한다는 내 언급에 동의할지는 모르겠다. 하지만 이것 하나는 확고하게 말할 수 있다. 미친 듯이 독서를 해본 나로서는 그 기간 많은 게 바뀌었다. 그리고 지금 또한 계속 바꿰어 나가고 있다. 책을 통해 얻은 지식과 경험을 독자들과 나누며 독서에 대한 열정을 응원하고 싶다. 나 또한 독서를 하면서 알게 된 것은 내가 읽은 책의 저자들이 나를 응원해줬다는 사실이다. 여러 응원이 있지만 결국 행복한 사람이 되라는 응원으로 끝맺고 싶다. 간절히 바꾸고 싶은 게 있다면 뭔가에 미쳐있어야 한다. 한마디로 자신의 인생을 바꾸고 싶고, 최소한 지금보다 더 나아지고 싶다는 생각이 든다면 한번쯤은 미친 듯이 독서를 해보는 것을 추천한다. 분명히 미친 듯이 책을 읽으면서 당신이 가지고 싶은 것, 원하는 것, 이외에 더 많은 것을 얻을 수 있을 것이다.

06

3년 뒤의 나를
상상하라

내가 상상하면 꿈은 현실이 된다

분명 성공한 사람들은 그 과정이 순탄치만은 않았을 것이다. 그런 성공의 이면에는 수많은 좌절과 실패가 동반되었으며 그것을 견뎌내고 이겨내야 비로소 성공에 한 걸음 나아갔을 것이다. 수많은 목표를 세웠고 하나를 끝내면 또 다른 목표가 나타나며 그렇게 언제쯤 성공할지 모르는 미래를 향해 계속 나아갔다. 어떻게 그렇게 할 수 있는지 너무 궁금했다. 성공한 사람들과 마찬가지로 이름을 날린 수많은 운동선수도 징크스가 있다는 것을 아는가? 우리나라에 대표적인 농구선수이자 내가 좋아하는 서장훈은 시합이 있으면 시합을 잘 해야 한다는 부담감에 수천 개의 징크스가 생겼다고 한다. 예를 들어 시합을 나가기 전 음료수 4개가 책상에 있으면 이 4개의 음료수를 질서정연하게 놓아야지만 이길 것이라는 징크스 말이다. 나는 서장훈이 시합을 잘하고 싶은 마음이 얼마나 클지 감히 상상하지 못한다. 그만한 징크스가 있을 정도면 농구에 대한 열정이 대단했을 것이고 엄청난 노력 끝에 결국 서장훈은 대한민국에서 제일 슛을 많이 넣은 농구 선수로 기억된다. 나는 운동선수들의 이런 징크스가 비록 미신에 불과할지라도 자신감 향상에 도움을 주고 이렇게 얻게 된 자신감은 승부에 영향을 준다고 생각한다. 징크스가 과학적으로 정말 효과가 있는지는 관심이 없다. 잘못된 확신이 있더라도 사람들의 징크스는 그 사람의 자신감 향상에 도움을 주기 때문이다. 징크스는 확실히 심리적으로 불안해서 생기는 현상이다. 비록 우리에게 주어진 현실은 바뀌지 않겠지만 우리의 생각은 충분히 변할 수 있다. 나는 이런 징크스를 잘 이용해야 한다고 생각한다. 우리는 분명히 불안정한 인식을 가지고 있다. 하지만 그렇기에 세상을 더 다채로운 시각으로 바라볼 수 있다. 그것이 바로 우리의 인식을 바꾸도록 도와줄 '상상력'의 힘이다.

우리는 늘 다양한 상상을 하며 살아간다. 인식이 불안정하기에 확고한 계획보다는 조금 추상적인 상상을 함으로써 자신이 원하는 것을 막연하게 그려낸다. 그렇기에 상상이란 것은 무척이나 위험천만하며 때로는 무모하지만 인간이 가지고 있는 최고의 무기이다. 상상이 위험한 이유에는 여러 우울증 사례를 들어 설명할 수 있다. 예를 들어 자신이 한 집안의 가장이라고 생각해보자. 지금 당신은 배우자가 바람난 상태이고, 두 명의 아이들은 집 안에서 울고 있다. 이때, 바람난 배우자의 원인이 자신이라고 생각한다면 크게 낙담한 채로 눈앞이 캄캄하다는 상상이 들 것이다. 이렇게 자신의 심리상태가 부정적이고 매우 불안할 때 상상은 너무나 위험한 독이 된다. 계속해서 이런 안 좋은 상상을 한다면 불안은 가중될 것이다. 그러나 우리에게 주어진 불안정한 인식은 여기서 유용하게 쓰일 수 있다. 바람난 배우자에 대해서는 자식들에게 있어 충실하지 못한 부모였기에 오히려 자신이 자식들을 전적으로 돌볼 수 있는 계기가 마련되었다고 관점을 바꾸는 것이다. 한마디로 사랑스러운 두 아이의 관심을 오롯이 독차지할 수 있다고 생각해보는 것이다. 그리고 이렇게 상상해보자. 스스로가 훌륭한 부모가 되어 자식들을 올바르게 키워내고 부모로서 인정받는 상상 말이다. 이렇게 상상을 이용한다면 우리에게 주어진 문제들을 좀 더 쉽게 풀어나갈 수 있을 것이다. 그것이 어떤 문제든 말이다. 이제부터 상상하는 힘을 길러보자.

내가 독서를 시작한 지 얼마 안 됐을 때, 나는 한 가지 목표를 세우게 됐다. 바로 석 달 만에 책 100권 읽기였다. 이제껏 한 권도 제대로 읽어보지 않았던 나에게는 책 100권이 그야말로 엄청난 과제였다. 나는 이 과제를 완수했을까? 답은 그렇다. 그렇기에 이렇게 자랑스럽게 글을 쓰고 있다. 만약 이때 내가 책 100권은커녕 50권도 읽지 못할 거란 상상을 했다면 지금의 나는 없을뿐더러 책 100권은 당연히 읽지 못했을 것이라 본다. 실제로 내 후임이 장난식으로 어떻게 석 달 만에 책을 100권이나 읽을 수 있냐고 하면서 절대로 안 될 거라고 호언장담했다. 하지만 나는 내 안에 있는 조그만 가능성을 엿보았다. 한 장의 책을 읽은 나는 한 권의 책을 읽을 수 있다고 생각했고, 한 권을 읽었으면 열 권을 읽을 수 있다고 생각했다. 그리고 그 다음은 100권까지 읽을 수 있다고 생각했다. 실제로 나는 다독가가 쓴 독서법에 관한 책을 읽으며 이 저자는 5천 권도 읽은 사람인데 나도 1000권쯤은 읽을 수 있다고 생각했다. 그리고 1000권을 다 읽고 나서 변한 내 모습을 상상해보았다. 실로 이런 상상은 나에게 엄청난 에너지를 주었다. 그 후임에게 100권은 읽을 수 없을 것 같은 상상이 나에게는 당연히 읽을 수 있는 것으로 생각했다. 50권 정도를 읽었을 때 조금 힘들었지만 1000권 까지는 거리가 있으므로 페이스 조절을 하며 읽었다. 나는 100권을 목표로 잡았지만, 사상으로는 1000권을 읽는 것을 목표로 잡았기에 100권은 가볍게 건너가는 과정일 뿐이었다. 만약 그 다독가의 책을 보지 않고 이 후임의 말을 깊게 생각하며 정말 내가 100권을 읽을 수 있을지 의심하며 50권도 읽지 못할 것이라는 상상을 했다면 나는 정말로 읽을 수 없었을 것이다.

우리는 때로는 무모한 상상이나 환상이라도 할 수 있어야 한다. 그러면 우리는 우리가 상상하는 것들로부터 달려갈 수 있는 길이 생기게 된다. 의식적으로라도 자신의 좋은 미래를 상상하면 좋다. 지금 이 책을 쓰고 있는 나도 이 책을 읽고 있는 독자를 한 명이라도 독서가로 만든다고 상상하면서 글을 쓰고 있으며, 더 많은 재료를 얻기 위해 도서관에 살다시피 하며 공부한다. 반대로 '이 책을 한 명이라도 볼까?' 하는 부정적인 상상을 한다면 읽기도 힘든 쓰레기 같은 원고가 나올 것이다. 어쩌면 책을 다 쓰지도 못하고 중도 포기를 했을 것이다. 책을 쓰는 것이 생각보다 어려운데 이때야말로 자신이 꿈꾸는 미래를 상상해야 한다. 분명히 당신의 열정이 증가할 것이다. 정말 미래가 어떻든 상상을 해야지만 상상 속의 미래로 한 걸음이라도 걸어갈 수 있다.

꿈이 타오르기 위한 연료, 상상력

죽음이라는 것은 인간을 불안하게 만든다. 그래서 인간은 완전무결한 것을 갈망한다. 어렸을 적 보름달이 뜨면 나와 가족들은 보름달을 보며 손을 모으고 소원을 빌었다. 소원을 빌면서 우리가 원하는 것을 상상하게 된다. 그때는 나는 세상에서 가장 힘이 세게 해달라는 터무니없는 소원을 빌었다. 내가 상상한 소원이 내 힘이 세지게 했는지는 모르겠지만 부모님의 건강을 소원으로 빈 아버지는 아직도 정정하신 할머니 할아버지를 챙기고 계신다. 그런 상상이 결국 부모님을 공경하는 효자가 되었고 음식을 만들면 부모님께 드리는 행동으로 이어졌다. 내가 책을 100권을 다 읽었을 때는 3년 뒤의 나를 상상해보았다. 10년은 너무 멀고 1년은 너무 가깝기에 조금 추상적이며 그런대로 해낼 수 있는 3년이라는 시간이 적합한 것 같다. 3년 뒤의 나는 좋은 몸을 가지고 있을 것이며, 책 또한 1000권을 읽었을 것이라는 상상을 했다. 3년이 지난 지금은 책을 1000권은 읽지 못했지만, 그 중 절반 정도는 읽었다. 그리고 어느 정도의 몸을 만들었고 더 좋게 만들기 위해 매일 열심히 운동 중이다. 상상대로 되진 못했지만, 남들이 정해놓은 선을 완전히 부숴버릴 정도의 성과를 만들어 냈다. 어린 나이에 책을 쓸 수 있다는 것도 남들이 생각하기에는 말도 안 된다고 말하는 것이다. 그러나 나는 매일 다섯 장에서 열 장 정도의 원고를 성실히 쓰고 있다. 물론 책을 쓸 때는 내가 베스트셀러 작가가 되었다는 상상을 하며 쓰고 있다.

마지막으로 현실에서 정해놓은 선을 벗어나야 한다. 우리가 상상하는 것이 곧 우리의 현실이다. 성공하려면 상상은 해야 할 수밖에 없는 방법이다. 상상에 대해 궁금하다면 좀 더 알아봐도 좋을 것이다. 이 책을 읽고 나서 3년 뒤의 나를 상상해보자. 자신이 원하는 꿈을 최대한 구체적으로 그려보고 상상하라. 그리고 그에 걸맞은 노력을 할 준비를 해라. 당신은 당신이 원하는 모든 것을 할 수도 있지만 반대로 못 할 수도 있다. 어느 결과가 나오는가는 당신의 상상에 달려 있다. 나는 항상 내가 원하는 상상을 하면 상상을 했던 것을 전부 이루지 못하더라도 아예 안 했을 때보다 더 많은 것을 얻게 된다. 상상력은 우리가 나아가는 길목에 있는 기회들을 볼 수 있게 한다. 상상에 있어서 반전은 딱히 없다. 하나 있다면 '자신이 신이 될 수 있다' 정도의 상상을 제외하고는 1% 정도의 가능성이라도 있다면 해 봐도 좋다. 그리고 최선을 다해 나아가면 될 것이다. 힘들 때마다 자신이 했던 상상을 되새겨보고 흐려지지 않도록 계속 굳혀라. 당신은 정말로 바뀔 것이다. 내가 상상하면 꿈은 현실이 된다.

07

한 권의 책을 읽을 때마다
새로운 세상이 열린다

지금 우리의 모습은
수많은 의사결정의 종합체다

"읽은 책이 한 권이면 한 권의 이익이 있고, 온종일 글을 읽었다면 하루의 이익이 있다."라는 문장은 과문철의 명언이다. 이 책의 막바지에 다다른 당신은 새로운 세상을 만날 준비가 끝나 있다. 앞으로 책을 읽을 것이라서? 라고 묻는다면 그것도 맞는 말이다. 내가 말하고 싶은 것은 이 책을 이미 다 읽었기 때문에 당신은 이미 달라져 있다. 최소한 독서를 한 번도 해보지 않은 사람이라면 더욱 더 그럴 것이다. 이미 독서에 대한 새로운 사고관이 생긴 당신은 이 책을 읽지 않은 사람보다 훨씬 인생에서 배워야 할 것들을 많이 배운 것이라고 자신 있게 말할 수 있다. 흔한 컴퓨터 자격증을 딴 것보다 말이다. 이제 당신은 무엇이든 될 수 있다. 당신의 미래는 당신이 읽은 책에 의해서 결정될 것이다. 이제부터 "나는 어떤 것이 부족하므로 안 된다."는 말은 하지 않을 것이다. 그런 말을 할 시간에 책을 한 권 더 보는 것이 더 나은 의사결정이기 때문이다. 한때 나는 내가 세상에서 가장 불행하다고 생각한 적이 있었다. 책을 읽으면서 그리고 좀 더 새로운 시각으로 세상을 바라봤을 때는 세상 모든 사람이 자신이 가장 불행하다고 생각한다는 걸 깨달았다. 그리고 어쩌면 그게 맞을 수도 있다. 자기 생각에 갇혀 사는 사람이라면 당연히 자신이 제일 불행하기 때문이다. 그럴 때는 옆에서 어떤 사람이 무슨 말을 해도 안도가 되지 않는다. 우리는 이제 자신이 제멋대로 정해놓은 믿음을 부숴버릴 방법이 있다. 자신이 절망적인 상황에 부닥쳐 있다면 책을 읽어라. 우리가 여태껏 책을 읽지 못하는 것에 여러 핑계를 댔었다. "활자를 쫓아갈 수 없거나 자신이 책을 읽을 지능이 되지 않는다."는 식의 상상은 우리를 더욱 악의 구렁텅이로 빠져들게 할 것이다. 사실 정확히 따지면 다른 사람과 의사소통을 할 정도의 능력이 있다면 책을 읽을 수 있다. 읽지 못하는 사람의 의지가 부족한 것이다. 심리에 관한 책도 읽어보고 노벨문학상을 받은 소설책을 읽어도 된다. 이 책을 읽음으로써 내 삶이 어떻게 변하겠느냐는 상상을 하면서 읽으면 독서의 효과는 두 배 이상이 될 것이다.

나는 항상 서점에 가면 심장이 뛰고 떨리기 시작한다. 또 다른 책이 내 인생에 어떤 영향을 끼칠지 알지 못하는 설렘과 기대감 때문이다. 그런 다음 책으로 넘쳐나는 서점에서 어떤 책이 있는지 구경하다 보면 마치 여자가 백화점을 가서 쇼핑할 때의 기분과 같다고 할 수 있다. 바쁜 일상 속에서 가장 빠르고 또 손쉽게 나를 바꾸는 것은 독서이다. 그렇기에 내 취미가 독서라는 것은 정말 행운이라는 생각이 든다. 그렇게 작고 좁았던 내 세상은 책을 읽으면서 조금씩 커져만 간다. 좀 더 넓은 안목으로 세상에 나아갈 수 있도록 길잡이가 되어준다. 정말로 소름이 끼칠 정도로 좋은 책은 그 책을 다 읽고 나서 작가와 오랜 시간을 알고 지낸 친구 같은 느낌이 들어야 한다. 그러고 나서 그 친구가 주는 메시지를 어떻게 실천하는지는 우리의 손에 달려 있다. 자신의 무지를 아는 것이야말로 무지를 벗어나는 첫걸음이다. 책을 읽기 전에 나는 매우 시야가 매우 좁았다는 것은 깨달았다. 물론 지금도 시야가 넓다는 것은 아니지만 책을 읽기 전과 비교해 시야가 넓어진 것은 확실하다. 지금은 내 인생을 내가 주도적으로 이끌어가고 있고 타인에게 나를 맞추려고 애쓰지 않는다. 내가 대단한 성공을 거둔 것도 아니고 아직도 미생인 채로 성장하는 과정에 있는 햇병아리에 불과하지만 나는 배움을 멈추고 싶지 않다. 여전히 햇병아리의 열정과 자세로 모든 책의 지식을 스펀지처럼 빨아들이고 싶다. 세상은 너무나 넓고 읽을 책 또한 너무나 많다. 내가 만나고 읽었던 책이 새로운 세상이라고 생각할 때마다 독서에 대한 열정은 점점 더 커진다. 그래서 오늘도 나는 멈추지 않고 책을 읽는다. 그리고 그렇게 살다가 죽을 예정이다.

　모순 같지만 사실 책 같은 건 읽지 않아도 그만이다. 대부분은 책을 읽지 않고도 살아간다. 예를 들어 취미로 음악을 듣는 사람에게 어느 날 음악을 듣지 않아도 살 수는 있다. 취미가 음악 듣기였다면 운동이나 명상 등 다른 것으로 대체할 수도 있기 때문이다. 하지만 그런데도 음악을 들으면 기분이 나아지고 좋을 것이다. 없어도 된다는 것을 전제로 한 다음 음악을 들으며 훨씬 즐겁게 들을 수 있게 된다. 독서 또한 비슷한 구석이 있다. 독서를 하면 남들보다 더 잘 살 수는 있을 것이다. 자신들의 삶을 이야기하는데 잘 살 수 있는 것은 어찌 보면 독서를 하면서 얻게 되는 산물이다. 없어도 된다는 전제로 독서를 해도 되지만 자신의 삶에 새로운 세상이 열리는 기쁨을 맛보고 즐긴다면 저절로 독서를 놓지 못하게 될 것이다. 그렇게 한 권의 책을 읽을 때마다 새로운 세상이 열린다.

내게 의미 있는 책

　마지막으로 독자들에게 추천해줄 책이 한 권 있다. 이 책은 지금도 내 인생에 많은 부분을 차지하는 책이기도 하다. 바로 류시화 시인이 엮은 잠언 시집으로 『지금 알고 있는 걸 그때도 알았더라면』이다. 류시화 시인의 이 시집은 세계 곳곳의 사람들의 잠언을 하나로 모았다. 이렇게 모인 잠언시들은 우리가 시간을 거슬러 올라가 후회하지 않는 인생을 살 수 있게 도움을 준다. 자신이 그 시절로 돌아간다면 이렇게 할 것이라는 화법으로 이야기한다. 이렇게 모인 시들은 우리에게 많은 말들을 들려준다. 다음은 『지금 알고 있는 걸 그때도 알았더라면』에서 한 연을 가져왔다.

"지금 알고 있는 걸 그때도 알았더라면
내 가슴이 말하는 것에 더 자주 귀 기울였으리라.
더 즐겁게 살고, 덜 고민했으리라.
금방 학교를 졸업하고 머지않아 직업을 가져야 한다는 걸 깨달았으리라.
아니, 그런 것들은 잊어버렸으리라.
다른 사람들이 나에 대해 말하는 것에는 신경 쓰지 않았으리라.
그 대신 내가 가진 생명력과 단단한 피부를 더 가치 있게 여겼으리라."

– 킴벌리 커버거

우리는 모두
인생을 바꿀 수 있다

내가 책을 낼 수 있었던 것에는 좋은 스승도, 좋은 출판사도 있었지만 그 기저에는 성공한 사람들의 책을 읽고 행동한 것이 있었기 때문이다. 나는 아직 성공했다고 말할 수는 없다. 하지만 적어도 4개월 안에 알찬 책을 내겠다는 목표는 달성했다. 세상에는 당신의 인생을 바꿔줄 수많은 책들이 기다리고 있다. 당신에게 무한한 잠재력이 있고 그것을 깨울 수 있다는 것을 책을 읽다 보면 알 수 있을 것이다. 하지만 당신이 책을 읽는 것에만 그치고 실행하지 않는다면 아무짝에도 쓸모없다는 것을 알아야 한다. 자신의 인생에서 우선순위를 정해서 중요한 것부터 달성해 나간다면 수많은 혼란 속에서 당당하게 앞으로 나아갈 수 있을 것이다. 이렇게 글로 나열된 독서와 성공에 대한 추상적인 내용을 이해하고 다 읽은 독자들의 지능과 인내심이면 성공할 가능성이 남들보다 분명히 월등하게 높다. 그런 당신을 응원하겠다. 지금 바로 여기, 함께 우리의 인생을 위해 나아가자.

참고문헌

스미노 요루, 『너의 췌장을 먹고 싶어』, 소미미디어, 2017

헤르만 헤세, 『데미안』, 민음사, 2000

영국 서섹스대학교 인지신경심리학과 데이비드 루이스 박사팀 연구 결과
"독서로 인한 스트레스 감소 효과 68%"

데일 카네기, 『데일 카네기 인간관계론』, 매월당, 2012

마크 맨슨, 『신경 끄기의 기술』, 갤리온, 2017

로버트 루이스 스티븐슨, 『보물섬』, 시공주니어, 2006

니콜로 마키아벨리, 『마키아벨리 군주론』, 인간사랑, 2014

고가 후미타케 · 기시미 이치로, 『미움받을 용기』, 인플루엔셜, 2014

에리히 프롬, 『사랑의 기술』, 문예출판사, 2019

프란츠 카프카, 『변신·시골의사』, 민음사, 1998

로버트 기요사키, 『부자 아빠 가난한 아빠』, 민음인, 2018

엠제이 드마코, 『언스크립티드』, 토트, 2018

박수진, 『나는 쇼핑보다 경매투자가 좋다』, 다산북스, 2007

카루나 케이턴, 『마음은 어떻게 오작동하는가』, 북돋움, 2013

엠제이 드마코, 『부의 추월차선』, 토트, 2013

김도사, 『100억 부자의 생각의 비밀』, 위닝북스, 2019

데이비드 버스, 『욕망의 진화』, 사이언스북스, 2007

개리 마커스, 『클루지』, 갤리온, 2008

말콤 글래드웰, 『아웃라이어』, 김영사, 2009

코니,『하버드 인맥 수업』, 꼼지락, 2019

이솝,『이솝우화전집』 중 「여우와 신포도」, 현대지성, 2020

앨런 가넷,『생각이 돈이 되는 순간』, 알에이치코리아(RHK), 2018

스콧 애덤스,『더 시스템』, 베리북, 2020

후지모도 겐고,『3시간 수면법』, 백만문화사, 2018

대니얼 J. 레비틴,『정리하는 뇌』, 와이즈베리, 2015

윤홍균,『자존감 수업』, 심플라이프, 2016

하완,『하마터면 열심히 살 뻔했다』, 웅진지식하우스, 2018

헤르만 헤세,『수레바퀴 밑에』, 현대문학, 2013

호아킴 데 포사다,『난쟁이 피터』, 마시멜로, 2014

김봉진,『책 잘 읽는 방법』, 북스톤, 2018

맥스웰 몰츠,『성공의 법칙』, 비즈니스북스, 2019

박세니,『공부하지 마라, 최면해라』, 맑은샘, 2013

이서윤 · 홍주연,『더 해빙』, 수오서재, 2020

조던 피터슨,『12가지 인생의 법칙』, 메이븐, 2018

김병완,『1시간에 1권 퀀텀 독서법』, 청림출판, 2017

대니얼 카너먼,『생각에 관한 생각』, 김영사, 2018

버크 헤지스,『파이프라인 우화』, 라인(LINE), 2015

너바나,『나는 부동산과 맞벌이 한다』, 알키, 2015

로버트 그린,『유혹의 기술』, 웅진지식하우스, 2012

칩 히스 · 댄 히스,『스틱』, 엘도라도, 2009

한스–게오르크 호이젤,『뇌, 욕망의 비밀을 풀다』, 비즈니스북스, 2019

앤서니 라빈스,『네 안에 잠든 거인을 깨워라』, 씨앗을뿌리는사람, 2017

로버트 그린,『인간 본성의 법칙』, 위즈덤하우스, 2019

주호민,『신과 함께』, 문학동네, 2020

밀란 쿤데라,『참을 수 없는 존재의 가벼움』, 민음사, 2011

벤저민 그레이엄,『현명한 투자자』, 국일증권경제연구소, 2016

팀 페리스,『타이탄의 도구들』, 토네이도, 2018

류시화,『지금 알고 있는 걸 그때도 알았더라면』, 열림원, 2014

〈쇼생크 탈출〉, 더픽쳐스, 1994 작, 1995 개봉